# Ivanni Delgado

# La Vida Bajo Una Nueva Perspectiva

*Haciendo más Fácil la Difícil
Tarea de Vivir*

Carmen & Son

La Vida Bajo Una Nueva Perspectiva

Autor: Ivanni Delgado

http://www.carmen-usa.com/vidabajounanuevaperspectiva.html

Library of Congress Control Number: 2013918874

ISBN: 97809910720-1-9

```
                                    $17.00
ISBN 978-0-9910720-1-9
                                  51700>
```

9 780991 072019

Publicado en USA por Carmen & Son, Houston, TX.

www.carmen-usa.com

Síguenos en:

Tercera Edición

Yo era apenas un adolescente cuando mientras paseaba por las calles de mi pueblo natal, una señora ya en su edad media me detiene y me pregunta que si yo soy el hijo de la señora Carmen. A lo que le respondí con mucho orgullo: "Sí, yo soy."

—Yo le quería conocer, pues ella me habló muy lindo de su gran hijo —me dijo entonces.

—¿Y cómo conoció Ud. a mi mamá? —le pregunté.

—Hace unos 7 meses, yo estuve hospitalizada en la ciudad capital en donde no conocía a nadie. Después de ser operada quirúrgicamente me llevaron a mi habitación y cuando desperté vi a una señora que me saludaba con todo el cariño del mundo y que hasta me había llevado frutas y revistas —ella respondió —. Muy emocionada le dije: "¡Gracias, muchas gracias! Yo nunca había probado las manzanas, las peras, ni las uvas."

—Y esa señora quien se había aparecido en mi habitación me preguntó: "¿Cómo se siente?" y yo le respondí: "Un tanto preocupada porque..."

—En eso me interrumpió y me dijo: "¿Ud. creía que iba a estar sola?"

—Sí. Yo soy de un pequeño pueblo muy lejos de aquí y no conozco a nadie en esta gran ciudad, le contesté.

—Y luego ella me dijo: "Yo también soy de ese mismo pueblo.

—Entonces le pregunté: "¿Pero… cómo supo que yo estaba aquí? Yo no la conozco a Ud., ni nunca le había visto."

—Eso no importa —ella me dijo—. Yo pienso que los seres humanos debemos ayudarnos unos con otros y eso es lo que yo siempre hago. Yo aparte de sentir un inmenso placer ayudando a la gente, pienso que debemos cultivar el amor entre nosotros para que el mundo sea más humano".

¡Dios!... ese día cuando esa señora me contaba todo eso, sin duda alguna, fue uno de los días de mi vida cuando más orgulloso me he sentido. Cuando ese episodio ocurrió, yo iba a la escuela secundaria en una ciudad diferente de donde vivía mi madre. Pero gracias a Dios al terminar ese ciclo educativo me pude mudar a la ciudad capital junto a mi madre querida.

Allí viví con ella, sin tener en ningún momento un desacuerdo. Aunque parezca difícil de creer nunca entre nosotros hubo ninguna discusión. Entendí entonces que el amor y el respeto juntos, era lo que hacía posible esa relación. Mi madre, por ejemplo, pensaba que la gente no debiera ingerir licor, pero yo lo hacía. Entonces logré entender que tolerar las imperfecciones de los demás, es un indicativo del grado de amor que podemos sentir por esa persona. Y así siguieron nuestras vidas. Hasta que decidí emprender la aventura más interesante de mi vida: venir a estudiar a los Estados Unidos de América.

Aún recuerdo cuando nos despedimos. Dios te bendiga hijo, todo va a salir muy bien y tendrás un feliz viaje. ¡Y así fue! Mi madre siempre dedicó gran parte de su vida a ayudar a la gente. Era una persona muy querida por esa razón. Mi mamá nunca oyó sobre el 'Salvation Army', pero ella practicaba las funciones de este organismo desde hacía mucho. De hecho, cuando yo llegué a los Estados Unidos y me enteré de la existencia de esa institución me recordé mucho de ella.

Mi madre recogía ropa usada para dársela a los necesitados. La recogía en la ciudad capital y luego la llevaba a nuestro pueblo natal donde la repartía entre su gente. ¡Imagínense la alegría que eso representaba para cualquiera de los habitantes del pueblo! Un pueblo humilde y bien agradecido en donde mi madre siempre era bien recibida en todas partes. La gente del pueblo siempre le llevó en su corazón.

Nunca he visto un ser con tanta dedicación de ayudar a la gente como mi mamá. Y yo aprendí todas esas cosas lindas de ella. Cuando llegué a los Estados Unidos, ¿adivinen qué? Pues yo me convertí en el estudiante extranjero que iba a buscar al nuevo estudiante, lo guiaba y lo ayudaba a adaptarse a su nueva vida. Yo ayudaba a darle soporte moral a mis compañeros que algunas veces sentían melancolía y ganas de regresar a casa.

Recuerdo que una vez le dije a alguien, que regresar a casa sin haber completado la misión no estaba bien. A lo que ese amigo me respondió: "es que yo quiero mucho a mi madre y la extraño tanto que quisiera regresar." A lo que le contesté: "si de verdad quieres a tu madre, debes proponerte lograr lo que viniste a hacer y nunca aparecerte ante ella con las manos vacías." Eso, es lo que yo llamaría querer. El amor de madre debe darnos fuerza para vivir y seguir adelante.

... Y bien, tal como lo dijo mi mamá: todo me salió muy bien en los Estados Unidos. Yo terminé mis estudios y regresé a mi pueblo. Pero ya no volví a vivir junto con mi madre. Ya me había casado y ya tenía una linda hija. Sin embargo, recuerdo haber sentido siempre la necesidad de verle y adorarle como a nadie más en la vida. Definitivamente mi madre fue un ser muy especial para mí.

Recuerdo que, en momentos de algunas situaciones difíciles, iba a verla y sin siquiera contarle mis angustias, después de que me echaba su bendición ya todo cambiaba para mí. Sentía como esa bendición cubría todo mi ser como una divina luz blanca y recobraba todo tipo de energía en mi cuerpo para seguir adelante. Y todo después de eso me salía y continuaba saliendo bien.

Pero por supuesto, nada es eterno en la vida y las cosas buenas lamentablemente también llegan a su fin. Mi querida madre decidió desaparecer del mundo de los vivos. Y lo hizo en el justo momento en que ya no había mucho que ver en nuestro pueblo, pero más importante aún en el momento en que ya su hijo podía andar solo por los caminos de este mundo.

En el cementerio, cuando dábamos el último adiós a mi madre querida, en ese preciso momento, en una conversación muy espiritual con ella le decía: "madre adorada debes sentirte muy orgullosa. Haz hecho una inmensa labor. Haz ayudado a la gente como siempre lo quisiste hacer. Hoy que justamente te estamos devolviendo a la tierra de donde surgiste, te puedo decir madre querida que tu hijo, está y seguirá aquí para continuar tu misión divina y que aquí, a mi derecha tengo a mi hija querida, quien, al igual que mi otro hijo, continuará mi misión y la tuya misma también."

Mi gran deseo de hacer este libro es el de ayudar a la gente, como mi madre lo hubiera hecho. Ella siempre ayudó a muchas personas sin siquiera conocerlas. Y dado que yo he querido continuar su hermoso trabajo, el cual hago desde hace mucho tiempo ya, al dedicar una parte de mi vida para ello. En consecuencia, el objetivo del libro es el de ayudar a la gente en la difícil tarea de vivir. Para lograrlo, se hace necesario en nuestros días, hacer algunos cambios en nuestra forma de enfrentar la vida. Por tal razón, pienso definitivamente que el libro debe llamarse _La Vida Bajo Una Nueva Perspectiva,_ porque sencillamente eso es lo que es.

# TABLA DE CONTENIDO

# AGRADECIMIENTO

Quiero agradecer a todas y cada una de las personas que han servido de alguna manera de inspiración para escribir este libro. A todos aquellos autores que han escrito con el deseo de ayudar a la gente, puesto que mi trabajo es una continuación del de ellos. A todas aquellas instituciones como el Discovery Science Channel™, el History Channel™ y el National Geographic Channel™ que han servido de medio para llevar un mensaje de conocimiento a la gente. También quiero agradecer a toda mi familia por su gran apoyo en la culminación del libro.

# INTRODUCCION

Al mirar a gran parte de la humanidad hoy en medio de tanta calamidad, y lo que es peor, de tanta desesperanza, pienso que eso debe ser motivo de una enorme reflexión por parte de todos y cada uno de nosotros. Somos producto de nuestros pensamientos. Todo lo que hacemos bien o mal es consecuencia de ellos. Aquel pensamiento sabio de aquellos hombres y mujeres que nos trajeron hasta aquí ha desaparecido con ellos. Ese pensamiento era lógico, creativo y positivo, y nos proporcionó prosperidad y felicidad. Nunca debimos abandonar ese pensamiento, al contrario, lo debimos profundizar para hacerlo más avanzado.

Hoy al no poder dar respuesta sobre cómo fue posible que nuestros pensamientos se tornaran tan oscuros, tendemos a creer que el pensamiento humano está siendo afectado por un tipo de radiaciones a las cuales no habíamos estados expuestos en miles de años. Tal vez porque quizás nuestro planeta esté pasando por un punto en el cosmos de donde recibe unas radiaciones tan extrañas que han afectado la forma de pensar en el ser humano de hoy. Tal parece ser que a todos nos cuesta creer lo que está sucediendo en el mundo.

Al tratar de entender lo que está pasando, encontramos más preguntas que respuestas. Así empezamos a divagar hasta llegar a acariciar creencias que lejos de ayudarnos, nos empeoran aún más la situación. Algunas personas llegan a pensar que todo el problema de la humanidad se debe a que el fin del mundo se acerca, porque así está escrito en las profecías de estos y de aquellos. En torno a estas creencias, una niña le pregunta a su madre:

—¿Por qué Dios estaría permitiendo la destrucción de sus hijos?

—Es que Dios también se está cansando de sus estupideces —contestó la madre.

Los ángeles que Dios había enviado a la Tierra para que protegieran y guiaran a su gente, se volvieron indiferentes y más triste aún: se tornaron malos. Hoy los vemos peleando y destruyéndose entre ellos mismos, hasta verse reducidos a solo unos cuantos de ellos luchando por el poder. En cuanto a las religiones de hoy, tal parece que éstas solo buscan su propio beneficio y no el de su gente. Esto ha creado cierta distorsión y confusión, pues a la gente la han adoctrinado hasta para ir en contra de ellos mismo solo para satisfacer los intereses de un grupo de ellos que persiguen el poder. Esto es un acto de contradicción, pues desde el inicio de su existencia el ser inventó la religión para ayudarse en su supervivencia.

Nuestras creencias han sido distorsionadas. Recuerdo una vez ir a una reunión de unos amigos cristianos y alguien en esa reunión me preguntó sobre la situación política del país y le expliqué lo que en mi opinión estaba pasando. Sin embargo, alguien más que estaba en esa reunión prefirió no prestar atención pues según ella la religión no debía relacionarse con la política. Esa forma de pensar me llamó mucho la atención y le pregunté que, si ella conocía a Jesús de Nazaret y me respondió que sí, que él era su Dios. Evidentemente, esa persona adora a Jesús, pero no hace las cosas que Jesús hacía. Jesús de Nazaret fue un extraordinario ser humano que logró entender la situación por la que pasaba su pueblo para la época en que él vivió. Fue famoso por sus reuniones con su gente, a la que explicaba lo que en su opinión estaba pasando. ¿Adivinen de que hablaba Jesús la mayoría de las veces? Pues de política.

El ser humano siempre busca la forma de expresar desde adentro de su corazón lo que más le preocupa, pues de la abundancia del corazón habla la boca. En tiempos de Jesús, la gente vivía bajo el yugo de un gobierno dictatorial y extranjero, el cual les oprimía y les quitaba la libertad hasta de ser feliz. Jesús por lo general hablaba de eso y siempre abrigaba junto a su pueblo la esperanza de ser libres y felices. Entender la política, nos ayuda a tomar mejores decisiones cuando se nos presente la oportunidad de hacerlo. Ignorarla no nos ayudaría en nada, al contrario, pueda que mañana no tengamos un dios a quien adorar, gracias a los políticos. La gente religiosa honesta hace cosas para complacer a su dios, cosa que es hermosa. Sin embargo, también debemos hacer cosas para mantener vivo a ese dios.

En definitiva, se hace impostergable que retomemos nuestro pensamiento positivo para volver a ser sabios y prósperos como una vez lo fuimos. En este sentido, tenemos que generar buenos pensamientos para poder vernos a nosotros mismos y al mundo que nos rodea tal como es, sin distorsionar la realidad para tener una mejor percepción ante la vida. Para ello, es necesario revisar nuestras creencias. Conservar aquellas que sean racionales o sustentadas por alguna evidencia y erradicar aquellas creencias irracionales sin ninguna sustentación, ya que ellas solo nos limitan nuestra capacidad de hacer y lograr cosas. De esta manera, nuestras creencias racionales nos ayudarían a ser personas de mente abierta sin muchos prejuicios y responsables de forjar nuestro propio destino, lo que a su vez nos ayudará a lograr nuestro objetivo de vivir una vida fácil y próspera.

Los problemas que la gente enfrenta hoy son un reflejo de sus pensamientos, por consiguiente, para resolverlos es necesario adoptar un *pensamiento más profundo o avanzado, el cual consiste en erradicar el negativismo y pensar más en positivo de manera lógica y creativa.* A través de los años nuestro pensamiento se ha ido deteriorando hasta tornarse negativo. El pensamiento nos hace ser lo que somos. Solo seremos buenos si nuestros pensamientos también los son. La gente con pensamientos orientados hacia la prosperidad siempre termina siendo próspera, al igual que la gente que piensa que es pobre, siempre lo será. Tanto la prosperidad como la pobreza son condiciones mentales. Por lo que tenemos que orientar nuestros pensamientos hacia lo que queremos y ellos mismos nos llevarán allí. De esta manera podemos hacer nuestra vida fácil y próspera. Es tiempo entonces de empezar a vivir la vida bajo una nueva perspectiva.

En ese sentido fue que pensé en hacer este libro, cuyo objetivo no es otro que ayudar a la gente en la difícil tarea de vivir. Porque, créanme la vida no es fácil, mucho menos con un pensamiento desviado. Vivir la vida bajo una nueva perspectiva es justamente eso: hacer la vida fácil y próspera. Para ello debemos enfrentar y resolver nuestros problemas cotidianos, como los problemas económicos y las preocupaciones. Al hacerlo, estaríamos construyendo una mejor vida, así como también estaríamos abrigando un gran sentido de logro. Para continuar por el largo camino de la vida, debemos comprender cómo funcionamos tanto física como mentalmente para mantenernos sanos y así poder entender nuestras emociones y pensamientos, con el fin de ponerlos a nuestro servicio en el logro de la actitud correcta ante la vida para alcanzar nuestros objetivos como la felicidad personal. También incluye esta nueva perspectiva de vivir, usar el poder de la mente subconsciente para lograr todas las cosas buenas para vivir una vida plena en una sociedad más humana.

Una de las motivaciones en escribir este libro, surge cuando mi vecino de enfrente vino a verme para platicar un poco. Cosa que ya hacíamos regularmente después que lo conocí durante la tormenta Ike. Cuando este amigo llegó a mi casa, me preguntó qué cosa estaba haciendo y le dije que estaba escribiendo. Me dijo entonces: "Pero yo nunca he leído algo de lo que Ud. escribe." Y me pidió que escribiera sobre lo que a él le había pasado. Yo tomé eso como un reto y esa misma noche escribí su triste historia. Al día siguiente cuando la vio y la leyó con sus ojos a punto de derramar una lágrima dijo: "Gracias, esa es mi historia."

Esa primera parte del libro la llamé "Un Relato de Fe" porque después de pasar por una situación económica dura, este amigo se recuperó gracias a su fe en Dios. Después me pregunté cuántas personas tienen esa fe para que le ayude a sobreponerse a una adversidad como esa. La respuesta fue simple: no mucha gente. Entonces pensé que a ese relato de fe, le debiera estar agregando mucho conocimiento para que la gente lo tornara en sabiduría al usarlo para resolver sus problemas y así hacer su vida fácil y próspera.

Para lograr el objetivo de ayudar a la gente en la difícil tarea de vivir, empezamos presentando los problemas de la vida cotidiana, así como también sus soluciones. Luego nos adentramos al conocimiento del increíble cuerpo y la maravillosa mente humana, para estar y mantenernos con buena salud tanto física como mentalmente. Conocer nuestro cuerpo y nuestra mente nos ayuda a apreciar las cosas de las que somos capaces de lograr, lo cual a su vez nos ayuda a desarrollar fe y confianza en nosotros mismos. Con una mente sana en un cuerpo sano, lleno de fe y confianza, podemos continuar en el camino hacia lograr una vida mejor. Enfermos no podríamos lograr nada. Más adelante, presentamos la actitud correcta ante la vida, la cual es necesario desarrollar para lograr una vida plena, por eso decimos que la vida es una cuestión de actitud.

Hasta aquí hemos cubierto mucho de los aspectos importantes y necesarios para lograr una mejor forma de vivir. Finalmente, nos entramos de lleno a lo que es vivir plenamente una vida fácil y próspera. Para ello, presentamos como lograr la felicidad personal con el apoyo de la mente subconsciente. Sin olvidar que esta felicidad debemos transmitirla a los demás para tener una mejor sociedad, digna de ser nuestra generación de relevo para continuar preservando la preciosa raza humana.

El libro consta de cinco capítulos, cada uno con cinco subcapítulos. Todos enfocados a hacer una vida fácil y próspera para ayudar a la gente en la difícil tarea de vivir. En el primer capítulo nos enfocamos en las adversidades más importantes que la gente enfrenta en la vida cotidiana: sus problemas económicos y sus preocupaciones. Además, presentamos soluciones para manejar las preocupaciones, actuando sobre las preocupaciones positivas y erradicando las negativas, mediante la eliminación del pensamiento negativo y el cultivo del pensamiento positivo. También presentamos la solución para evitar o superar una crisis financiera a través de un manejo sano de nuestras finanzas.

En el segundo capítulo empezamos a presentar una serie de conocimientos orientados a saber un poco más sobre el increíble cuerpo humano con la finalidad de estar y conservarnos sanos, como nuestro próximo paso para seguir adelante en la búsqueda de una mejor manera de vivir una vida fácil y próspera. Ahora, para gozar de buena salud es necesario conocer cómo funciona el cuerpo humano, con su cerebro como pieza principal, así como también saber sobre los procesos de renovación y envejecimiento que ocurren dentro de nosotros, para tener una mejor idea de cómo darle un mantenimiento más apropiado al cuerpo. Es decir, mantenerlo con buena salud y en este sentido las vitaminas y minerales nos ayudarán a lograrlo.

La presentación de conocimientos sobre nuestro cuerpo continúa en el tercer capítulo. En él centramos nuestra atención en la maravillosa mente humana para apreciar de cerca las cosas que ésta hace. Uno de los productos más importantes de la mente son nuestras emociones, las cuales debemos entender para llegar a manejarlas y controlarlas. El otro gran producto de la mente son nuestros pensamientos, los cuales nos hacen ser lo que somos, de manera que para ser mejor debemos pensar más positivamente. Otro fruto de incalculable valor de la mente es nuestra inteligencia, lo cual es clave para llevarnos por el buen camino. Con el objeto de tener una mente que nos genere buenos pensamientos e ideas, debemos cuidarla con una buena salud mental.

Luego, en el cuarto capítulo abordamos los temas necesarios para el desarrollo de una buena actitud ante la vida que nos permita hacer nuestra vida fácil y próspera para ayudarnos en la difícil tarea de vivir. La vida es una cuestión de actitud, pues si ésta es buena, podemos alcanzar lo que queremos. Ahora, para lograr una buena actitud necesitamos desarrollar, una buena personalidad, unas creencias positivas y llegar a ser un buen amigo. Además, para poder llegar a tener la actitud correcta ante la vida y lograr las cosas que se requieren para vivirla a plenitud, las personas también deben ser optimistas, tener fe y esperanza, desarrollar una actitud positiva hacia el dinero, tener buen humor y estar libre de vicios.

Y ya para finalizar, en el quinto capítulo recorremos los aspectos requeridos para lograr la felicidad personal y con el apoyo del poder de la mente subconsciente podemos obtener cualquier otra cosa que nos haga falta para que finalmente podamos vivir plenamente. Para ser feliz hay que querer serlo. Además, la felicidad que alcancemos depende de nuestra forma de pensar. Con un pensamiento positivo y con la ayuda de la mente subconsciente podemos satisfacer nuestras necesidades básicas, tener aspiraciones, éxito, superar nuestros miedos y tener una buena pareja para vivir mejor en medio de una sociedad más humana en la que todos podamos coexistir sin tantos problemas y asegurar nuestra generación de relevo para conservar el mundo lindo que se nos está yendo.

Este libro lo puedes leer de la manera que más te guste, pues no tiene ningún orden específico. Sin embargo, se recomienda leerlo con detenimiento y tratar de aprender cómo lograr vivir tu vida fácil y próspera. También es recomendable leer con detenimiento la introducción del libro, así como también la introducción de cada capítulo y subcapítulo para saber de antemano el tema que se va a tratar y como te puede ayudar en mejorar tu vida. Después de completar el libro, guárdalo para futuras referencias y compártelo con otras personas. Cada vez que se te presente un problema en la vida o desees en cómo lograr algo, ve al libro, estoy seguro de que encontrarás respuestas. Trata de comprenderlo en su cabalidad para que lo trasmitas a otros. Ayudarte para que tú ayudes a otros también es la idea de este libro y mi esperanza.

Te recomendamos también leer otros libros del mismo autor, los cuales también te ayudarán a entender la vida desde su inicio. El primero de ellos se titula "Como Llegamos Aquí" y habla sobre toda nuestra historia desde la creación del universo, las estrellas, nuestro sistema solar, la Tierra, la vida en ella, como salió esa vida del gran océano de la Tierra para conquistar la superficie y como fue evolucionando para después de nadar, poder gatear, caminar y hasta volar. Hasta finalmente convertirse en nosotros los seres humanos, capaces de conquistar el mundo y construir la civilización que tenemos hoy.

El segundo libro titulado "Hacia Donde Va Esta Civilización" habla sobre el origen de nuestra civilización, la riqueza, el poder, la situación actual del mundo con sus problemas económicos, políticos y sociales y el colapso de las instituciones creadas para ayudar a la humanidad. También habla sobre esa tendencia peligrosa de algunos políticos de ir a un nuevo precepto global. Después de leer estos dos libros, estarás en mejor posición para lograr una vida mejor, pues al conocer nuestra historia estarás evitando cometer los errores del pasado. Además, el libro que ahora estas leyendo: "La Vida Bajo Una Nueva Perspectiva" aparte de ayudarte a llevar una vida mejor, también te ayudará a tomar mejores decisiones cuando se te presenten las oportunidades, sobre todo al elegir los políticos que nos gobiernan.

# 1

# LA VIDA COTIDIANA: PROBLEMAS Y SOLUCIONES

Con el fin de entender nuestros problemas más comunes, para superarlos y continuar en la ruta para lograr una vida fácil y próspera, en este capítulo abordamos los temas de la vida del día a día de la gente, quienes algunas veces llegan hasta el colapso económico y a declararse en bancarrota. También nos adentramos en todo lo concerniente a las preocupaciones, no solo de las que se desprenden de las dificultades económicas, sino de todas ellas que surgen de cada evento de nuestras vidas. Las preocupaciones nos desgarran el alma sin que nos demos cuenta, por lo que debemos atenderlas con mucha prioridad.

Dada la importancia que tienen las preocupaciones en nuestras vidas y con el fin de hacer posible el objetivo de este trabajo de ayudar a la gente en la difícil tarea de vivir, hemos presentado la forma de manejar las preocupaciones antes de que sus efectos nos mermen nuestra calidad de vida. También, con ese mismo propósito hemos propuesto una solución para resolver o evitar una crisis financiera personal o familiar mediante un buen uso de nuestras finanzas. Aprendiendo a manejar nuestras preocupaciones y nuestras finanzas tendremos gran parte de la batalla ganada en la difícil tarea de vivir y empezar a hacer la vida fácil y próspera.

# 1.1 Un Relato de Fe

Definitivamente, la fe es la energía que nos ayuda a lograr cualquier cosa, hasta poder superar una gran crisis económica. Por esa razón, en este subcapítulo les traigo el relato de un hombre de la vida cotidiana, a quien conocí mientras él enfrentaba una enorme tormenta con sus finanzas durante el huracán Ike. Me contó su triste historia de lo que le había pasado hasta llegar a un colapso económico. Sin embargo, después de la tormenta aparece la calma y este amigo llegó a ver la luz al final del túnel para levantarse después de estar sin un centavo y lograr una mejor vida para él y su familia gracias a su fe en Dios. Cabe destacar, que la fe se fortalece mucho más cuando también tenemos confianza en nosotros mismos.

## Detrás de la Tempestad Siempre Viene la Calma

En medio de una inmensa tempestad que azotaba nuestra comunidad, tuve la oportunidad de conocer a este amigo, quien luego me contó su triste historia. Pero como normalmente ocurre, detrás de la tempestad siempre viene la calma. Esta es una frase muy optimista, pero al mismo tiempo muy real. El punto es que en la vida todo tiene solución.

Después de la tormenta, he visto como este amigo pudo sobrevivir y lentamente recuperarse de la nada. ¡Interesante! Ahora, ¿cuántas personas pasan por una crisis económica? ¡Muchas! Pero ¿cuántas se recuperan como él? ¡Pocas! La gran diferencia entre lograr o no cosas es nuestra fe. Así pues, iniciamos este relato de fe.

## El Huracán Ike

¡Dios! Aún recuerdo aquella noche del sábado 13 de septiembre de 2008 cuando vientos de más de 170 kilómetros por hora azotaron nuestra querida ciudad de Houston, Texas. El Huracán Ike había llegado y como a las 7 de la noche los árboles alrededor de la casa nuestra empezaron a sentir los embates de aquellas enormes ráfagas de viento y agua. Al principio los árboles, como es lógico, trataron de contener al adversario, pero la furia de Ike era tan fuerte que parte de las hojas y ramas de los árboles empezaron a caer.

Después de un momento, pareciera que los árboles habían cambiado de estrategia y danzaban al ritmo de Ike. A veces toca hacerlo así. Debemos conocer primero a qué nos estamos exponiendo para luego enfrentarlo. De esta manera nos estaremos dando la oportunidad de tener éxito en el combate.

Al día siguiente, como a las 7 de la mañana, después de una larga noche en vela, salimos de la casa mi hija, mi sobrina y yo para ver los daños que Ike había dejado. Observamos que 7 de nuestros árboles más viejos habían caído, pero no por ser viejos sino por ser muy rígidos y no poder moverse al son de Ike. Vemos que hay situaciones en las que mientras más rígido seas más frágil y débil te vuelves. Entonces, la virtud está en ser firme y flexible. Ahora, se requiere de cierta sabiduría para saber cuándo se debe ser firme y cuándo ser flexible.

En medio de ese panorama desalentador di gracias a mi Dios porque lo peor había pasado y que realmente nuestra casa y la de nuestros vecinos laterales no habían sufrido mayores daños. Sin embargo, después vimos que a la casa de nuestro vecino del frente le había caído la rama de un árbol grande en el techo, abriéndole un hueco por donde se le metía el agua a su dormitorio principal.

Casi siempre nos afligimos por las cosas malas que nos pasan, cosa que es bastante normal en nosotros. Pero cuando nos damos cuenta de que no somos los únicos afectados y que hay otros en peor situación, nuestra carga se aliviana. Sin duda, las penas compartidas pesan menos. Ahora, ¿cómo saber que no somos los únicos afectados y que hay otros en peor condición que nosotros? Pues sencillamente debemos tener comunicación con aquellos que comparten nuestro entorno.

## Una Historia Triste

Después de evaluar daños y conversar con nuestros vecinos, como es siempre normal en estos casos, empezamos a trabajar en equipo para ayudarnos unos con otros. El vecino de mi derecha, así como el de la izquierda y yo fuimos a la casa del frente a ayudar a reparar el daño en el techo que había causado una rama de un árbol.

Cruzamos la calle y llegamos a la casa del frente, allí nos presentamos con el dueño de la casa. Después de reparar el hueco en el techo, este amigo nos empezó a contar por la difícil situación por la que estaba pasando. Este amigo de origen latino y todo un buen cristiano, era casado y tenía cinco hijos. Su esposa atiende la casa y los niños van a la escuela.

Después de conocer a nuestros vecinos del frente, pudimos constatar que, para ellos, no era solamente la calamidad de Ike, sino que también enfrentaban una situación económica muy crítica. Sin embargo, por las cosas que tenían dentro de su casa, se podía ver que habían tenido cierta comodidad antes. Fue muy triste cuando oímos a este amigo decir que estaba vendiendo todas las cosas de su casa para poder comprar comida para su familia. Eso fue algo muy conmovedor.

El ser humano es una criatura sorprendente, pues siempre está dispuesto a ayudar en momentos de angustia. Esa es su naturaleza desde que él mismo inventó la compasión, miles de años atrás. Uno de mis vecinos le compró una de las cosas que el amigo latino estaba vendiendo, con lo que le ayudó a sobrevivir por más de 7 días. Mi otro vecino le dio algo de alimentos y otras cosas útiles. Y yo solo le brindé algo inmenso que no solamente podía usar en esos momentos de desesperación, sino durante toda su vida: mi amistad. Tal como solía decir mi madre, a nadie le falta Dios, pues él siempre protege a sus hijos. Además, Dios, pueda que tarde, pero jamás nos olvida. Él es nuestro guía y siempre está presente en nosotros para ayudarnos.

Bueno, después de oír la penuria de este amigo quedamos consternados. Es duro tener que caer después de disfrutar de cierta comodidad económica. Se siente como que la vida se derrumba al perder todo de la noche a la mañana. En esos momentos de ansiedad y angustia, la mente es bombardeada con ráfagas de preguntas sobre el porqué de la situación y al no encontrar respuestas crece aún más la desesperanza. Una vez que se vuelve a contactar la realidad: ver y aceptar las cosas tal y como son ahora, nos vemos en la necesidad de actuar para resolver la dificultad.

La historia que nos contó este amigo sobre la situación adversa por la que pasaba, se tornaba más triste al ver que parte de la causa del problema radicaba en el engaño de quien fuera un gran amigo suyo. La tristeza se mezclaba con el dolor para formar un inmenso sentimiento de vacío al cual afloraba también la ira. El amigo latino llevaba la procesión por dentro.

Él nos contó, que la casa donde vivía con su esposa y sus hijos la obtuvo a través de ese amigo, a quien le permitió usar sus ahorros de toda su vida y hasta su crédito para adquirirla. El vecino del frente conoció a este supuesto amigo, cuando éste brindaba comida gratis a quienes asistían a su presentación sobre la compra de casas. El señor de las casas también ofrecía unos mil dólares a quien pudiera traerle un comprador. ¡Tentadora la oferta para quien gana ese monto de dinero en un mes!

Al cabo de un poco tiempo, el vecino del frente había llevado varios amigos suyos al negocio y todos compraron, no una sino hasta dos casas. Todo iba saliendo de lo más lindo. Para ese entonces él vivía en una casita vieja. Pero eso estaría a punto de cambiar, pues el señor de las casas le vendería al amigo del frente y su familia un par de casas también.

Después de cierto tiempo, el amigo del frente empieza a notar que las cosas no estaban bien y que el banco le estaba reclamando el pago de las casas que él había adquirido. Se da cuenta entonces, que había perdido todo cuanto tenía: casa, carro, crédito y hasta su trabajo para hacer aún más dura la situación. Una vez enterado de la horrible situación a la que había llevado a su familia, todo tipo de pensamiento agresivo asaltaba su mente. Llegó hasta sentir un sentimiento de odio por lo que le había hecho el señor de las casas. Y contempló la idea de buscarle para cobrarle por todo el daño. Este pensamiento estuvo dentro de él por algún tiempo, pero gracias a Dios y a un pastor de la iglesia, el vecino del frente logró perdonarle y dejar que Dios hiciera justicia.

Algunos de sus amigos, incluyendo el señor de las casas le aconsejaron que para salir de la situación se declarara insolvente. Al final, después de tanta deuda acumulada y quizás sin más opción viable, se declaró en bancarrota bajo el capítulo 13 en un intento por conservar su casa, con la asesoría de su abogado. Sin embargo, definir la situación de la casa llevaría más tiempo.

Lo interesante de las dificultades, no es cómo nos metemos en ellas sino cómo salimos de ellas. En la vida errar es de humanos y nadie está exento de cometer errores. Ahora bien, lo importante de cometer errores es aprender de ellos para no volver a repetirlos. Si solo tratamos de justificar nuestros errores o simplemente taparlos, nos perdemos la oportunidad de aprender de ellos, y estaríamos haciendo algo parecido a lo que hace el gato. Este animalito es muy refinado y aristocrático cuando vive dentro de las casas, pero cuando vive fuera, su vida es un poco más ordinaria. El animalito, después de defecar tapa su excremento porque le huele mal. Pues así hace la mayoría de los humanos cuando cometen sus errores. El problema es que, al tapar los errores, los humanos dejan de aprender la causa de estos y los siguen cometiendo una y otra vez.

Es duro enfrentar la realidad, pero esta es una sola. Y cuando llega debemos aceptarla, por muy dolorosa que sea. Cuando este amigo del frente veía a su esposa y sus hijos, todos con rostros reflejando aquella inmensa tristeza, él sentía tanto dolor que le era extremadamente difícil resistir aquello y salía al patio detrás de su casa a llorar entre los árboles y con sus brazos extendidos al cielo, imploraba a su Dios por ayuda.

Después que todo se vino abajo, al amigo del frente solo le quedó recurrir a su Dios. Y con toda la humildad del mundo le dice: Padre, sé que hice muchas cosas que ahora puedo ver no fueron buenas ante tus ojos, pero padre créeme y sé que lo harás, yo simplemente he buscado lo mejor para mí y mi familia y tú lo sabes mi señor. Ayúdame, señor a que no me echen de esta casa con toda mi familia, no solo porque es triste, sino porque no tengo a donde ir. ¡Dios, mi Dios ayúdame!

## ¿Es Posible Sobrevivir Solo con Fe?

Aunque parezca difícil, si es posible sobrevivir solo con la fe, pues este amigo y su familia lo hicieron y luego después de dos años, aún viven en la misma casa. El banco hizo varios intentos de sacarlos, pero siempre había algo que sucediera a su favor. Hubo una vez que el banco les había notificado que tenían que mudarse de la casa. Su hijo mayor le preguntó:

—¿Qué posibilidad hay que nos saquen?

—Bueno, 97% —el padre le respondió.

—Pues debemos aferrarnos a ese 3% de posibilidades que tenemos de quedarnos —el hijo replicó.

Y aparentemente esa posibilidad tan pequeña ocurrió. En una ocasión, el amigo del frente mira a su hija menor, quien estaba como sumida en sus pensamientos. Ella se le para al frente y le pregunta:

—¿Será que vamos a salir de esto?

—Sí hija —él le respondió—. Vamos a salir de esto. Algo bueno está por venir. Dios nos ayudará ya lo verás.

Con la ayuda de la iglesia y de algunos amigos, incluyéndome a mí, este amigo lograba traer comida a la mesa para su familia. En varias ocasiones se vio forzado a pedir dinero prestado. Pedía a un amigo que le prestará por una semana y luego a la semana siguiente le pagaba a este amigo con lo que le pedía prestado a otro amigo. Y así hizo por algún tiempo y le funcionaba.

Finalmente logró encontrar un trabajo como herrero, en lo que él sabía hacer, en un taller de herrería. Con lo poco que podía ahorrar y con la ayuda de amigos y su hermano, logró comprar un pequeño carro usado, el cual le permitía ir y venir del trabajo a su casa. Así pasó un tiempo, mientras hacía nuevas amistades y buscaba otras oportunidades.

## La Luz al Final del Túnel

En sus andanzas para tratar de mejorar su situación económica, el vecino del frente conoció un amigo quien le habló de una compañía que acababa de iniciar. Esta compañía comercializaría un producto especial que contenía un ingrediente con poderes medicinales. Sin ninguna experiencia en este tipo de actividad, decidió acompañar a su amigo en el proyecto. A todas estas no tenía nada que perder.

Las ventas en el negocio empezaron a incrementarse considerablemente. Al punto que unos 7 meses después, ya estaba produciendo el doble de lo que ganaba como herrero, cosa que lo hace dejar ese trabajo para dedicarse por completo al negocio del producto especial. Al año, estaba haciendo 5 veces lo que hacía como herrero. ¡Ah! Y ya se había comprado de contado un carro más grande donde cabía toda su familia completa. Al segundo año, alcanzó niveles de ventas más altos y recibió un premio como mejor pagado de la compañía y así continúa subiendo en los años venideros.

# 1.2 El Colapso Económico Personal

Tal parece que durante la presente crisis que acogota al mundo, mucha gente se ve más propensa a tener un colapso económico. Para ayudar a la gente a evitar y o prepararse para este evento, es necesario conocer que es un colapso económico a nivel personal, que lo causa y como el popular reporte de crédito, usado muy comúnmente en los Estados Unidos de América, puede llegar a enviar señales de alerta sobre las dificultades económicas de las personas. También es importante conocer cómo funcionan las tarjetas de crédito y como debemos usarlas para que nos ayuden, en vez de crearnos más problemas.

## ¿Qué es un Colapso Económico Personal?

Son muchas las personas que enfrentan una crisis financiera en algún momento de la vida, especialmente durante esta enorme crisis económica que se ha extendido por todo el mundo. Ya sea que la causa del problema sea una enfermedad personal o familiar, la pérdida del empleo o sencillamente haber gastado de más; lo cierto es que una crisis financiera a nivel personal siempre es una situación agobiante y con mucho estrés.

Cuando los ingresos de las personas no son suficientes para pagar los gastos, éstas sencillamente no pueden pagar sus cuentas y empiezan a recibir avisos insistentes de cobro de parte de sus acreedores, quienes, al no recibir pago alguno, envían sus cuentas a compañías de cobranza, las cuales ponen todo tipo de presión hasta que las personas comienzan a preocuparse y angustiarse por temor de perder sus propiedades, principalmente su casa o su automóvil. Así se inicia un colapso económico personal.

El manejo para remediar la crisis financiera personal va a depender de la causa que la creó. Si la situación ha sido causada por gastos excesivos, pues la solución es fácil, ya que con reducir esos gastos es suficiente. Ahora, si la causa es por alguna enfermedad de la persona y esto le impide generar sus ingresos normales, o que le haya causados unos gastos adicionales, entonces una vez que la persona recobre su salud normal, el problema debe quedar resuelto.

Sin embargo, si la persona está en crisis por que ha perdido su empleo y éste era la única fuente de ingreso, entonces la solución a la crisis será más difícil, debido a que la persona debe encontrar un nuevo empleo en primer lugar para superar su situación. El problema que se presenta en este caso, es que, en una economía de estancamiento, como se observa en casi todo el mundo hoy, es difícil hallar empleo y si se logra ha de llevar algún tiempo. Tiempo del que la persona no dispone en esa situación.

La persona en su desesperación recurre a cualquier tipo de préstamo, mientras pueda conseguirlos y termina endeudándose aún más y hasta por completo. Algunas personas llegan a vender lo que le compren al precio que sea, y en caso extremo llegan hasta vender sus casas. Si la persona es soltera, a lo mejor esa decisión no tenga mucho impacto, pero cuando se tiene familia, esa decisión de vender su casa debe ser impensable. Es la peor decisión que un padre de familia llegue a considerar. La morada donde residimos con nuestra familia, nuestro hogar, debe ser sagrado. Cuando la gente llega a estos extremos, es que se da cuenta que está en un colapso económico. Un buen indicativo de la estabilidad económica de una persona es su reporte de crédito, el cual pudiera dejar entrever algunas dificultades económicas y hasta cierto punto asomar la posibilidad de llegar al colapso.

## El Reporte de Crédito

El famoso reporte de crédito es un historial detallado de todas las transacciones de préstamos, tarjetas de crédito, pagos y no pagos de una persona en las diferentes cuentas abiertas a su nombre. Toda esa información es suministrada por los bancos, entidades financieras o cualquier compañía que otorgue crédito o préstamos.

El informe señala como la persona se desempeña en el pago de sus deudas. Si paga sus cuentas siempre a tiempo, o si paga con retraso o no paga del todo. Este reporte es emitido por tres agencias bien especializadas en los Estados Unidos, las cuales, basándose en el desempeño de la persona en el manejo de su deuda, emiten una puntuación de 300 a 850. Cualquier reporte por encima de 700 se considera bueno. Una persona con un reporte de crédito malo, puede ser una señal de dificultades económicas de la persona y hasta de un eventual colapso de sus finanzas.

Por supuesto, el reporte también contiene información personal como datos personales, lugar de trabajo y de residencia, e indica si la persona tiene alguna demanda pendiente, si ha sido arrestada o si se ha declarado en bancarrota. El reporte de crédito es de suma importancia en los Estados Unidos. Se lo exigen a la persona en cualquier transacción de solicitud de crédito. No me sorprendería que pronto una persona se lo pida a la otra con quien se quiera casar. De hecho esta idea no sería considerada tan descabellada, pues hace mucho sentido.

## Causas del Colapso Económico

En los últimos años, el costo de alcanzar un nivel de vida decente, como el de tener una casa y un automóvil propio, criar a sus hijos en un vecindario seguro y poder darles una educación apropiada, se ha incrementado considerablemente. La mayoría de la gente vive en forma económicamente ajustada, tratando de reducir sus gastos fijos. Es decir, aquellos gastos mensuales que no varían mucho de mes en mes y que resultan difíciles de reducir, tales como el pago de su vivienda, seguro médico, matrícula escolar, etc. Esto significa que ya la gente ha empezado a eliminar o reducir drásticamente los gastos variables innecesarios como los viajes, la diversión, la vestimenta de lujo, etc., con el fin de mantenerse al margen de un colapso económico.

Son varios los factores que causan o contribuyen a una crisis económica personal. Entre ellos se pueden incluir: un divorcio, la pérdida de un ser querido, enfermedad, gastos imprevistos, la disminución del ingreso por la inflación económica y la pérdida del empleo. Cada uno de estos factores tiene un peso específico en la estructura del presupuesto familiar, por lo que se debe actuar a tiempo a fin de solventar la situación. Lo peor que se debe hacer es ignorarlos.

El divorcio es un factor de desestabilización, no solamente en el plano emocional, sino también en el económico, ya que afecta el ingreso de la familia. Cuando ambos cónyuges trabajan, después de separarse, el ingreso familiar se verá reducido en el de uno solo y cada uno por separado asumirá sus gastos fijos que antes eran compartidos. Claro está, esto dura mientras se encuentra otra pareja y su situación vuelva a la normalidad.

En el caso de la pérdida de un ser querido, la persona puede ser afectada sobre todo en la parte emocional, aunque también pudiera estar teniendo un impacto en lo económico, si esa pérdida deja un gasto grande por pagar. Por la misma razón, una enfermedad también puede tener un efecto significativo en el presupuesto familiar. Ahora, si la enfermedad produce una incapacidad de largo plazo o permanente, la familia puede enfrentarse rápidamente a una situación que implique la pérdida total del ingreso o una porción sustancial de éste.

Con relación a la inflación galopante actual sobre los artículos de primera necesidad como la comida, la energía, los servicios públicos; así como el aumento en los gastos de mantener a los hijos; podemos ver que ya el ingreso, ni aun estirándolo, alcanza para hacer frente a las obligaciones básicas del vivir del día a día. Y esto sin incluir los gastos de las reparaciones del auto, del médico y de las primas de seguro que también fueron aumentadas. El ingreso de la gente se ve disminuido, pero aún no se dan cuenta y continúan usando sus tarjetas de crédito con igual o más frecuencia y solo pagando el mínimo, lo que agrega un costo adicional al precario ingreso.

En cuanto a los gastos imprevistos, estos pueden desestabilizar económicamente a una persona de la noche a la mañana. Los gastos de un accidente automovilístico, por ejemplo, en donde el seguro no cubra los gastos médicos o de los tratamientos de rehabilitación, pueden llegar a ser enormes y la gente al no tener otra opción echa mano a su tarjeta de crédito.

Vemos que la mayoría de la gente y más en estas situaciones, usan sus tarjetas de crédito para todo. Pero eso no es el problema, sino que se han acostumbrado a hacer solamente el pago mínimo a final de mes. Este es el error más grande que cometen los tarjetahabientes. Primero porque tienen que pagar interés por el financiamiento de la deuda a las tarjetas de crédito y este interés es por lo general muy elevado, y segundo porque la deuda se empieza a amontonar hasta hacerse impagable. Lo peor del caso, es que esta es una situación que experimentan millones de personas, las cuales quedan en una posición difícil en cuanto a la administración de sus finanzas y a la toma de decisiones que les ayuden a salir de la crisis.

La pérdida del empleo representa por si sola un factor crítico para la estabilización económica. Ahora será mucho más grave si se combina con otros factores como un divorcio, alguna enfermedad, incapacidad, negocios fallidos, la inflación económica, o algún gasto imprevisto. Esta combinación catastrófica se convierte en la causa detonante para que la gente llegue al colapso económico y declararse en bancarrota, ya que los gastos de cada uno de estos factores merman el ingreso de cualquier persona hasta llevarlas al colapso.

## Las Tarjetas de Crédito

Las tarjetas de crédito emitidas por bancos más conocidas son las tarjetas VISA y MasterCard. Cuando se usan estas tarjetas, el banco emisor financia sus compras y envía un estado de cuenta en el lapso de un mes para su pago. Por su puesto estas tarjetas le presentan a la gente la opción de hacer un pago mínimo y sobre el resto o balance no pagado le cobran un interés por el financiamiento.

Aparte de las tarjetas de crédito también tenemos las tarjetas de cargo, siendo la más famosa, por supuesto, la

American Express. La principal diferencia entre las tarjetas de crédito y las tarjetas de cargo es que en las primeras se puede tener un balance mensual por pagar, sujeto a una tasa de interés, mientras que con las tarjetas de cargo se requiere pagar el balance completo a fin de cada mes. Las tarjetas de cargo por lo general no establecen un límite de cargo y su titular debe hacer un pago anual por tener la tarjeta.

Otro tipo de tarjetas son las de débito, las cuales son totalmente diferentes en cuanto a que no hay crédito involucrado. Estas tarjetas funcionan más bien como las tarjetas de cajeros automáticos (ATM). Cuando se usan, el monto de compras o retiros se deduce directamente de la cuenta del titular con el banco emisor. Las tarjetas de débito estarán limitadas a la cantidad de dinero que se tenga en la cuenta del banco, al igual que cuando se usa un cheque. Debido a esta limitación de las tarjetas de débito, y que las tarjetas de cargo requieren su pago completo al final de cada período, son las tarjetas de crédito las que se pueden convertir en fuentes potenciales de problemas, si no se les da un uso adecuado.

## Uso de las Tarjetas de Crédito: ¿Solución o Problema?

Las tarjetas de crédito, por si solas no son el problema. De hecho, ellas pueden ser una gran solución si se llegan a manejar correctamente. El problema es que la mayoría de la gente no las ha aprendido a utilizar de forma correcta. Al igual que un arma, nos puede salvar la vida, pero si no la sabemos utilizar correctamente, no las puede quitar. El principal problema relacionado con el uso de una tarjeta de crédito es haberse acostumbrado a hacer solo pagos parciales o lo que es aún peor: pagar solo el pago mínimo. *El secreto es pagar siempre el monto total a final de cada mes* para evitar el gasto de financiamiento y la acumulación de deuda, que es lo que realmente genera el problema.

La tarjeta de crédito se debe usar como si fuera una caja chica. Solo debemos hacer los desembolsos que podamos reponer. Ahora la gran ventaja de usar la tarjeta de crédito es usar el dinero de otros y al mismo tiempo obtener crédito, el cual es de suma importancia en nuestra vida actual. Tener un buen crédito es gozar de muchos privilegios. Otro problema que se presenta con el uso de las tarjetas de crédito es el de pedir anticipos de dinero en efectivo, los cuales pueden llegar a ser muy costosos, ya que las compañías de tarjetas de crédito frecuentemente cobran una tasa de interés mucho más alta en estos anticipos que la tasa que aplican al financiamiento de las compras hechas con la tarjeta.

El no entender correctamente qué significa el límite de crédito de una tarjeta puede llegar a ser otro problema de endeudamiento de la persona. Si el límite de la tarjeta de crédito es de $7,000 por ejemplo, eso no necesariamente quiere decir que la persona deba gastar todo ese monto al mes, a menos que hacer esos gastos lo justifique muy bien y que los pueda pagar al final del mes. Las personas deben determinar el monto que puedan pagar mensualmente de acuerdo a su presupuesto y usar su tarjeta solo hasta ese monto sin importar el límite establecido por la tarjeta. Esta práctica hará que las personas siempre puedan hacer el pago completo, evitar los gastos por mora o por financiamiento, evitar también el endeudamiento y gozar del crédito al mismo tiempo. De esta manera las tarjetas de créditos en vez de un problema serán una solución.

# 1.3 La Bancarrota Personal

Algunas personas logran superar su colapso económico, mientras que otras, tal vez la mayoría, solo ven la alternativa de la bancarrota como la solución. Sin embargo, esta es una decisión que se debe estudiar con mucho detenimiento. Para tomar la mejor decisión al respecto, es necesario saber qué significa declararse en bancarrota, conocer los capítulos que la regulan y sus ventajas, así como también conocer los aspectos de la ejecución hipotecaria o el famoso "foreclousure". Es de gran importancia también conocer el proceso de recuperación de una bancarrota, antes de tomar esta decisión. La bancarrota personal es algo muy serio que requiere evaluar todas las opciones disponibles a fin de evitarla.

## ¿Qué es la Bancarrota Personal?

La mayoría de la gente que atraviesa una crisis económica generalmente no maneja el tema de las finanzas, tampoco entiende mucho sobre sus emociones y sus pensamientos. Su mente confusa no puede ver con claridad ninguna salida a la crisis y empiezan las preocupaciones, el estrés, la ansiedad y la angustia hasta llevar a las personas, desgraciadamente a un colapso económico, cosa que por lo general es seguido por declararse en bancarrota.

La palabra bancarrota tiene su origen en la Italia del Renacimiento. En aquella época cuando un comerciante no pagaba sus deudas el procedimiento que se seguía era romperle la banca en la cual se sentaba en su negocio. Así surgió la expresión "banca rota", que más tarde se convirtió en bancarrota. En los Estados Unidos, anualmente más de un millón de personas se declaran en bancarrota, debido a la acumulación de sus deudas a niveles inmanejables. Hasta el punto de que para ellos declararse en bancarrota aparentemente llega a ser la única salida para superar su situación. Sin embargo, esa opción implica manchar su historial de crédito.

En una situación de desempleo y con una deuda que excede su capacidad de pago, la gente normalmente opta por recurrir a la bancarrota. Un porcentaje elevado de personas recurren a este recurso llevados por publicidad que no explica claramente las consecuencias reales que involucra un proceso de bancarrota. Además, en muchos casos no se exploran todas las posibilidades de refinanciar la deuda, por lo que es recomendable consultar con gente con experiencia en esta materia antes de tomar una decisión.

Es posible que este engorroso proceso legal pueda terminar con la angustia que representa el peso de una deuda impagable, pero también significa quedar sin crédito durante varios años, lo cual limita a la persona, si ésta quisiera emprender alguna actividad económica. Hemos visto, que, con la actual crisis económica, cada día hay menos gente exenta de sufrir un colapso económico que lo lleve a incumplir con los pagos de su deuda. El problema generalmente surge a consecuencia del desempleo, alguna enfermedad mayor o un desmedido ritmo de gastos. Para una parte de estas personas, superar esta crisis es cuestión de tiempo y de buscar la manera de renegociar la deuda. Para otras, quizás la mayoría, la única alternativa es declararse en bancarrota. Antes de adoptar esta alternativa se debe conocer su regulación, la cual está contenida en los capítulos 7 y 13 de la bancarrota personal en los Estados Unidos de América.

## Capítulo 7

Existen dos tipos básicos de bancarrota personal en los Estados Unidos: la bancarrota del Capítulo 7 y la del Capítulo 13. Bajo ambos capítulos, los casos se deben presentar ante una corte federal que trata los asuntos de bancarrota. La bancarrota del Capítulo 7, conocida como bancarrota legal, requiere la liquidación de todos los bienes que no estén exentos por las leyes de bancarrota del estado donde se reside. La lista de bienes exentos puede incluir herramientas de trabajo y muebles de la casa. Bajo el procedimiento del Capítulo 7, se pueden declarar nulas todas las deudas no aseguradas y el cobro de cuentas atrasadas.

El Capítulo 7 es la forma de bancarrota más común y puede eliminar la mayor parte de las deudas que no estén exentas, las cuales incluyen: deudas de las de tarjetas de crédito, cuentas médicas, la mayor parte de los préstamos personales, los pagos por accidentes de tránsito y la falta de pago de vehículos. Una parte de sus bienes puede ser vendida por un oficial designado por la corte para pagarle a sus acreedores. Las personas que se acojan al Capítulo 7, deben esperar ocho años para volverse a declarar en bancarrota bajo el mismo capítulo. Además, la persona es elegible para optar por el Capítulo 7 si no tiene el ingreso suficiente durante los próximos 5 años para pagar el 25% o más de sus deudas no aseguradas y vive o tiene propiedades en los Estados Unidos.

Luego de balancear las deudas de la persona, la corte le notificará que toda su deuda extinguible será dada por concluida, lo que significa que la persona no es más legalmente responsable de pagar esa deuda. El proceso para finalizar la bancarrota del capítulo 7 lleva aproximadamente cuatro meses. Es importante resaltar que si la persona tiene algún fiador en cualquiera de sus deudas, luego que su bancarrota sea declarada, sus acreedores contactarán a su fiador y buscarán recuperar el dinero que se les debe.

Anteriormente, el 70% de las bancarrotas se tramitaban a través del Capítulo 7, el cual de un solo plumazo eliminaba todas las deudas y se empezaba de cero nuevamente. Sin embargo, la nueva ley del 2005 hace mucho más difícil poder acogerse al capítulo 7. Para empezar ya no es un tribunal el que decide si las personas pueden acogerse a esta opción. Ahora sus finanzas son sometidas a dos pruebas: por un lado, compararán sus ingresos con la media estatal y por otro lado determinarán si dejando de lado ciertos gastos para vivir, como los gastos de alquiler y comida, estas personas pueden pagar el 25% de lo que se conoce como la deuda "no prioritaria y no asegurada", como por ejemplo la acumulada en las tarjetas de crédito.

Si la persona gana más de la media estatal y puede pagar ese 25 por ciento, no podrá declararse en bancarrota por el capítulo 7, lo que hace que la gente tenga que acogerse al capítulo 13; el cual reorganiza el pago de la deuda durante un período de 5 años. La vía del Capítulo 13 permite que la persona implicada en el proceso de bancarrota conserve sus bienes hipotecados, como su casa o su automóvil, que normalmente serían liquidados para pagar a los acreedores.

La nueva legislación sobre la bancarrota introduce dos cambios fundamentales. Por un lado, ya no es un tribunal el que determina lo que la persona puede pagar. Ahora aplican unos parámetros extraídos del Servicio de Ingresos Internos (IRS) para decidir cuánto pagar después de deducir unos gastos determinados para vivir. Ahora para proteger su casa la persona aplicando para la bancarrota debe haber vivido en ella al menos 40 meses. Además, si el declarante no ha vivido 2 años en el estado en que se declara en bancarrota, solo podrá acogerse a la exención del estado donde haya residido mayormente durante los 180 días anteriores a los dos años. Existen otros bienes que sí quedan protegidos, como por ejemplo los ahorros destinados a la educación de los hijos y acumulados 2 años antes de la declaración y hasta un millón de dólares en beneficios para la jubilación.

La nueva ley también obliga al declarante a reunirse con un asesor de crédito durante los seis meses anteriores a la solicitud de bancarrota y a asistir a clases de administración de finanzas. Por último, introduce un elemento que puede dificultar la contratación de un abogado para realizar todos los trámites. De acuerdo con la normativa, si la información sobre el cliente es hallada incorrecta, el abogado puede ser multado. Esta responsabilidad junto con el papeleo adicional que acarrea la nueva ley puede llevar a muchos abogados a ser más cautelosos en este tipo de trabajo.

## Capítulo 13

En el caso de bancarrota bajo el Capítulo 13, se permite que una persona que percibe ingresos fijos y estables pueda conservar ciertos bienes, como su casa hipotecada o su automóvil, que de otra manera hubiera perdido por medio de un proceso de bancarrota. En estos casos, la corte aprueba un plan de pago que le permita a la persona utilizar sus futuros ingresos para pagar sus deudas dentro de un período de entre 3 y 5 años en vez de perder sus bienes. El período de espera establecido para las bancarrotas del Capítulo 13 es mucho más corto que el del Capítulo 7 y puede llegar a ser de tan solo dos años.

Declararse en bancarrota personal por el Capítulo 13 es tomada como una reorganización de la deuda. Bajo este capítulo se le requerirá a la persona pagar una porción de su deuda de acuerdo a su capacidad para afrontar un plan de pagos mensuales de unos 3 a 5 años de duración. Entre las razones más comunes para optar por el Capítulo 13, en lugar del 7, figuran: estar en mora con la hipoteca y con el pago de sus impuestos o querer conservar los activos que de otro modo la persona sería forzada a entregar bajo el Capítulo 7.

Si la persona se declara en bancarrota por el Capítulo 13, se le requiere a su entidad hipotecaria que acepte su plan de pago y se les brinda la oportunidad de arreglar su calendario de pago con sus acreedores. Para ser elegibles para la bancarrota del Capítulo 13 las personas tienen que vivir o mantener propiedades en los Estados Unidos, tener un ingreso continuo a intervalos regulares, tener un ingreso adecuado del cual puede disponer para pagar deudas con arreglo a plazos determinados

Una razón por la cual algunas personas escogen la bancarrota del Capítulo 13 y no la del Capítulo 7 es porque bajo el Capítulo 13 se les permite a las personas conservar todos sus bienes a cambio de que paguen a sus acreedores, al menos un mínimo de la mitad de lo que hubieran recibido las personas si se hubieran declarado en bancarrota del Capítulo 7.

Es posible que el declararse en bancarrota sea una medida legal, con la cual se pueda mejorar una situación económica difícil, sin embargo, esta opción debe ser considerada como un último recurso. Aunque las deudas puedan desaparecer después de la bancarrota, siempre van a quedar rastros negativos que afecten la posibilidad de obtener crédito en el futuro. La bancarrota permanece en el informe de crédito del deudor moroso por 10 años y complica la obtención de préstamos. También puede saltar a la vista en una investigación de antecedentes laborales y puede convertirse en un factor excluyente en la obtención de pólizas de seguro.

Sin dudas, la bancarrota es un duro golpe para las personas afectadas, sobre todo en la actual crisis económica donde mucho más de un millón de personas se declaran anualmente en bancarrota. La cifra de los casos de bancarrota ya alcanza niveles muy alarmantes, por lo que se hace imperativo educar a la gente en este sentido para reducir el número de casos.

## La Ejecución Hipotecaria

Una ejecución hipotecaria es un proceso legal en el cual la institución financiera que le dio a una persona prestado el dinero para la compra de la casa, efectúa la incautación del inmueble por falta de pago. Las leyes de ejecución hipotecaria varían según los estados. En la mitad de todos los estados, las ejecuciones hipotecarias constituyen procedimientos judiciales donde la institución financiera presenta una demanda contra el tomador del préstamo.

A menos que el propietario de la casa pueda contrarrestar exitosamente la ejecución hipotecaria, la institución financiera ganará el juicio y la casa será vendida por medio de supervisión judicial para recuperar el monto del préstamo. El proceso de ejecución hipotecaria tiene un tiempo variable, pero generalmente toma de unos 3 a 10 meses finalizar una ejecución hipotecaria a partir del momento en que ésta haya sido iniciada.

Una de las preocupaciones de la mayor parte de las personas, es la de lograr conservar su casa durante la bancarrota. Es importante recalcar que la persona debe continuar pagando su hipoteca a tiempo aun durante los procedimientos de la bancarrota. Es también importante saber que en una bancarrota del Capítulo 7, por lo general, la persona no logrará conservar su casa, ni tampoco podrá detener una ejecución hipotecaria. Sin embargo, mantener su casa en una bancarrota del Capítulo 7 puede ser posible bajo una modalidad conocida como exención 'Homestead', la cual bajo los términos de una bancarrota del capítulo 7, le permitirá a la persona mantener una porción del valor de su casa. Si esta exención es igual al monto de lo que la persona aun adeuda sobre su casa, ésta podrá conservarla.

## La Recuperación

Después de haberse declarado en bancarrota, la persona habrá atravesado una situación de mucha tensión y probablemente haya sido un momento traumático. Esa persona podría aún estar temerosa acerca de lo que ello significa para su futuro y podría también llegar a desarrollar cierto sentimiento de culpabilidad. Lo cierto es que es algo devastador, por lo que debe obtener todo el apoyo emocional que le sea posible de parte de su familia y amigos y tratar de mantener su cabeza despejada para lograr restablecer su salud financiera.

Si la causa del problema ha sido un evento inesperado, la persona debe asegurarse de ponerlo bajo control. Si los gastos incontrolados son la causa de sus problemas de deuda, debe hacer todos los correctivos pertinentes para que no se repitan en el futuro. Independientemente de lo que haya causado su colapso económico, una vez que sus deudas han sido extinguidas, la persona debe tratar de aprender de la experiencia y buscar superarse en las áreas de economía y finanzas, para crear un futuro financiero mejor.

Esto implica adquirir cierta disciplina y planificación para un mejor manejo de las finanzas. La planificación financiera incluye la elaboración de un presupuesto para ayudar en el control de los gastos con respecto a los ingresos. Llevar un presupuesto coloca la realidad financiera en el papel y la mantiene en orden frente a los ojos.

Además, las personas que se han declarado en bancarrota y que están en vías de recuperación, deben llevar y mantener su actividad financiera de forma estable para que las instituciones de crédito y sus futuros acreedores puedan ver su progreso económico, como el mantener un empleo y una residencia estables, así como también sus hábitos puntuales de pago, etc. Es recomendable entonces, comenzar por quedarse en su residencia actual y su mismo trabajo por algún tiempo como muestra de estabilidad económica.

También se debe abrir una cuenta corriente, o una cuenta de ahorros, si es que no se tienen. Tratar de hacerlas crecer para mostrar que la persona puede administrar su dinero en forma sensata. Es importante usar la tarjeta de crédito con prudencia. Sin olvidar los consejos sobre el manejo de las tarjetas de créditos incluida en el subcapítulo 1.2 del colapso económico. Esto le orientará sobre cómo usar su tarjeta, lo que le ayudará a reparar su crédito. Es importante demostrarles a los acreedores que la persona utiliza sus tarjetas de crédito de una manera apropiada y paga a tiempo y el monto completo.

Si no se puede obtener una tarjeta de crédito a causa de la bancarrota, se debe tratar de solicitar una tarjeta prepagada o asegurada. Ese tipo de tarjeta es emitida cuando usted deposita dinero en una cuenta de ahorros en su banco, con una línea de crédito equivalente por el monto del dinero de esa cuenta. Piense por adelantado en sus gastos futuros, para manejar su dinero en forma sensata. Poco a poco irá rehaciendo su crédito nuevamente hasta lograr su plena recuperación económica.

Pasarán algunos años antes de que usted pueda acumular los ahorros y créditos suficientes para ser elegible para una hipoteca, pero si tiene la voluntad podrá comenzar a reconstruir sus sueños hoy mismo. Considere planificar para casos de emergencia. Si usted ha llegado al límite de no poder pagar sus deudas, o aún si ha cruzado la línea y llegado a la bancarrota, ya sabe cómo los eventos de la vida pueden cambiar dramáticamente sus circunstancias financieras.

Comience a ahorrar y convierta en un objetivo el ahorrar suficiente dinero para cubrir al menos gastos en el caso de tener una emergencia. Con persistencia y autodisciplina usted podrá reconstruir su crédito en un período de 3 a 5 años. Probablemente le llevó un tiempo colocarse en esa situación de crisis financiera, pero con un plan y algo de disciplina usted podrá no solo revertir la situación, sino hacerla mejor como nunca antes. Para ello se recomienda estudiar todos los temas tratados en el subcapítulo 1.5 sobre las finanzas personales o familiares.

# 1.4 Las Preocupaciones

Después de pasar por una situación económica bastante fuerte, hasta llegar al colapso y terminar en una bancarrota personal, queda en la gente un montón de preocupaciones. Pero claro está, las preocupaciones no solo ocurren por problemas económicos, aparecen siempre en cualquier aspecto de nuestras vidas y no necesitan ningún evento especial para presentarse. Ellas nos afectan nuestra calidad de vida al limitarnos la capacidad de lograr nuestras metas para seguir adelante.

Las preocupaciones son parte de nuestra cultura, así como de nosotros mismos. Esto nos ha hecho ver las preocupaciones como algo normal. Pero allí está el detalle. Mientras no las veamos como un problema, no haremos nada para resolverlo. Estas preocupaciones viven en nosotros, desgarrándonos el alma sin que nos demos cuenta y lo seguirán haciendo hasta que hagamos algo para evitarlo. Para lidiar con las preocupaciones, debemos entenderlas a fondo: saber que son y cómo se forman, cuáles son los tipos de preocupación más comunes que se presentan y porque nos preocupamos, para que finalmente podamos manejarlas para evitar su efecto devastador y continuar en el camino de una vida mejor.

## ¿Qué Son las Preocupaciones?

Las preocupaciones son sensaciones de inquietud o alarma, que tenemos ante ciertas situaciones que pensamos podrían salir mal o que podrían causarnos algún daño o malestar. El objetivo legítimo de las preocupaciones es alcanzar soluciones positivas con respecto a los peligros de la vida, anticipándonos a los riesgos antes de que éstos surjan.

Las preocupaciones, como todas las emociones, son señales emitidas por el cerebro emocional sobre una situación incómoda o problemática. Ellas están compuestas por uno o más pensamientos asociados con sentimientos de miedo y desconfianza. Mientras tengamos este tipo de pensamientos, mantendremos también las preocupaciones.

Cuando las preocupaciones nos indican que nos enfrentamos a una situación problemática, que requiere de una solución, éstas nos sirven como una llamada de alerta para analizar la situación, buscar las posibles soluciones y a actuar adecuadamente. En este caso, las preocupaciones cumplen con su función y son consideradas como positivas y necesarias.

De manera que preocuparse es sencillamente el mecanismo del que dispone nuestro organismo para buscar solución a la situación incómoda por la que atraviesa. Una vez resuelto el problema la preocupación debiera desaparecer. Vemos entonces que preocuparse es muy normal, pues ello puede llevar a ver con anticipación peligros y hasta evitarlos.

Sin embargo, cuando las preocupaciones no son atendidas correctamente a tiempo para resolver el problema, estas continuarán apareciendo una y otra vez, lo que aumenta la intensidad de la preocupación produciéndonos ansiedad. Las preocupaciones no atendidas se vuelven repetitivas y hasta crónicas. Y es aquí donde justamente surge el problema. Debemos atender a cada una de nuestras preocupaciones y resolver la situación incómoda o problemática que la causa y listo: se acaba la preocupación.

El clásico ejemplo de atender una preocupación, ocurre cuando vamos manejando nuestro auto y se nos enciende una luz. ¡Oh-oh! Si miramos al tablero y vemos que nos estamos quedando sin gasolina, pues buscamos una estación de servicio, ponemos gasolina y asunto resuelto. Ahora, si, por el contrario, la persona no atiende la señal y trata de ignorarla, su preocupación continuará presente haciéndose cada vez más intensa hasta el punto de que la persona trata de golpear el tablero como producto de su angustia persistente. Y pueda que hasta se quede sin gasolina y así la preocupación será muchísimo peor.

Cuando las preocupaciones pierden su objetivo legítimo de alertarnos para actuar y solucionar el problema, son consideradas como negativas e innecesarias. Todas estas preocupaciones son las que debemos tratar de eliminar para que no nos causen todas esas dificultades. Cuando la preocupación se vuelve un hábito, vivimos en un constante estado de tensión que afecta nuestra manera de percibir a las personas y al mundo que nos rodea, sin que nos demos cuenta de ello. Terminamos abatidos por el estrés y todos sus problemas asociados desde quebranto de salud hasta trastornos psicológicos.

## Tipos de Preocupaciones

Las preocupaciones pueden ser de diferentes tipos, siendo las más importantes las racionales y las irracionales, dependiendo de la causa que las produce. Esta causa puede ser real o imaginaria. Ahora, el grado, intensidad y duración de la preocupación, no dependen de su causa, sino de nuestra percepción y la evaluación que nosotros hagamos de la situación, lo cual depende a su vez de nuestra forma de pensar. Esto finalmente complica el tema de las preocupaciones generando otros tipos de preocupaciones. Las preocupaciones racionales están basadas en una causa real. Pero si, por el contrario, las preocupaciones estuvieran basadas en la imaginación, como es en la mayoría de los casos, las preocupaciones son consideradas irracionales.

Una preocupación racional, puede ser positiva, en el sentido en que nos ayuda a darnos cuenta de que algo en nuestra vida requiere de nuestra atención y nos impulsa a actuar para analizar y solucionar el problema de forma apropiada. En cambio, una preocupación irracional tiene un impacto negativo, pues lejos de ayudarnos a resolver el problema, lo que hace es agravarlo. Ante una preocupación irracional, nos imaginamos las peores situaciones, quedándonos como atrapados en la preocupación, sin buscar solución alguna al problema.

Llegamos a enfocarnos con mayor frecuencia en el aspecto negativo de las preocupaciones, dándole mayor importancia a las cosas malas que nos pudieran pasar. Vivimos entonces inconscientemente con cierto temor, lo que merma nuestra capacidad de enfocarnos en los aspectos necesarios para resolver los problemas. Las preocupaciones negativas son innecesarias y nos debilitan y desgastan física y emocionalmente.

Las preocupaciones positivas, solo duran el tiempo necesario para encontrar solución al problema y actuar. Si no hay solución o no está en nuestras manos, preocuparse es innecesario. Si no actuamos y nos quedamos sumergidos dentro de la preocupación, estaríamos como resbalando siempre en el mismo sitio. La gente que vive es la que avanza, mientras que la que está constantemente resbalando es la que está muriendo.

Las preocupaciones negativas son producidas por pensamientos negativos repetitivos que nos causan inquietud, ansiedad o temor, pero que no nos llevan a buscar ninguna solución. Simplemente se mantienen en nuestra mente, retroalimentándose y aumentando cada vez más nuestro malestar físico y emocional, lo que finalmente termina alterando nuestra conducta.

Los pensamientos negativos son el resultado del procesamiento de información distorsionada por parte del cerebro que nos hacen ver al mundo más peligroso de lo que es realmente. Esto se debe a que esa información distorsionada no está basada en la realidad. Los pensamientos negativos no son fáciles de erradicar. Pues ellos llegan a formar patrones de pensamientos tan automáticos que se vuelven parte de la vida y normalmente no tenemos conciencia de ellos.

Además de las preocupaciones racionales e irracionales, existen otros tipos de preocupaciones que yo llamaría de causa mayor, de causa ajena, de causa pasada y de causa futura. Como verán cada día inventamos más preocupaciones. Estos tipos de preocupaciones hasta llegan a ser racionales, o de causa real, pero negativas e innecesarias como las preocupaciones irracionales, por lo que debemos evitarlas siempre.

Las preocupaciones de causa mayor son aquellas, que, aunque nos afectan directamente, su solución no está bajo nuestro control. Tal es el caso de la situación política de nuestros países. Los líderes políticos actuales están llevando al mundo por un camino alejado de la prosperidad y las sanas costumbres. Sentir preocupación por ello sería muy legítimo, pero lo que no debemos hacer es continuar con esa preocupación, pues la solución no está en nuestras manos. Podemos llegar hasta votar para elegir políticos para cargos públicos, pero solo en países de verdadera democracia podíamos cambiar algo, pero tal vez no lo suficiente.

Las preocupaciones de causa ajena son las que sencillamente no son nuestras. El problema es de otro. Cuando empecé a estudiar en la universidad, uno de mis profesores me invitó a comer en un restaurant famoso en carnes. Él ordenó un gran pedazo de carne y yo ordené lo mismo. Yo me comí toda mi porción, como buen chico, pero él dejó casi la mitad. Y pensé: que desperdicio… Le pregunté a mi querido profesor que, si no sentía alguna preocupación por tanta gente en el mundo que no tenía nada que comer, a lo que él me respondió: preocuparnos, no resuelve el problema.

Y continuó diciendo: si te comes toda la carne, mucho menos ayudaría. Es más, hay más posibilidades en ayudarlos si dejas algo de carne en el plato, porque de alguna forma les podía estar llegando a la gente con hambre. Y dijo después: no pienses en resolver el hambre en el mundo, pues eso no está a tu alcance y solo te traería frustraciones. Además, ese es problema de otros. Pero si puedes ayudar a una persona con hambre, pues dale de comer. Así serás bueno ante Dios y no te generarás ninguna preocupación.

Preocuparnos por los demás es muy común entre nosotros. Cuando nuestros antepasados desarrollaron la compasión surgió en los humanos esa tendencia de ayudar al prójimo. Cosa que es muy hermosa, pero lo que no debemos permitir es que los problemas de otros se nos conviertan en preocupaciones negativas e innecesarias. Si alguien a quien conocemos tiene un problema, si le podemos ayudar a resolverlo, pues bien, pero si no podemos, no deberíamos sumar una preocupación más a nuestra vida.

Las preocupaciones de causa pasada son aquellas que se refieren a las lamentaciones por las acciones que tomamos en el pasado. Nos preocupamos pensando una y otra vez en errores que cometimos, como que si por preocuparnos los pudiéramos enmendar. Esto nos crea un sentimiento de culpabilidad que aumenta aún más nuestras preocupaciones.

Las preocupaciones de causa futura son las relacionadas con la incertidumbre del mañana. Preocuparse por estas situaciones no es nada útil, pues solo ahonda más la dificultad. Cuando los políticos con miras a ganar elecciones le inventaron al mundo el cuento del calentamiento global, con el cual la vida en el planeta estaba a punto de desaparecer, más de un tercio de los niños de los Estados Unidos perdió la esperanza de vivir en un mundo bello. Esa preocupación les afectará en sus vidas futuras y hasta podrían pasarlas a sus hijos.

¡Dios! Nos preocupamos por todo. Si no hay algo porque preocuparse, pues lo inventamos. Pero no siempre las personas se preocupan por la misma situación o no todas las personas se preocupan de igual manera ante la misma situación. El preocuparnos va a depender enormemente de cómo pensemos. Más vale que nuestros pensamientos estén orientados de la forma correcta.

Hay personas que piensan que preocuparse es su responsabilidad y que mientras más se preocupan tienen menos posibilidades de que algo malo les suceda. Otras creen que la preocupación los motiva a actuar. Aprendemos a preocuparnos desde niños, viendo a nuestros padres hacerlo constantemente, luego las preocupaciones se vuelven un hábito, el cual resulta casi siempre muy difícil de romper.

Cuando mi vecino del frente estuvo pasando por esa situación tan difícil, la preocupación que sintió era racional, pues su causa era real. El preocuparse le ayudó a darse cuenta de que él y su familia vivían unos momentos muy críticos y que necesitaba hacer algo para solventar la situación. Esto lo impulsó a salir a la calle a buscar un trabajo y en menos de 7 meses ya tenía el asunto resuelto.

Ahora, supongamos que este amigo también hubiera imaginado que tal vez él o alguno de sus hijos o su esposa enfermarían y él no tendría dinero para llevarlos a un hospital para curarlos, o que podían morir de hambre y que lo que pasara sería solo su culpa… y así pudo seguir imaginando un sinfín de cosas. En este caso, las causas de sus preocupaciones hubiesen sido imaginarias y solo hubiesen intensificado mucho más sus preocupaciones. Tal vez aun estuviera sin resolver la situación y quizás hasta enfermo.

## ¿Porque nos Preocupamos?

Todos nos preocupamos. Alrededor del 40% de los estadounidenses se preocupan cada día y en la mayoría de ellos las preocupaciones son crónicas. Nos preocupamos por casi todo, por nuestras relaciones con la demás gente, por el aspecto económico, por nuestra salud, por nuestro trabajo o nuestros estudios y hasta por nuestras preocupaciones mismas. Ahora, ¿de dónde viene tanta preocupación? Pues las aprendemos desde adolescentes, de nuestros padres o de situaciones traumáticas del pasado.

En condiciones normales, nos preocupamos para lograr resolver algún problema que nos esté incomodando. Una vez resuelto el problema, la preocupación debe cesar. Sin embargo, no siempre es así. Es aquí cuando el problema con las preocupaciones empieza. Algunas personas creen que la preocupación puede ayudarles a prevenir que le pasen cosas malas, o a prepararlos para lo peor que pueda pasar. Las personas que se preocupan mucho llegan hasta generar una serie de creencias sobre sus preocupaciones que terminan creando una especie de mito en torno a las preocupaciones.

Estas personas siempre piensan que algo malo les va a pasar y empiezan a preocuparse por las preocupaciones como si eso fuera su responsabilidad. Esta creencia lejos de ayudar, lo que hace más bien es alimentar más y más los pensamientos negativos hasta que la persona se sumerja en un gran negativismo. También creen que en efecto algo malo puede pasar porque existe demasiada incertidumbre. No tolerar la incertidumbre les hace creer que necesitan saber todo lo que va a pasar y así prepararse ante esos eventos para evitar sorpresas desagradables y tener el mundo bajo control.

Las personas que piensan de esta forma generan pensamientos negativos, lo que agrava aún más el problema de preocuparse por las preocupaciones. Estas personas tratan a esos pensamientos negativos como si fueran reales. El problema es que mientras más creen que sus pensamientos negativos son reales, más tendrán por qué preocuparse. Quizás lo más triste, es que llegan a creer que todo lo malo que les pasa es por su culpa. Además, estas personas se vuelven intolerantes al fracaso. En consecuencia, desarrollan un horrible sentimiento de culpa y un inmenso miedo al fracaso, el cual le impone una enorme limitación para el logro de las cosas que desean. Con tantas preocupaciones acumuladas en sus mentes, estas personas creen que es necesario resolverlas inmediatamente y tratan cada una de sus preocupaciones como si fuera una emergencia. Se vuelven impacientes y llegan hasta actuar con mucha torpeza.

Con frecuencia nos preocupamos mucho más de lo que creemos. Nuestras preocupaciones se vuelven un hábito y llegamos hasta considerar el preocuparnos como algo bueno de hacer. Pensamos que debemos preocuparnos, porque es la única manera de resolver nuestros problemas, y porque es una forma de evitar grandes dificultades o peligros. Al pensar así, nos sentimos bien al preocuparnos, lo que incorporará las preocupaciones como algo normal y parte de nuestras vidas. Esto hará muchísimo más difícil la tarea de acabar con las preocupaciones.

El hábito de la preocupación proporciona un refuerzo en el mismo sentido en que lo hacen las supersticiones. Dado que la gente se preocupa por muchas cosas que tienen muy pocas probabilidades de ocurrir en la vida real, llegan hasta sugestionarse para creer que algo mágico como un amuleto les puede proteger anticipadamente de algún mal.

## Manejo de las Preocupaciones

Debemos manejar nuestras preocupaciones de manera que tengamos cierto control sobre ellas y así evitar las consecuencias nefastas que ellas incorporan a nuestras vidas. La mejor forma de manejar nuestras preocupaciones es siguiendo los siguientes 5 pasos:

1. Analizar Nuestras Preocupaciones

2. Actuar ante las Preocupaciones Positivas y Eliminar las Negativas

3. Aceptar las Preocupaciones Innecesarias como un Problema

4. Eliminar los Pensamientos Negativos

5. Cultivar el Pensamiento Positivo

### 1.    Analizar Nuestras Preocupaciones

Para analizar nuestras preocupaciones debemos definir claramente lo que nos preocupa, ver que tan probable es que eso que nos preocupa suceda, e identificar los pensamientos que acompañan a la preocupación a fin de conocerla mejor. Una vez que identifiquemos los pensamientos asociados a cada preocupación, debemos tratar de erradicar los pensamientos negativos y solo conservar los positivos. De igual manera, debemos determinar el tipo de preocupación y proceder a resolverla, si su solución es viable. En caso contrario tratar de eliminarla.

## 2.   Actuar Ante las Preocupaciones Positivas y Eliminar las Negativas

Cuando estemos frente a una preocupación positiva y cuya solución está bajo nuestro alcance, entonces debemos actuar de inmediato para resolver la situación incómoda, tal como hemos visto en la sección sobre '¿Qué Son Las Preocupaciones?'. Es importante recordar que cuando no atendemos nuestras preocupaciones a tiempo y de manera eficiente, estas se vuelven repetitivas y crónicas, lo cual trae como consecuencia que se generen problemas de ansiedad, estrés y depresión. Además de mantener el hábito de preocuparse.

Para eliminar las preocupaciones negativas como las preocupaciones irracionales, las de causa ajena, pasada o futura, etc., debemos primero identificarlas, después de analizarlas en el paso número 1, para luego ir eliminado una por una. Para eliminar las preocupaciones de causa pasada y futura, tenemos que vivir siempre en el presente. El presente es solo la división entre el pasado y el futuro. Si pretendemos vivir en el pasado, siempre viviremos preocupados, al anclar nuestras vidas a los eventos que ya ocurrieron y que no podemos cambiar jamás. Tratar de corregir nuestros errores cometidos sería desperdiciar toda nuestra energía al pretender cambiar el pasado. Por otra parte, si pretendemos vivir en el futuro, viviremos llenos de toda la incertidumbre causada por no saber lo que ocurrirá en el mañana, lo que nos producirá muchas más preocupaciones.

Podemos usar el conocimiento de lo que pasó o hicimos en el pasado para que viviendo en el presente nos ayude a predecir eventos futuros. Al fin y al cabo, la vida es algo cíclico. Los eventos se repiten una y otra vez en lugares, y tiempos diferentes y así la vida continua. No conocer la historia es como vivir condenado a repetir sus errores. Debemos conocer la historia, no para vivir anclados al pasado, sino para aprender sobre el futuro.

## 3.   Aceptar las Preocupaciones Innecesarias como un Problema

Como ya hemos dicho, las preocupaciones son parte de nosotros mismos, lo que nos ha hecho verlas como algo normal. Cosa que es cierta hasta que las preocupaciones se convierten en obstáculo en el desempeño de nuestras vidas. En ese punto nuestras preocupaciones se nos convierten en un problema y debemos aceptarlas como tal para poder buscarle solución. De lo contrario, mientras no las veamos como un problema, no haremos nada para resolverlo y ellas continuarán y se mantendrán con nosotros.

## 4.     Eliminar los Pensamientos Negativos

Para eliminar los pensamientos negativos, debemos primeramente identificarlos para luego reentrenar nuestro cerebro para que genere mejores pensamientos. Aunque no les parezca muy fácil, si lo es con la ayuda de nuestra mente subconsciente como veremos en los subcapítulos 5.2; 5.3 y 5.4 del capítulo 5.

Nuestros pensamientos por lo general surgen de manera automática, pueden ser positivos o negativos y casi siempre empiezan con una conversación interna con nosotros mismo o como decimos normalmente hablar con uno mismo. Esa conversación interna es un sinfín de pensamientos sin expresar, que pasan por nuestra mente cada día. A algunas de esas conversaciones internas ni siquiera les prestamos atención.

También, los pensamientos pueden generarse de forma paralela a esa conversación interna en una forma indirecta. Por ejemplo, una persona puede estar pensando en su primer viaje en avión y desarrolla su conversación con ella misma, con muchos detalles de las cosas que ha oído o de lo que se imagina sobre su viaje. Si lo que está pensando en su conversación interna es positivo, no hay problema, pero si de repente pensó en que oyó que a un conocido suyo se le perdieron las maletas cuando fue de viaje, este pensamiento paralelo le asusta un poco, pero, sin embargo, continúa con su conversación interna sobre los aspectos positivos del viaje hasta terminarla. Más tarde, ese pensamiento negativo sobre el miedo que se le queden las maletas puede aflorar cuando ni siquiera esté pensando en el viaje. Cada vez que surge ese pensamiento la persona siente miedo.

En efecto, después de su viaje, se le pierden las maletas. Y por lo general la persona siempre dice: ¡lo sabía! ¡Yo lo sabía! Alguien que tenga un pensamiento lógico, pudiera preguntar: ¿si lo sabías por qué no lo evitaste? Por supuesto la respuesta de la persona afectada seria: ¿y cómo? Para dar una respuesta a esta pregunta, tratemos primero de entender el porqué de esta situación.

Como veremos en la sección de cómo funcionan los pensamientos en la mente del subcapítulo 3.3; cada pensamiento tiene como resultado una acción positiva o negativa dependiendo del tipo de pensamiento. Ahora, para que esa acción tenga lugar, el pensamiento debe pasar de la mente consciente a la subconsciente, la cual una vez que alberga el pensamiento, tratará de convertirlo en acción, como se explica en el subcapítulo 5.2 sobre cómo usar la mente subconsciente. Los pensamientos pueden pasar al subconsciente en forma automática cuando las condiciones estén dadas, sin que nos demos cuenta. Ahora, ¿cómo podemos evitar que esos pensamientos negativos se alberguen en el subconsciente y que éste, los convierta en acción? Pues sencillamente erradicando esos pensamientos negativos.

Pongamos el ejemplo de las maletas. Cada vez que surja el pensamiento de que se van a perder las maletas, le pediremos a nuestro subconsciente que eso no suceda y lo reforzaremos con afirmaciones y visualizaciones. Es decir, afirmamos mentalmente que las maletas sí van a llegar y nos imaginamos que éstas son despachadas y que al llegar a nuestro destino las recogemos sin ningún problema. Cuando ya no nos preocupe más el pensamiento negativo sobre las maletas, es porque ese pensamiento ha sido eliminado. Para más información detallada sobre cómo utilizar las afirmaciones y visualizaciones favor ir a la sección de como programar la mente subconsciente en el subcapítulo 5.3. Una vez que dominemos esa técnica tendremos una gran herramienta para eliminar los pensamientos negativos y evitar que se nos pierdan las maletas.

Si los pensamientos que atraviesan por nuestras mentes son negativos en su mayoría, es porque tenemos una visión pesimista de la vida. El pesimismo solo conduce al fracaso por eso debemos eliminar los pensamientos negativos para tener éxito en la vida. Ahora, ¿cómo saber qué tipo de pensamientos pasan por nuestra mente mientras pensamos? Simplemente, escuchemos a nuestra mente y concentrémonos en lo que pensamos para conocer su contenido. A continuación, una forma sencilla de detectar los pensamientos negativos.

Si una persona siempre resalta los aspectos negativos de una situación y le da menos importancia a los aspectos positivos, definitivamente esa persona piensa en negativo. Otras características de las personas con pensamientos negativos son: siempre se culpan cada vez que algo malo ocurre; automáticamente siempre anticipan lo peor; siempre ven las cosas solo como buenas o malas, blanco o negro. En este sentido, para estas personas no hay ninguna solución intermedia. Siempre piensan que todo tiene que ser perfecto o que de lo contrario son un fracaso.

El siguiente ejemplo ilustra mejor el caso de una persona con pensamiento negativo. Un joven salió con su novia la primera vez y fueron a un lago hermoso dentro de una vegetación tupida y rodeado de rosas rojas salvajes, donde recorrieron todo el lago en canoa, pescaron, comieron, bebieron, e hicieron el amor. Después de unas 7 horas la novia dice que ya es hora de regresar al hotel.

El novio después de todo lo bello del paseo, solo pensaba en que su novia había dicho que había que regresar al hotel. Pensaba que algo no había salido bien, que eso era su culpa, que se le había estropeado la semana, que nadie quería estar con él, que no hacía nada bien y que era un fracaso total. ¡Dios mío!

La realidad de este caso es que fue un hermoso paseo y que la parejita la pasó muy bien, pero para el novio la realidad fue que el paseo no terminó bien. Vemos como su forma negativa de pensar ha distorsionado la realidad. Y lo peor del caso es que eso le trae sufrimiento. Es posible que termine con su novia y así vaya arrastrando una vida miserable, cuando realmente debiera estar feliz, si él pensara en positivo.

## 5.   Cultivar el Pensamiento Positivo

Cultivar el pensamiento positivo es sencillamente incentivar este tipo de pensamientos y alejar aquellos negativos de nuestra mente. Pensar en positivo significa enfrentar las adversidades de la vida de una manera más positiva y productiva. Es pensar en que lo mejor es lo que va a suceder. Si los pensamientos de una persona son mayormente positivos, esa persona es optimista.

El pensamiento positivo tiene un gran efecto sobre nuestras vidas, incluyendo la salud. Entre los beneficios que produce este tipo de pensamiento en nuestra salud tenemos: mayor vida útil, menos depresión, menores niveles de dificultad, mejor manejo del estrés y de los problemas. Pensar en positivo les permite a las personas afrontar mejor las situaciones estresantes, lo que reduce los efectos perjudiciales del estrés para la salud. Además, las personas optimistas tienden a llevar una vida más saludable.

Una persona positiva siempre resalta los aspectos positivos de una situación y le da menos importancia a los aspectos negativos, no se culpa por si algo sale mal, siempre tiene la esperanza que todo saldrá bien, no se va a los extremos y entiende que las cosas no tienen que ser perfectas, pues hay lugar para lo intermedio. También entiende que no todas las cosas en la vida salen como uno quisiera. Y que, aun así, debemos enfrentar la vida tal como es, con todos sus altibajos. Si llegamos a sacar provecho de un problema, o fortalecernos ante la adversidad, o de prosperar en tiempo de crisis, y en fin convertir una calamidad en una oportunidad, entonces estaremos pensando en positivo. Para pensar en positivo debemos creer más en uno mismo, ya que todos tenemos lo necesario para tener éxito.

## Efectos de las Preocupaciones

Las preocupaciones son la causa central de los problemas de ansiedad y depresión. Un 50% de la gente en los Estados Unidos ha confrontado serios problemas de ansiedad y depresión alguna vez en sus vidas. Pero lo peor es que estos problemas han continuado incrementándose en los últimos años.

La preocupación excesiva puede causarnos grandes problemas, sin que nos demos cuenta de ello. Estas preocupaciones innecesarias afectan nuestra salud, haciendo nuestro cuerpo vulnerable a sufrir de estrés, ansiedad y depresión, por nombrar solo los problemas más comunes. También estas preocupaciones afectan nuestra capacidad intelectual, lo cual nos impide tomar buenas decisiones para resolver adecuadamente nuestros problemas.

Si no las enfrentamos como exactamente lo que son: un problema, nunca las resolveremos. Esto traería como consecuencia que empecemos a preocuparnos por las preocupaciones mismas, lo que haría que la preocupación se mantenga latente. Esto definitivamente agravará aún más el problema. Finalmente, estas preocupaciones innecesarias terminan afectando nuestras relaciones con la demás gente en nuestro entorno hasta mermar nuestra calidad de vida.

En los momentos de crisis económica, como en la actualidad, la mayoría de la gente anda de preocupación en preocupación. Ahora bien, si a nuestras otras preocupaciones sobre salud, relaciones interpersonales, etc., se les agrega una preocupación económica, esto puede hacer que colapse el saco de las preocupaciones. El no contar con los recursos suficientes para continuar con su vida normal, incrementa exponencialmente el problema de las preocupaciones en la gente. Y no se puede ser muy productivo en la vida diaria cuando las preocupaciones dominan nuestros pensamientos. Simplemente absorben demasiado de nuestra energía.

Esta crisis económica a la que los políticos han llevado al mundo ha hecho que millones de gente trabajadora hayan perdido sus empleos. Pero, quizás lo peor del caso es que es muy difícil conseguir un trabajo. ¡Imaginemos cuántas preocupaciones! Los que aún tienen sus empleos, también están preocupados por mantenerse trabajando. Además, se preocupan porque la inflación galopante hace que su salario ya no les alcance para nada. Sin oportunidad de emprender un nuevo negocio, pues nadie da préstamos. Nadie invierte y la economía está estancada.

Una preocupación tras otra. Así gira la mente de la gente hoy. Sus preocupaciones se hacen constantes y les producen ansiedad. A medida que las preocupaciones se convierten en repetitivas y crónicas, su ansiedad se intensifica hasta volverse crónica también. Esto podía generar en ellos descontrol y trastornos emocionales, tales como: bloqueo de la mente, ataques de nervios, pánico, fobias, rabias, obsesiones y un sin fin de cosas negativas, las cuales podían hacerle pensar en cosas sin sentido común, cosas que quizás nunca pasarán. En fin, llegarán a desarrollar un pensamiento negativo, lo que alejaría su mente del *pensamiento lógico y positivo*. Además, toda esa actitud negativa, producto de tantas preocupaciones, podían desencadenar en serias enfermedades, las cuales tienen a las preocupaciones como un factor común en ellas.

Casi todas las personas que sufren hoy de enfermedades serias son personas con preocupaciones crónicas. Estas personas no pueden dejar de preocuparse. Algunas de ellas creen en la preocupación como una forma de enfrentarse a las posibles amenazas y peligros que les acechan y hasta creen aliviar con ellas su ansiedad. Pero desafortunadamente, las soluciones a los problemas no surgen de la preocupación negativa. Al contrario, la mente se bloquea al pensar repetidamente en la misma preocupación, lo cual termina generando miedo.

Las personas que sufren de preocupación crónica llegan a ver peligros y cosas que nadie más puede ver. La preocupación puede convertirse entonces en una adicción mental. Vemos claramente que preocuparnos en exceso no nos conduce a nada bueno. La única forma de ayudar a resolver el problema de las preocupaciones es manejándolas adecuadamente de la manera que discutimos en la sección anterior. De lo contrario, las preocupaciones nos desgastan, nos desmotivan y bajan la productividad, al bajar la energía emocional y finalmente terminan incrementando los niveles de ansiedad, estrés y depresión.

## La Ansiedad

La ansiedad puede ser definida como la condición de una persona que experimenta una conmoción, intranquilidad, nerviosismo o preocupación. En algunos casos puede ser solo una emoción normal necesaria para sobrevivir ante ciertos riesgos, ya que pone a la persona en alerta. Cuando una persona se encuentra en un estado de ansiedad, sus facultades de percepción aumentan ya que se registra una necesidad del organismo de aumentar el nivel de ciertos elementos que, ante la situación, están por debajo de lo normal.

Sin embargo, más allá de lo normal, la ansiedad puede convertirse en un trastorno en personas que no pueden controlar sus preocupaciones. En consecuencia, para evitar que la ansiedad se nos convierta en un problema tenemos que controlar nuestras preocupaciones. El trastorno de la ansiedad, por lo general, se desarrolla lentamente, a menudo comienza durante la adolescencia o la juventud. Los síntomas pueden mejorar o empeorar en distintos momentos, y a menudo empeoran en momentos de estrés. Entre los síntomas de las personas con un trastorno de ansiedad tenemos los siguientes: se preocupan demasiado y no pueden controlar sus preocupaciones, problemas para concentrarse, se sobresaltan con facilidad, tienen problemas para dormir, desarrollan temblores o tics nerviosos y se vuelven irritables.

Un trastorno de ansiedad puede producir ataques de pánico o fobias. La respuesta que genera la ansiedad en una persona es huir o luchar al igual como la respuesta ante el miedo. Ahora, cuando el miedo llega a generar parálisis en el accionar de la persona, recibe el nombre de fobia, la cual es una reacción brusca donde la persona pierde el control de la situación e intenta huir de ella.

Otro trastorno asociado a la ansiedad es la angustia. Aunque normalmente se cree que angustia y ansiedad es lo mismo, pero no es así. Los efectos de la angustia son mayores que los de la ansiedad. La angustia produce reacciones de bloqueo, paralización e inhibición; en cambio la ansiedad provoca reacciones de sobresalto, deseos de huir, y agitación.

## El Estrés

Las preocupaciones producen ansiedad y estrés. Al igual que las preocupaciones y la ansiedad, el estrés normal nos ayuda en nuestra supervivencia. Pero en forma desproporcionada terminan enfermándonos. Ahora, ¿quién no padece de estrés en estos tiempos? Nos estresa el tráfico, el ruido, la economía, la contaminación, el trabajo. Nos estresa casi todo hasta las cosas agradables como las reuniones sociales o la diversión en grupo.

Las personas que sufren un alto nivel de estrés son más propensas a sufrir un ataque al corazón, un infarto cerebral, cáncer, problemas psiquiátricos, etc. También el estrés acelera el proceso de envejecimiento. Es necesario mejorar nuestro manejo de las preocupaciones para estresarnos menos. Debemos dedicar más tiempo para el disfrute y el relajamiento, ya que de nada sirven los logros personales si nuestro nivel de estrés nos impide disfrutar la vida.

Después de controlar nuestras preocupaciones, una de las herramientas más efectivas para ayudarnos a reducir nuestros nervios y mantener el control del estrés es una respiración profunda, así como una buena relajación. También es recomendable tomar la vitamina C y el Complejo B, juntos con un mineral como el hierro para las mujeres y zinc para los hombres. Esta combinación de vitaminas y minerales es lo que se conoce como la formula anti estrés. Es importante controlar el estrés, debido a que éste afecta enormemente el organismo y merma el intelecto, aun en personas de alto coeficiente intelectual. Además, las preocupaciones, la ansiedad y el estrés generan pensamientos negativos capaces de sumir a cualquier persona en la depresión.

## La Depresión

Las preocupaciones en exceso e innecesarias pueden producir depresión. Cuando las personas se preocupan incesantemente sobre algo que no pueden resolver inmediatamente o por una preocupación que se ha convertido en repetitiva y crónica, se genera en la mente una excitación emocional que también queda sin resolver.

Una vez que una emoción se genera, ésta debe ser apaciguada o desactivada para completar el ciclo biológico de excitación en los circuitos del cerebro. Si el apaciguamiento de esa emoción no se completa durante el día, entonces continúa en la noche durante el sueño. Eso hace que las personas requieran de períodos de sueño más intensos de lo habitual para desactivar esas preocupaciones sin resolver, lo cual normalmente es agotador tanto mental como físicamente.

En estos casos, el sueño no es reparador como debe ser en condiciones normales, pues el cerebro pasa mucho tiempo tratando de apaciguar las preocupaciones sobre las que no se pudo actuar o resolver de alguna manera durante el día. Esto trae como resultado un gran agotamiento al final del sueño.

Despertarse cansado, después de dormir durante horas es sinónimo de preocupación, Así como también lo es el despertarse demasiado temprano en las mañanas. Este despertar anormal ocurre como una especie de mecanismo de supervivencia del cerebro, ya que al sentirse agotado trata de despertar para descansar. Cuando la persona se despierta sintiéndose peor que cuando se acostó a dormir, se pierde energía y motivación. Así comienza el ciclo de la depresión y como consecuencia, los sentimientos de desesperanza, agotamiento y apatía que aparecen luego, dan a la persona ya deprimida más para preocuparse y solo agravan la situación.

La depresión es un trastorno del estado de ánimo, acompañado de abatimiento e infelicidad que puede ser transitorio o permanente. Entre los síntomas que la depresión presenta se encuentran: la tristeza prolongada, el decaimiento, la irritabilidad, problemas del humor y pérdida de interés en las actividades habituales que antes se disfrutaban.

La depresión puede tener importantes consecuencias sociales y personales en la vida cotidiana de la persona de forma negativa mediante un pobre rendimiento en su trabajo o en sus estudios, un deterioro en las relaciones familiares, así como con cualquiera de los vínculos sociales. Es necesario atacar este problema una vez que aparezcan los síntomas.

La depresión puede ser causada por múltiples factores entre los que hay que destacar las preocupaciones y el estrés. Sin embargo, también es causada por otras causas como por: problemas sentimentales, pérdida o accidente entre los seres queridos. También la depresión puede ser causada por el consumo de drogas ilegales o abuso del alcohol. En conclusión, para evitar caer en depresión debemos atender cada una de sus causas como ya hemos visto. En cuanto al consumo de drogas, abordaremos este tema en la sección "Libre de Vicios" del subcapítulo 4.5.

# 1.5 Finanzas Personales/Familiares

Hemos visto en un relato de fe, con lujo de detalles, como una persona pasó por un colapso económico hasta llegar a la bancarrota y que gracias a su fe pudo salir de su crisis. Sin embargo, todo el sufrimiento causado por las preocupaciones al pasar por esa situación se puede evitar mediante un buen uso de nuestras finanzas. Para tener buena salud financiera, debemos aprender a tener disciplina en nuestras finanzas para gastar solo en lo necesario. También debemos planificar para que con un buen manejo de las finanzas logremos tener una situación económica estable y cómoda. Para ello necesitamos elaborar y seguir al pie de la letra un presupuesto que nos permita cubrir todos nuestros gastos y lograr ahorrar. Con nuestros ahorros podemos invertir una parte y mantenernos económicamente sólidos.

# Evitar el Colapso Económico Mediante un Buen Uso de las Finanzas

Al adentrarnos a examinar las causas que producen el colapso económico personal, podemos darnos cuenta de que los factores más influyentes son los externos relacionados con el entorno económico y en menor grado los factores internos o relacionados con las personas. Los factores externos incluyen los giros que da la economía de nuestros países, los cuales producen inflación con su respectiva disminución en el salario real, además una economía en situación de estancamiento no produce empleos suficientes y hasta pone en riesgo los ya existentes. Los factores internos incluyen alguna enfermedad grave de la persona o de su grupo familiar y algunos gastos imprevistos importantes que puedan alterar su presupuesto.

Por lo que hemos visto en las personas de la vida cotidiana, pareciera que para ellas los factores causantes de su colapso económico se les salen de su control. Lo que puede hacer pensar que nadie está exento de colapsar económicamente. Sin embargo, esto no es de un todo cierto, pues sí hay formas de evitar el colapso. El mal manejo de las finanzas es la verdadera razón por lo que la gente del día a día, cae en problemas económicos.

Una gran parte de esta gente carece de conocimientos sobre finanzas, mientras que la otra parte no, pero por pereza no los utilizan. Por supuesto, en ninguno de los casos, existe excusa alguna para no manejar sus finanzas adecuadamente, pues no se requiere de muchos conocimientos para tener una buena salud financiera.

Tenemos que prepararnos en el buen manejo de nuestras finanzas, ahora más que nunca, para enfrentar los desajustes que el gobierno de turno introduce en la economía de nuestros países al voltearla "patas pa' arriba". Pues, no sería justo ver que los gobiernos menoscaben nuestras finanzas sin que hagamos nada al respecto.

Parece ser que los gobiernos se han convertido en una especie de verdugos de su propio pueblo. Al tratar éstos de introducir políticas económicas no compatibles con la forma de vida de la gente, alejándoles de la prosperidad. Unas políticas tan confusas, que a veces ni los gobernantes mismos entienden y lo peor es que tampoco les importan. Y ¿cómo pueden entender por lo que pasa la gente trabajadora? Si muchos de esos gobernantes ni siquiera saben lo que es trabajar en la vida para llevar el pan nuestro de cada día para mantener una familia.

Ahora, preocuparse por los actos del gobierno sería legítimo pero innecesario, pues como ya hemos dicho, no tenemos ningún control sobre eso. Entonces, lo sensato es que nos preparemos para protegernos de los desbarajustes económicos y continuar manteniendo nuestra familia y seguir adelante con nuestra vida. Una de las acciones que debemos tomar de inmediato es desarrollar un buen manejo de nuestras finanzas, con una buena planificación. No queda otra alternativa.

El manejo de las finanzas personales empieza con el manejo de la chequera o la libreta de cheques, la cual ha sido desde su implementación en el siglo XVIII un instrumento fundamental para girar fondos contra una cuenta corriente o de cheques y así hacer pagos por nuestras compras o por los servicios que recibimos. La chequera, además de los cheques, también incluye un pequeño librito para anotar todas las transacciones en forma de depósitos o pagos que se hagan durante cualquier período de tiempo.

Si el registro de las transacciones se mantiene de manera correcta, podemos en cualquier momento saber cuánto nos queda en la cuenta y obtener un mejor control sobre nuestro dinero. De esta manera podemos evitar girar un cheque sin fondo, así como evitar gastar más de la cuenta. Al final de mes, hacemos una conciliación entre la chequera y el estado de cuenta que emite el banco. El cuadrar o balancear las cuentas es el primer paso en la tarea de hacer un buen manejo de las finanzas.

Podemos ver, que, si aprendiéramos a manejar de manera adecuada nuestra chequera, podíamos llevar entonces sanamente la administración de nuestro patrimonio. Pero esto, ha sido precisamente el problema fundamental en el mal manejo de las finanzas personales. La gente no le ha dado la importancia debida al manejo de la chequera. Más por pereza que por otra causa. Se hace entonces totalmente imperioso dominar este primer paso en el manejo adecuado de las finanzas personales para luego empezar a desarrollar la disciplina financiera.

## La Disciplina Financiera

La gente del día a día comúnmente siente que el dinero se les evapora y al final del mes no saben qué hicieron con él. El gran problema de la gente es que gastan más de lo que ganan, lo que los lleva a una situación de incumplimiento de sus deudas hasta que esto se haga insostenible. Para superar este problema la gente tiene que tomar conciencia de lo que significa administrarse con disciplina financiera.

La disciplina financiera en términos generales es el mantener ciertas reglas con respecto al manejo de nuestras finanzas para alcanzar cierto nivel de salud financiera. En especial en el gasto de lo que ganamos y el ahorro que podamos lograr. Es muy importante aprender que el dinero hay que hacerlo primero para después gastar una parte de él, no todo. Debemos disciplinar nuestros gastos y desarrollar el hábito del ahorro. Por supuesto, para que cualquier disciplina pueda alcanzar su objetivo, debe ir acompañada de firmeza, constancia y perseverancia.

En cuanto a los gastos, es necesario desarrollar el hábito de gastar solo en lo que se necesita y al precio justo. La persona debe hacer un análisis antes de cada compra para determinar si lo que está comprando es necesario y además tiene un precio justo. Para ello, primero debe preguntarse si realmente necesita lo que va a comprar, en caso contrario hasta aquí debe llegar el intento. Pero, si la repuesta es positiva, se debe proseguir con una próxima pregunta: ¿es el precio de lo que está por comprar justo? Si la repuesta es positiva se efectúa la compra. En caso contrario se continuará con la búsqueda del mejor artículo que se necesite al mejor precio.

Por supuesto, este análisis se hace mentalmente y con el tiempo, a medida que se vaya ejercitando, nuestra mente subconsciente lo irá haciendo automáticamente. Una vez implementado el análisis, la persona llegará a gastar solo en lo necesario y al precio justo. Ya no se verá jamás a una mujer comprar una cartera más costosa que el vestido, ni a un hombre comprar una corbata más cara que el traje.

Debemos desarrollar el hábito de no comprar las cosas solo por capricho o porque lo anuncian en la televisión, o porque se lo vimos a éste o al otro, o sencillamente por compulsión. Los compradores compulsivos siempre terminan comprando muchas cosas que no necesitan. Debemos tratar de no hacer compras bajo emociones. En este sentido es necesario educarse económicamente a sí mismo, así como también a los niños. Es decir, no dejarse manipular por los sentimientos propios o los de los niños para terminar comprando cosas solamente por complacencia. Muchas de las cosas que se compran por complacencia ni siquiera tienen alguna utilidad y terminan rápido en el cesto de la basura.

Otro hábito muy importante en desarrollar es el de comprar siempre soluciones, nunca comprar un problema. Por ejemplo, si compramos un auto, cuyo mantenimiento sea tan costoso que no podamos pagar, entonces estaríamos comprando más bien un problema. También debemos crear cierta prioridad para los gastos. No debemos comprar un florero cuando aún necesitamos pagar la electricidad.

Un factor muy distorsionante en la disciplina financiera es cualquier vicio que tenga una persona como por ejemplo fumar, ingerir licor o consumir drogas ilegales. Por lo general, esos gastos son muy difíciles de controlar, por lo que es imperioso mantener esos vicios bajo control. La gran mayoría de personas con estos vicios siempre termina teniendo problemas económicos, a menos que pueda generar una buena cantidad de ingresos.

## Planificación Financiera

Cuando mi hija Ivannia había terminado su educación secundaria me dijo que quería estudiar Ingeniería de Sistemas.

—¿Y eso? —le dije.

—Eso es lo que el resto de mis compañeritos van a estudiar —ella me contestó.

Le aconsejé que ella debiera escoger una carrera que pudiera dominar sin ningún problema. Ella replicó diciendo que quería ser ingeniero como su padre. Pero la gran diferencia era que su padre sentía una pasión inmensa por las matemáticas, mientras que a ella, en cambio, no le gustaban mucho. Esto le podía traer cierta dificultad en la facultad de ingeniería. Muy inteligentemente admitió que debería cambiar de carrera y escogió Administración de Empresas, carrera que culminó con éxito durante el tiempo esperado.

Los padres deben ayudar a sus hijos a elegir su carrera, basado en las fortalezas de los chicos para evitar tener contratiempo y para que ellos puedan disfrutar de la bella etapa de ir a la universidad. En este sentido, también hice lo mismo con mi hijo Ivanni. Pues, esto es planificación sin duda. Ahora, ¿tiene algo que ver con la planificación financiera? Definitivamente sí. Si no se escoge la carrera correcta, el joven pudiera tardar más tiempo en culminarla, lo que significaría un mal uso de las finanzas de quien esté pagando por los estudios del hijo, que por lo general es el padre.

Ya como estudiante de administración, le abrí a mi hija una cuenta en un banco con un fondo suficiente para cubrir 7 meses de gasto y le pedí que tomara las riendas de la administración de su fondo. Le expliqué que tratara de retirar solo el monto de la mensualidad a menos que fuera una emergencia. En ese caso podía retirar para cubrir la emergencia, pero que tenía que reponerla en los siguientes meses. También le dije que por cada dólar que ahorrara yo le daría otro para incentivarla a ahorrar.

El primer mes fue un desastre, pues gastó más de la cuenta, a lo que alegó que tuvo que ayudar a su abuelo. A esto le dije: pues igual tiene que reponer ese gasto extra, ya que eso fue lo que convenimos. Quizás en ese entonces no entendía que solo le trataba de disciplinar. Superado este inconveniente, una vez me pide que nos reunamos para hablarme de algo importante. Me dijo que necesitaba un aumento de la mensualidad porque ésta ya no le alcanzaba. Cuando le pregunté porque no le estaba alcanzando, ella lo tomó a mal y se molestó. Le dije que hiciera una lista de todos sus gastos para analizarlos. Fue en ese momento en que supo cuáles eran y cuanto sumaban sus gastos.

Juntos, los dos analizamos cada uno de los gastos y determinamos cuales podían ser reducidos y cuáles no. Poco a poco iba aprendiendo. Sin embargo, una vez le llamé y pude notar que le habían suspendido el servicio telefónico por no pagarlo a tiempo. Después que se le reconectaron, me llamó y de lo más sonriente me dice que se le olvidó pagar el teléfono. Quizás, fui un tanto duro con ella y le dije que, si ella hubiera sido la administradora de una compañía mía, ese acto de negligencia le hubiese costado su trabajo. Su risa se tornó en llanto, pero hasta el sol de hoy eso nunca se le olvidó y aprendió a cumplir con todas sus obligaciones.

El entrenamiento continuaba y cada vez aprendía más a administrarse y ya no se molestaba tanto. Como al año, me pide que la lleve de viaje a lo que le dije que no, pues primero tenía que aprender a cubrir los gastos básicos de vivienda y alimentación, cosa que logró aprender también. Antes de graduarse, ya dominaba el manejo de sus finanzas. Ya tenía un auto, una vivienda y viajó con su padre por todo el continente americano.

La planificación financiera consiste en trazarse metas para que mediante el buen uso de las finanzas se obtenga el objetivo deseado. Sin embargo, por lo general la gente del día a día, vive su vida sin ninguna planificación. Pero esto debe cambiar si queremos evitar las adversidades económicas. La mayor dificultad que la gente enfrenta en este mundo moderno es en lo económico, los otros problemas que se nos presenten son mucho más fáciles de resolver. Por tal razón debemos darle a la planificación financiera toda la importancia que merece. Para tener prosperidad no solo debemos generar dinero, sino también saberlo administrar y para ello tenemos que planificar que hacer con nuestras finanzas.

La gente no debe vivir para trabajar, sino trabajar para vivir. Ahora, vivir no debe jamás significar trabajar para tener un ingreso que le permita solo comer y vestir. Vivir es mucho más interesante que eso. La vida es hermosa y para ello debemos ser prósperos para generar suficiente dinero para cumplir con todas nuestras obligaciones y las de nuestra familia. También debemos generar suficiente dinero para ahorrar e invertir para incrementar nuestro patrimonio y ayudar a los nuestros. Cuando se alcanza este punto se siente una gran paz y felicidad. La vida bajo esta perspectiva hace más sentido, pues nos llevaría a vivirla a plenitud.

Empecemos pues a planificar. Normalmente nos iniciamos en el mundo laboral desde jóvenes, después que terminamos nuestra educación secundaria y con un sueldo mínimo. Pero como por lo general, aun vivimos con nuestros padres, siempre nos va a alcanzar, pues casi todos nuestros gastos son pagados por ellos. En este nuestro primer trabajo debemos tener una actitud muy positiva sobre el trabajo, así como también hacia la compañía que nos ha dado la oportunidad.

La meta de los jóvenes debe ser ganar suficiente para pagar el próximo nivel de su educación: la superior o universitaria. Con esto, no solo liberarán a sus padres de una carga más, sino que empezarán a hacerse independientes económicamente hablando. Cuando los jóvenes logran esta meta, se han entrenado en el manejo de las finanzas, adquiriendo un gran sentido de responsabilidad, lo que los prepara para la etapa que sigue después de graduarse.

Una carrera universitaria nos ayuda a incrementar nuestros ingresos y nos ayuda a tener crédito, el cual debemos aprender a manejar muy bien. En los Estados Unidos el crédito es muy importante para todos los aspectos de la vida económica. Como ya hemos visto en la sección sobre el uso de las tarjetas de crédito del subcapítulo 1.2 del colapso económico, debemos manejar apropiadamente nuestras tarjetas de crédito y para ello debemos usarlas solo para comprar o pagar cosas que estén dentro de nuestro presupuesto. Al recibir el balance adeudado se debe pagar en su totalidad. Nunca, jamás se debe financiar los gastos de las tarjetas de crédito, pues esta mala práctica ha llevado a mucha gente a tener problemas financieros. Por esta razón, un 70% de la población de los Estados Unidos se encuentra hoy día con problemas de deuda.

La gente con un grado universitario debe estar ganando al final de su primer año de trabajo alrededor de unos $5.000 mensuales. Si no es así, entonces ésta debe ser su meta. Este ingreso es considerado actualmente en los Estados Unidos como el *sueldo óptimo*, pues les permite a las personas vivir con cierta comodidad, después de pagar sus gastos básicos como sus gastos personales, de trasporte y de vivienda, y aun así poder ahorrar una pequeña parte del salario.

Con este sueldo óptimo, ya se puede empezar a vivir bien. La mayoría de la gente empieza a comprar cosas, autos, vivienda, etc. Sin embargo, lo primero que se debe hacer es ahorrar. Recuerden siempre: hay que hacer el dinero primero para luego gastar una parte de él para que nos quede algún ahorro, el cual está estrechamente ligado a nuestra estabilidad económica.

Antes de invertir el dinero hay que ahorrarlo y antes de invertir en otras cosas, debemos invertir en nuestra tranquilidad. Para lograr este objetivo se debe ahorrar hasta acumular un fondo equivalente a 7 veces su sueldo mensual. Una vez acumulado este fondo de seguridad, éste debe ser permanente, de manera que la persona siempre cuente con él. Con esta idea o regla práctica la persona puede tener cierta tranquilidad en caso de que pierda su empleo. Durante el transcurso de 7 meses, existen todas las posibilidades de que la persona consiga otro empleo, mientras que su fondo permanente de sus ahorros, le cubre y le permite llevar su vida normal durante el desempleo.

Para aquellas personas que por alguna razón no pudieron sacar una carrera universitaria, la meta es la misma: lograr tener ingresos mensuales alrededor del sueldo óptimo para asegurar el inicio de una mejor vida. Y por supuesto, seguir las recomendaciones antes mencionadas sobre el ahorro. Muchas personas aprovechando su talento, con la dedicación y la actitud correcta hacia el trabajo lo han logrado. El grado universitario ayuda, pero no es imprescindible para obtener bienestar económico. La diferencia sería que, sin el grado universitario, se podía estar tardando más en lograr la meta de ganar el sueldo óptimo. Sin embargo, lo grande de los Estados Unidos es que hay oportunidades para que todos logren sus sueños.

Alrededor de los 27 años los jóvenes estarán pensando en casarse y tener familia. Esta edad es buena porque ellos empiezan a madurar y definir lo que quieren en la vida, además a esa edad ya se debe haber adquirido cierta estabilidad económica. Lo ideal sería que la pareja pudiera tener ingresos iguales o mayores al sueldo óptimo antes de casarse y disfrutar del matrimonio antes de tener hijos. Esa primera etapa del matrimonio, quizás la más bonita, hay que disfrutarla a todo dar.

Si después de cierto tiempo la pareja considera que es lo suficientemente responsable, que ambos son buenos uno para el otro y que bien vale la pena tener un hijo, se debe tener en cuenta que esta decisión va afectar el aspecto económico de la pareja. Para compensar el impacto, la pareja debe generar un ingreso adicional de un sueldo mínimo por cada hijo que decida tener. Echemos un vistazo a nuestras finanzas para tener idea de lo que debemos estar gastando.

Como una regla práctica el total de gastos de una familia debe ser como máximo un 90% del total de ingresos para así poder ahorrar por lo mínimo un 10% religiosamente. El total aproximado de los gastos de la vivienda debe ser de un 30% del total de ingreso, mientras que el total de los gastos de transporte debe ser de un 20% y el total de los gastos del grupo familiar debe ser de un 40% del total del ingreso. De acuerdo con esta regla práctica, una familia que genere ingresos de $5.000 al mes, podrá gastar $1.500 en vivienda, $1.000 en trasporte, más $2.000 en gastos del grupo familiar para un total de gastos de $4.500. Y aun esta familia puede ahorrar su 10% o $500.

Los gastos del grupo familiar de $2.000 incluyen alimentación, salud y seguro médico, vestimenta y entretenimiento. Esto por supuesto sin incluir a algún niño. Algunas personas, no les importa la consideración económica que hemos señalado y alegan cualquier tipo de excusa para tener sus hijos de todas maneras. Sin embargo, debemos siempre tratar de ser padres responsables y traer a nuestros niños a este mundo cuando seamos capaces de mantenerlos y darle la educación adecuada para encaminarlos hacia la prosperidad.

El planificar nos da control sobre nuestro futuro y el de los nuestros. Por tal razón, debemos planificar todo cuanto podamos para evitar distorsiones en nuestras finanzas. Cada vez que tengamos que hacer cualquier actividad en nuestras vidas, eso tendrá un impacto en lo económico. Una buena planificación financiera empieza con la elaboración de un presupuesto, el cual es muy sencillo y que cualquier persona puede hacer y mantener.

## El Presupuesto

El presupuesto personal o familiar es en esencia el elemento clave de la planificación financiera de la persona o del hogar, pues éste constituye la herramienta que le permite controlar sus finanzas, mediante la utilización del dinero de una forma responsable, sin gastar más de lo que se gana y lograr ahorrar una parte del ingreso. Un presupuesto ofrece como resultado al final del mes un saldo que habla sobre la diferencia entre lo que se ha ganado y lo que se ha gastado. Si los ingresos superan los gastos, la persona es capaz de ahorrar. Estos ahorros pueden guardarse para invertirse después o emplearse en algún gasto imprevisto.

Un presupuesto bien confeccionado sirve para saber en qué se gasta el dinero que se gana, hacer un seguimiento de los gastos y ser consciente de ellos. También, evita derrochar el dinero, ayuda a ahorrar y dar prioridad a ciertos gastos para limitar o reducir los menos necesarios. Con los ahorros, se puede acumular un fondo dedicado a emergencias y poder afrontar gastos inesperados, como una enfermedad, una avería del auto, o la pérdida del empleo. El ahorro les puede permitir a las personas vivir con tranquilidad y de acuerdo a sus propias posibilidades.

Si los gastos son superiores a los ingresos, el saldo mensual será negativo. Esto puede ocurrir en algún mes y compensarse en otros, pero jamás debe ser rutinario. Si esta situación persiste durante varios meses seguidos, entonces se agotan los ahorros y las personas normalmente recurren al endeudamiento para cumplir con sus pagos. Por eso es importante que en el primer momento cuando este desbalance ocurra, hacer las correcciones necesarias para evitar volver a caer en esa situación, la cual pone en riesgo la estabilidad económica de la persona o de la familia.

El presupuesto debe incluir todos los ingresos y todos los gastos, como se puede ver en la tabla siguiente sobre un ejemplo de un presupuesto personal o familiar. Entre los ingresos se deben incluir: sueldos, bonos, trabajos extras y cualquier otro ingreso por recibir. Mientras que en los gastos deben aparecer: los gastos de la vivienda, los de transporte y los gastos de manutención del grupo familiar, así como también cualquier otro gasto que no hayamos señalado aquí. Al restar el total de gastos del total de ingresos entonces tendremos como resultado el total ahorrado.

Los gastos de vivienda incluyen el pago del alquiler o el pago de la hipoteca, si la vivienda es propia, así como también los pagos de los seguros; los respectivos servicios públicos como la electricidad, gas, agua, basura y cualquier gasto de reparación o mantenimiento. También se incluyen los gastos de comunicaciones como teléfonos, ya sean fijos o celulares, internet, etc.

En cuanto a los gastos de transporte, además del pago de la mensualidad del vehículo, también abarca el seguro y el mantenimiento, el cual incluye a su vez gasolina, servicio y reparaciones. En caso de que también se use un autobús o un taxi como medio de transporte, ya sea para disminuir gastos o porque no se posea un automóvil, entonces se debe incluir este gasto en la sección de "Otros: Autobús, taxi" de los gastos de transporte.

Los gastos personales o del grupo familiar incluyen: todos los gastos por concepto de alimentación, salud y seguro médico, vestimenta y entretenimiento. Si su presupuesto lo permite y la persona quiere seguir estudiando, esos gastos pueden manejarse en una nueva categoría de gastos, la cual puede llamarse "Educación". Los gastos de educación incluyen todos los gastos de pago de colegio o universidades de los miembros de la familia tanto los padres como los niños, libros y cualquier actividad escolar. También se incluye en los gastos de educación los pagos que se hagan por algún préstamo estudiantil.

Si no se dispone de toda la información requerida para elaborar el presupuesto, se puede usar cantidades estimadas, lo más ajustadas a la realidad, y hacer los ajustes a medida que se vaya ejecutando el presupuesto. También se puede usar la regla práctica, de la cual se habló en la sección anterior. Así el total de gastos debe ser 90% del total de ingresos y ahorrar un 10%. Todos los gastos de la vivienda deben ser 30% del total de ingreso, el de transporte debe ser de 20% y el total de los gastos del grupo familiar debe ser de 40% del total del ingreso.

Al final de mes ya la persona tiene un poco más de información sobre su presupuesto personal o familiar y mucho mejor todavía al final del año, por lo que pudiera estar elaborando un presupuesto más realista para planificar mejor sus finanzas. Entonces podrá ajustar la regla práctica citada anteriormente y personalizarla de acuerdo a su estilo de vida. Lo importante en estimar es tener algo con que arrancar. Todas las ciencias las hemos iniciado de esta manera: por ensayo y error.

## EJEMPLO DE UN PRESUPUESTO PERSONAL/FAMILIAR

| INGRESOS | MONTO $ |
|---|---|
| Sueldo | 5000 |
| Otros Ingresos | |
| **Total Ingresos** | **5000** |
| **GASTOS** | **MONTO $** |
| **Vivienda** | 1500 |
| Alquiler | |
| Hipoteca | |
| Seguros | |
| Servicios Públicos | |
| Comunicaciones | |
| **Transporte** | 1000 |
| Vehículo | |
| Mensualidad | |
| Seguros | |
| Mantenimiento | |
| Otros: Autobús, taxi | |
| **Gastos Personales o del Grupo Familiar** | 2000 |
| Alimentación | |
| Salud y Seguro Médico | |
| Vestimenta | |
| Entretenimiento | |
| **Otros Gastos** | |
| **Total Gastos $** | **4500** |
| **TOTAL AHORRO $** | **500** |

Para evaluar el presupuesto solo debemos ver si éste ha cumplido con su objetivo, el cual es hacer que los ingresos cubran todos los gastos y que nos quede algo para ahorrar. Al final del período que quisiéramos evaluar, la ejecución del presupuesto nos indica que bien habríamos hecho nuestra planificación financiera. Por supuesto, si hemos seguido las pautas de la sección anterior, terminaríamos pagando todos nuestros gastos y ahorrando nuestro querido y deseado 10%. Pero…. acaso siempre ocurre así en la vida real? Definitivamente: no. Pudiéramos terminar pagando cosas que no estaban en el presupuesto y terminar con un cierto desbalance.

Lo interesante sería, no como caímos en ese gasto fuera de planificación, sino como lo manejaremos de allí en adelante para evitar que distorsione nuestro presupuesto en el futuro. Podemos hacer todos los ajustes con respecto a los gastos. Por supuesto no es mucho lo que se puede hacer con los gastos fijos, ya que estos gastos no suelen variar mucho de mes a mes y no pueden dejarse de pagar, como la hipoteca o el alquiler de la vivienda y el pago del automóvil.

Sin embargo, si podemos reducir aquellos gastos variables aun cuando necesarios como los gastos de agua, gas, electricidad, teléfono, alimentación, vestimenta y transporte, si se hace un consumo más moderado de ellos. Existen otros gastos que no son tan necesarios como el entretenimiento y hasta cierto punto la vestimenta, los cuales se podrían reducir sin ningún problema. Una vez identificados los ajustes necesarios, hay que elaborar el presupuesto nuevamente y llevarlo a cabo al pie de la letra.

Actualmente hay muchas formas de hacer y llevar el presupuesto personal o familiar para más facilidad en el manejo de las finanzas. Si no se quiere o puede tener una herramienta más sofisticada, les recomiendo que por lo menos conviertan en una hoja de cálculo Excel el ejemplo de presupuesto aquí presentado. También pueden bajar del internet una aplicación para finanzas personales.

## Los Ahorros y Las Inversiones

Como ya hemos dicho, para gastar el dinero primero hay que ganarlo y luego ahorrarlo para luego invertir una parte. Con los ahorros se puede crear un fondo de inversiones. Este fondo debe ser el total ahorrado en exceso al fondo de seguridad, el cual como ya hemos dicho es el equivalente al ahorro de 7 veces el sueldo mensual y que además debe ser permanente. El fondo de inversiones se puede destinar para cubrir emergencias o gastos imprevistos, o para acumular capital suficiente para hacer el pago inicial en una adquisición importante como comprar un automóvil o una vivienda. También se puede usar el fondo de inversiones para costear los gastos de la educación de la pareja o de algún hijo, preparar la propia jubilación de la persona y para hacer algún otro tipo de inversiones. Cuanto más se ahorra, más opciones se tienen de inversión y se dispone de más control sobre el futuro.

Sobre este fondo de inversiones, las personas pueden hacerse préstamos sin pagar intereses, siempre y cuando el préstamo sea para cubrir emergencias o pagos imprevistos y que se reintegre o pague lo adeudado tan pronto como sea posible. Es decir, en vez de solicitar un préstamo al banco o a alguien más, se lo da prestado Ud. mismo. Pero si quiere ir a un banco, la mayoría de ellos tienen también representantes que les pueden ayudar sobre préstamos y hasta como entrarse en el mundo de las inversiones y explicarles los diferentes tipos de productos para conseguir préstamos y hasta para invertir.

Después que las personas logren acumular su fondo de seguridad, como ya hemos hablado, todo lo que logren ahorrar por encima de ese fondo, incluyendo los intereses que pague el banco, se destina para crear el fondo de inversiones, con lo cual se pueden hacer las dos inversiones básicas de cada persona o familia: comprar un automóvil y una vivienda. Sin embargo, antes de tomar esa decisión, se debe revisar que se tenga en el fondo de inversiones suficiente dinero para cubrir la inicial requerida para la adquisición, así como también se debe revisar el total de los ingresos.

Si los ingresos de la persona o del grupo familiar están por encima del ingreso óptimo, que actualmente es de $5.000 al mes, no debe haber ningún problema, ya que estos son suficientes para asegurar el pago mensual de las dos adquisiciones mencionadas y aun continuar sin muchos aprietos económicos. Ahora, si el total de los ingresos está por debajo del óptimo, es recomendable comprar el auto primero y después de pagarlo y si sus ingresos para ese entonces aseguran el pago mensual de la hipoteca, se puede entonces comprar la casa. Lo importante es no adquirir ninguna deuda que no se pueda pagar después. Por esta razón es por la que se recomienda fijarse como meta el tener ingresos iguales o mayores al ingreso óptimo. Una forma de incrementar los ingresos seria hablar con el empleador para ver si puede darle un aumento de sueldo. La otra es conseguir adicionalmente otro trabajo a tiempo parcial. Si se logra conseguir cualquiera de estas opciones, es muy importante conservar el mismo esquema de gastos, de manera que el ingreso adicional sea destinado únicamente a satisfacer lo que se quiere adquirir.

Con el fin de hacer más productiva la inversión del automóvil y la de la vivienda, es importante saber que un automóvil nuevo puede rodar por 7 años sin problemas, con su respectivo plan de mantenimiento de acuerdo el fabricante. Por esta razón, se recomienda comprar un auto nuevo, siempre y cuando sea posible, tenerlo por esos 7 años y después venderlo y comprar otro nuevo. Sobre la vivienda se recomienda refinanciarla cuando se presente la oportunidad en que el interés hipotecario del momento caiga más de un punto con respecto al interés con el que se adquirió la hipoteca. En situaciones de alta inflación y que el dinero ahorrado no logre ganar ni siquiera para compensar la inflación, se recomienda, si se dispone del dinero, hacer pagos sobre el capital de la hipoteca de la vivienda o pagarla totalmente. La gente no debe vivir para pagar hipotecas.

Las personas deben capitalizar los incrementos de sus ingresos. Es decir, sacar beneficio de ellos, para lo cual es necesario conservar el mismo nivel de gastos. Después de adquirir su auto y su vivienda, con el monto acumulado en el fondo de inversiones, las personas pueden hacer otras inversiones tales como compra de acciones, bonos, depósitos a plazo fijo, certificados de depósito o CD, etc. La gente de su banco le puede ayudar sobre esta clase de inversiones.

Hasta aquí todas las inversiones que se han considerado son de muy poco o casi ningún riesgo, pero con un interés bajo. Después del paso anterior y si se dispone de suficiente capital en el fondo de inversiones, la persona puede invertir hasta un 27% del monto disponible en inversiones de mayor riesgo, pero de mayor ganancia como la de empezar su propio negocio, comprar uno ya existente, o asociarse con otros. Aun en este punto, la persona debe seguir teniendo su fondo de seguridad y su fondo de inversiones menos el 27% invertido. También sería deseable que la persona aun mantuviera su ingreso fijo.

Por los vientos que soplan sobre la economía mundial, cada día se hará más difícil conseguir un empleo y tener un techo propio. Para enfrentar esos desafíos y promover la continuidad de la prosperidad en la familia, los padres responsables debieran, como parte de su planificación, dejar a sus hijos un techo donde morar y un negocio en donde puedan trabajar. Y por supuesto tener un testamento a nombre de su familia, de manera que, si algo ocurre, el patrimonio familiar no vaya a pasar a manos del estado. Esto sería el sueño máximo de la planificación financiera personal.

Por lo general la gente empieza a hacer dinero después de sus 41 años de edad, así como el coronel Sanders y muchos otros más. Ya a los 57 años, las personas deben estar libre de toda deuda y disfrutar la vida. Hay mucha gente linda que ha pasado la mitad de su vida tratando de hacer su dinero y la otra mitad en usarlo para ayudar a otros. Gracias a las inversiones de muchos de ellos, hoy la gran mayoría de la gente podemos contar con un empleo y llevar una vida próspera con la esperanza de que algún día podamos ser uno de ellos.

# 2

# EL INCREÍBLE CUERPO HUMANO

En el capítulo anterior logramos conocer las dificultades más importantes de la vida cotidiana como nuestros problemas económicos y nuestras preocupaciones, así como también sus respectivas soluciones. Pero esto ha sido solo un paso en el largo camino para lograr una vida más fácil y próspera. Sin embargo, eso nos pone en la senda correcta. Para seguir adelante, nuestro próximo paso debe ser estar y conservarnos sanos, lo cual es materia de este segundo capítulo. Tenemos que estar en buenas condiciones físicas, ya que enfermos no llegaríamos muy lejos. Ahora, para gozar de buena salud es necesario conocer nuestro increíble cuerpo humano, así como también saber las cosas que debemos hacer para mantenerlo en forma.

En este sentido debemos empezar por entender cómo es concebido y formado nuestro cuerpo; cómo funciona y madura nuestro cerebro; conocer, por lo interesante que es y por lo que nos puede enseñar sobre nosotros mismos, los procesos de renovación y envejecimiento; y por supuesto, la otra parte que también debemos conocer sobre nuestro cuerpo es como mantenerlo con buena salud y como las vitaminas y minerales nos pueden ayudar a lograrlo

# 2.1 Formación del Cuerpo Humano

Somos concebidos por la unión en acto sexual de nuestros padres: un hombre y una mujer. De todos los espermatozoides de nuestro padre solo uno alcanza a penetrar el óvulo de nuestra madre. Ese espermatozoide, al igual que todos los demás, contiene en su cabeza 23 cromosomas, los cuales se unen a los otros 23 cromosomas contenidos en el óvulo de nuestra madre para así formar los 46 cromosomas del genoma humano del niño.

Dentro de cada cromosoma están contenidos los genes, los cuales contienen el material hereditario tanto de la madre como el del padre. El espermatozoide se une con el óvulo para formar una célula con vida. El cuerpo humano empieza a formarse con un feto que se desarrolla dentro del vientre materno. Este período de formación del ser comprende un período de unos 9 meses, en el que una simple célula evoluciona hasta formar un niño listo para nacer.

Su cuerpo está formado por órganos pequeños perfectamente diseñados, lo que constituye un milagro de la naturaleza. Cada uno de estos órganos, está hecho de miles de millones de células funcionando muy orquestadamente.

Estas células son los bloques de construcción de la vida y tenemos unas 100 mil millones de ellas en nuestro cuerpo, todas trabajando en perfecta armonía para hacernos lo que somos.

Dentro de cada célula se encuentra una molécula llamada ADN o ácido desoxirribonucleico. Esta molécula es la que le da instrucciones a cada célula sobre como crecer y que funciones hacer. El ADN es un compuesto orgánico que contiene las instrucciones para crear cada nueva vida y es único para cada persona. La molécula del ADN es capaz de auto duplicarse y transmitir así la información de los caracteres hereditarios de célula a célula y de generación en generación.

Una vez formado el niño, sale del vientre y entra en un nuevo mundo: el mundo de la gente. Es allí cuando empieza su transitar por la vida, en el viaje más interesante de cualquier persona. Al nacer el niño enfrenta su más grande dificultad, al tener que escoger entre la vida o la muerte. Es decir que tiene que respirar o de lo contrario morirá. Sus pulmones nunca habían respirado antes, pues estaban llenos de líquido amniótico, lo cual lo protegía durante los 9 meses del embarazo.

De manera que el recién nacido corre el peligro de ahogarse. Pero su cuerpo también viene equipado con una glándula adrenal situada por encima de los riñones, la cual envía una gran afluencia de adrenalina alrededor del cuerpo, lo cual trae los pulmones a la vida. Los músculos que necesitamos para respirar empiezan de inmediato a convulsionar y así tomamos nuestro primer respiro, el cual constituye quizás el respiro más importante de toda nuestra vida, aunque a lo largo de ella respiremos unos 700 millones de veces. Nuestros pulmones bombearán aire sin parar cada segundo de nuestras vidas. Este aire pasa apresurado por la tráquea, luego por miles de ramificaciones y llega a unos 30 millones de saquitos de aire llamados alveolos, los cuales depositan oxígeno en nuestra sangre y expulsan el dióxido de carbono que exhalamos con cada respiro. Los alveolos hacen este trabajo constantemente mientras estemos vivos.

A escasas horas de haber nacido, aún no sabemos ni entendemos nada del mundo que nos rodea y solo dependemos de nuestro instinto para respirar, así como para alimentarnos. Los animales recién nacidos están en mejores condiciones de sobrevivir que nosotros los humanos. Si no fuera por nuestras madres la mayoría de los niños recién nacidos perecerían. Es por esto, que se cree, con gran sentido de justicia, que nuestras madres son las grandes forjadoras de la Humanidad.

La leche materna además de alimentarnos, también nos protege. Una vez fuera del vientre quedamos expuestos a un mundo lleno de bacteria invisible y hasta mortal algunas veces, las cuales nos pueden atacar por la piel. Hay 10 veces más bacterias que células humanas en nuestro cuerpo y en esta etapa tan temprana nuestro sistema inmunológico aún no está desarrollado. De manera que nuestros cuerpitos aun no pueden defenderse por sí solos de las infecciones. Pero nuestra madre nos defiende sorprendentemente de ellas a través de su leche. Con el contacto de nuestra madre con nuestro cuerpo, ella absorbe los mismos gérmenes que nos atacan y su sistema inmunológico crea los anticuerpos, los cuales son transmitidos a nosotros a través de la leche. Hasta que nuestro propio sistema inmunológico se desarrolle, ella nos mantendrá a salvo. Mientras tanto empezamos a descubrir nuestro mundo.

Al empezar andar por nuestro alrededor, cerca del primer mes empezamos a percibir lo bullicioso de este mundo tan brillante y con muchos olores. Así nuestros sentidos empiezan a trabajar a una capacidad máxima. Dentro de la nariz, donde reside nuestro sentido del olfato, se encuentran unos nervios especializados que detectan componentes químicos en la corriente del aire que respiramos y envían una señal eléctrica al cerebro, el cual interpreta la señal como olores. Estos nervios son súper sensitivos y cada olor es una nueva sensación.

Algo similar ocurre en nuestros oídos, donde se encuentra nuestro sentido de la audición. En este mundo lleno de sonidos extraños, las ondas del sonido hacen vibrar el tímpano y en otro lado del tímpano unos huesecillos llamados *osículos* vibran al mismo son. Estos son los huesos más pequeños del cuerpo, pero sin ellos no pudiéramos oír, pues son ellos los que amplifican las vibraciones. La vibración amplificada entra en el oído medio, el cual se alinea con una especie de pelo delicado.

Cuando la vibración pasa, los pelos vibran también. En la parte de abajo, hay unos pelos frágiles para los sonidos de alta frecuencia, mientras que en la parte de arriba están los pelos de baja frecuencia, cada uno de los cuales son unas 200 veces más delgados que los pelos de nuestra cabeza. Con el tiempo, los ruidos muy altos pueden dañar estos pelos produciendo un deterioro prematuro de nuestro sistema auditivo. Aunque de todos modos nuestra audición disminuye con la edad.

En cuanto a nuestra visión, la cuestión es diferente, pues nacemos con unos ojos no muy desarrollados. Aun a un mes de nacidos, nuestra visión es borrosa y la mayoría del mundo que vemos es blanco y negro, debido a que a esta edad nuestra visión es muy rudimentaria. Los músculos del ojo aún son inmaduros evitando que mantengamos nuestros ojos enfocados donde los queremos tener. Dentro del ojo, los músculos del lente ocular aun no pueden enfocar y el lente voltea la imagen que recibe. A través de nuestras vidas, vemos el mundo patas para arriba o al revés. La imagen se reorienta en nuestro cerebro.

La imagen se forma en la retina, detrás de la pantalla en la parte trasera del ojo. Unas células especializadas de la retina transforman la luz que perciben en señales eléctricas. También detectan información del color, pero debido a que no están muy desarrollados aun, percibimos la mayoría de las cosas en blanco y negro durante nuestro primer mes.

De la retina, las señales viajan a través de dos nervios gruesos debajo del cerebro. En el fondo es donde procesamos la información visual. Cuando las imágenes llegan empieza el reto real, pues nuestro prematuro cerebro no ha aprendido aun como interpretar la información. Pero ya a los dos meses eso ha cambiado y podemos distinguir colores y formas. A los 4 meses podemos identificar la cara de nuestra madre y después de los 7 meses tenemos visión de 20/20. Con la llegada de nuestra visión perfecta se inicia también nuestro crecimiento físico y empezamos a engordar a una tasa de un cuarto de nuestro peso corporal por cada mes, pero después de 3 meses la tasa disminuye.

Así continuamos andando por nuestro mundo hasta que entramos a la pubertad. En esta nueva etapa de nuestra vida, como tal metamorfosis, nuestras hormonas nos inician en una gran transformación y pasamos de niño a adulto y nuestros cuerpos se exculpen de manera muy atractiva indicando la llegada de la etapa reproductiva. A los 20 años el cuerpo humano logra crecer unas 4 veces desde el nacimiento y se torna unas 21 veces más pesado. A los 21 años ya hemos dejamos la pubertad y entramos a una nueva fase de nuestra vida: la adultez, en la que, por lo general, nos sentimos mejor que en cualquier otra edad en nuestras vidas.

# 2.2 Nuestro Cerebro

A medida que continuamos creciendo nuestro cerebro madura. Después de los 2 años sobrevivimos a la infancia y la mayoría de los niños ya pueden pararse y caminar por sus propios medios. Luego empiezan a hablar, lo cual toma bastante energía del cerebro. Cabe mencionar que algunos otros niños logran caminar y hablar poco después de los 7 meses. Un niño de 2 años puede aprender 10 nuevas palabras por día. El área de la región del lado del cerebro usada para la producción del lenguaje y la comprensión se llama *Broca*. El lenguaje es lo que nos diferencia de los otros animales. Como adultos, podemos intercambiar complejos pensamientos e ideas y les enseñamos a nuestros niños no solo demostrando sino hablándoles también.

Cerca de los 5 años, a medida que se desarrolla nuestro cerebro logramos otra característica única de los humanos: nos damos cuenta de nuestra propia identidad y nuestra individualidad. Logramos la habilidad de pensar por nosotros mismos y formamos recuerdos que durarán toda la vida como nuestro primer día de la escuela. Durante la niñez, la tarea principal del cerebro es aprender y crecer rápido. Nuestro rápido crecimiento le permite al cerebro hacer más fácil nuevas conexiones. Esta habilidad disminuye con la edad. Más tarde, durante la pubertad, el hipotálamo, la región que controla la temperatura de nuestro cuerpo, segrega en el cerebro una proteína llamada *kisspeptin*, la cual dispara el lanzamiento de otra hormona en una reacción en cadena a través de todo el cuerpo. Estas hormonas tienen efectos emocionales y físicos dramáticamente prolongados. Los niños experimentan crecimiento acelerado, y sus cuerpos se reforman. Las niñas se convierten en mujeres y los niños en hombres.

El cerebro, el órgano más importante del cuerpo humano, es una masa de unos 100 mil millones de células nerviosas llamadas *neuronas*, capaces de generar suficiente energía, que según el "National Geographic Channel™" puede mantener un bombillo encendido durante un día. Las neuronas se comunican usando impulsos eléctricos y cada impulso es un pequeño fragmento de pensamiento o recuerdo. Cuando oímos una palabra nueva nuestros oídos convierten el sonido en impulso eléctrico en nuestro cerebro. Constantemente se están formando nuevas conexiones neuronales. Entre las neuronas se encuentra una pequeñísima abertura llamada *sinapsis*. Estas aberturas son llenadas por substancias químicas formando una especie de puente, por el cual los impulsos pueden continuar su viaje. La nueva conexión forma un patrón, lo que constituye un nuevo recuerdo. Aprendemos haciendo nuevas conexiones entre las neuronas y luego las reforzamos con la repetición. Mientras más fuerte sea la repetición más perdurable será el recuerdo.

Las neuronas son células nerviosas especializadas en la recepción y transmisión de información. La neurona es la unidad básica del sistema nervioso y su función principal es la conducción de los impulsos nerviosos. Cada una de estas neuronas está conectada a cientos y hasta miles de otras neuronas, formando redes extremadamente complejas. De estas conexiones depende nuestra memoria, el habla, el aprendizaje de nuevas habilidades, el pensamiento, los movimientos conscientes y todo el funcionamiento de nuestra mente. Estas conexiones se desarrollan y modifican a lo largo de la vida de acuerdo con el aprendizaje y a las experiencias de la persona.

Además de conectarse entre sí, las neuronas también establecen conexiones con músculos y glándulas para enviar información, en forma de impulsos electroquímicos. La información normalmente viaja en forma de impulsos eléctricos a través de la neurona y cuando los impulsos llegan al final de ésta, liberan una sustancia conocida como *neurotransmisor* que cruza el pequeñísimo espacio entre una y otra neurona para hacer finalmente contacto con los receptores especializados localizados en la otra célula para activarla o desactivarla.

El cerebro consta del tallo cerebral, cerebelo y encéfalo. El tallo cerebral es la parte que controla los reflejos y las funciones automáticas de nuestro cuerpo tales como la presión sanguínea, el ritmo del corazón y la digestión. El cerebelo está localizado en la parte inferior del cerebro y directamente encima del tallo cerebral. El cerebelo utiliza información que recibe del tallo cerebral y de la corteza motora para coordinar nuestros movimientos. El cerebelo también detecta la posición de nuestros brazos, manos y piernas con lo cual nos permite mantener la postura y el balance. Todos nuestros movimientos voluntarios desde mover los dedos para ordenar, mover las piernas para caminar, etc. dependen del cerebelo. El encéfalo es la parte donde se llevan a cabo casi todas las funciones de alto nivel como el pensamiento abstracto. En los seres humanos el encéfalo compone alrededor del 85 por ciento del peso del cerebro. Se divide en dos hemisferios que a su vez se subdividen en una serie de lóbulos. Los dos hemisferios, el derecho y el izquierdo están conectados por una banda compuesta de entre 200 y 250 millones de neuronas llamada el cuerpo calloso. La parte derecha del cerebro controla el lado izquierdo del cuerpo y la parte izquierda controla el lado derecho.

El hemisferio derecho es el hemisferio dominante en cuanto a habilidades especiales como reconocimiento de rostros, imágenes visuales y la música. El izquierdo, por su parte, es dominante en cuanto a las habilidades matemáticas, la lógica y llevar a cabo cálculos. Esto no es una división tajante ya que ambos hemisferios se conectan y comunican entre sí. Nuestro cerebro pesa unas tres libras y consume alrededor del 20 por ciento de la energía del cuerpo.

# 2.3 Los Procesos de Renovación y Envejecimiento

Hay dos procesos claves en la vida de las células de cada uno de nosotros. Uno de ellos es el proceso de renovación mediante el cual nuestras células están renovándose constantemente. De manera que, aunque yo tenga 70 años, el órgano más viejo de mi cuerpo no llega a tener más de 11 años. El otro proceso es el que no quería mencionar, pues aparte de no gustarme, es el que nunca falla, ese es el proceso de envejecimiento.

Los trillones de células que forman nuestros órganos y tejidos, con el tiempo se desgastan o se dañan. Pero nuestro increíble organismo formará nuevas células, las cuales crecen y se dividen para remplazar las viejas, lo que se conoce como el *proceso de renovación*. En este proceso, algunos tejidos se regeneran aun con más rapidez, como nuestro cabello y nuestras uñas. El cabello es hecho de células muertas modificadas de la piel. Cada hebra de cabello crece desde un folículo incrustado en la piel. La célula modificada crece aquí y luego muere cuando una nueva célula lo empuja hacia arriba. La columna de célula muerta es lo que llamamos cabello. Una persona puede llegar a crecer más de 15 centímetros de cabello por año. El cabello siempre estará creciendo queramos o no, en condiciones normales.

Es muy importante en este proceso de renovación del organismo, darle un buen mantenimiento a nuestro cuerpo con una buena dieta y ejercicios apropiados. De manera de entonar nuestro corazón y pulmones para que trabajen más eficientemente, y repotenciar nuestros huesos para estimular a las células óseas en la renovación de las fibras de los huesos. Para lo cual, unas células especializadas se comen el hueso viejo o dañado mientras otras células lo reconstruyen con un material más nuevo y más resistente. Como resultado tendremos unos huesos más densos y más fuertes. Así también, los 650 músculos que forman nuestro cuerpo crecen y se fortalecen.

Mediante el proceso de renovación, nuestro cuerpo llega a remplazar órganos completos cada 11 años. La pregunta sería entonces: ¿por qué envejecemos? Durante la etapa del envejecimiento, el proceso de renovación o mecanismo del organismo para mantenerse rejuvenecido también empieza a decaer y las copias que se van haciendo de las células para remplazar las viejas no son 100 % iguales, pues el mecanismo de copiado también ha sufrido desgastes.

Al igual que ocurre con cualquier fotocopiadora de las que tenemos en la casa u oficina.

Después de la vitalidad de nuestros cuerpos durante los 20 años, entramos en una nueva etapa a medida que el ***proceso de envejecimiento*** empieza. Durante esta etapa nuestro envejecimiento se acelera, pues el mecanismo que nuestro cuerpo usa para evitarlo también empieza a envejecer. Nuestros cambios físicos se vuelven más notorios después de cumplir los 40 años. A los 45, los efectos acumulados de todos esos años, durante los cuales hemos expuesto nuestro cuerpo al sol, producen los primeros síntomas de envejecimiento: las arrugas.

Desde nuestro nacimiento, nuestro cuerpo repone las células de la piel a un ritmo increíblemente rápido. Podemos producir hasta 30 mil nuevas células cada minuto para reemplazar las células que constantemente botamos. A nuestros 45 años de edad hemos botado más de 200 kilos de células de piel muerta. Pero, a la edad que sea, las células de nuestra piel nunca son más viejas que unos pocos meses. Las células de la piel se mantienen en buenas condiciones gracias al colágeno. Sin embargo, las radiaciones ultra violetas y la luz del sol disparan una reacción en cadena que degrada el colágeno haciendo que la fibra se haga más delgada y se rompa. De manera que nuestra piel pierde elasticidad y así obtenemos las arrugas.

Nuestra visión también va cambiando y empezamos a usar lentes para leer. El problema de la visión está en el lente del ojo, debido a que las células de los lentes internos, junto con las células duras, así como la mayoría de las células del cerebro son las únicas células que nuestro cuerpo jamás repone. Estas células del lente de los ojos son las mismas que teníamos cuando niños. Mientras envejecemos nuestro lente ocular se pone más rígido y ya no enfoca tan bien como antes y nuestros ojos se empiezan a secar, pues producimos menos fluido para lubricar los ojos y menos lágrimas para lavarlos.

Con la edad media también cambia la forma de nuestro cuerpo y en esta etapa ya ni el ejercicio es suficiente para mantenernos en forma. Cuando éramos adolescentes podíamos comer de todo y cuanto se nos antojara. Ahora nuestro metabolismo está cambiando y ganamos peso más fácil. La explicación está en nuestra sangre. En la edad media, los niveles de varias de nuestras hormonas empiezan a bajar, como el estrógeno, la testosterona y las hormonas del crecimiento y empezamos a perder músculos magros.

Perdemos casi 7 libras de musculo cada 10 años de nuestra edad adulta. Menos musculo significa que nuestro cuerpo quema menos calorías y si continuamos comiendo al mismo ritmo de siempre, el exceso de la comida se nos convierte en grasa. Pero la grasa no es el único riesgo de salud que corremos en esta edad. El estrés también juega un papel importante en nuestro deterioro. La edad media es muy estresante y el estrés nos agobia, pero el daño no se queda allí. El estrés acelera el proceso de envejecimiento en nuestros cuerpos.

A los 50 años nuestro cuerpo se desacelera, pero parece que nuestra forma de vida no. Tener una familia en crecimiento y una profesión exigente también tiene su impacto en el proceso de envejecimiento, pues ello agrega más estrés a nuestras vidas. Este estrés se manifiesta en sudadera de las manos, perdida del aliento y sensación de mareo, pero el daño real toma lugar dentro del cuerpo. Nuestros cuerpos adoptan una posición de pelear o correr. Hormonas, adrenalinas y cortisonas fluyen de la glándula adrenal a nuestro torrente sanguíneo. Nuestros músculos y las arterias se contraen, el corazón bombea más rápido y la presión sanguínea se dispara. Evolucionamos el instinto de pelear o correr para responder rápido al ataque de un depredador, pero tener este instinto activado constantemente causa cierto daño a nuestro sistema cardiovascular.

El estrés acelera el envejecimiento de los vasos sanguíneos. La alta presión sanguínea daña las células de las paredes de las arterias, las cuales se hacen más rígidas y más gruesas especialmente en la arteria más importante la Aorta. Las arterias con paredes más rígidas y gruesas restringen el paso de la sangre.  Al aumentar la presión de la sangre nuestro corazón es forzado a trabajar más duro. Es un círculo vicioso: mientras más estrés más daño a nuestros vasos sanguíneos y mientras más daño a los vasos sanguíneos menos chances tenemos de luchar con el estrés. Si el problema se hace constante o se sale de control y el corazón se ensancha al luchar por bombear sangre a nuestros ya reducidos y menos elásticas vasos sanguíneos, la alta presión de la sangre puede hasta reventar vasos sanguíneos en el cerebro lo que se conoce como un *accidente cerebro vascular* o *ACV*.

La mayoría de la gente aprende a manejar el estrés. Sin embargo, para las mujeres en sus 50 años, otro factor empeora el problema: la menopausia. En esta edad, los ovarios de la mujer dejan de liberar sus óvulos y también dejan de producir las hormonas del sexo: estrógeno y progesterona, lo que muestra señales del final de la vida reproductiva de la mujer.

Al reducirse los suministros de esas hormonas en la mujer, se desestabilizan las regiones de su cerebro que manejan el estado de ánimo, el sueño y el control de la temperatura. Cuando el hipotálamo se descontrola ocurren los "vaporones" o subidas de temperatura. En esos momentos pareciera que su cuerpo no puede configurar el termostato correctamente. Los huesos y los tejidos de sus músculos se debilitan. El cuerpo de la mujer pasa todo el tiempo acostumbrándose a sus hormonas y ahora que éstas ya no están, imaginemos como se sienten las queridas mujeres.

El proceso de envejecimiento en las personas continua su camino acelerado. A los 60 años ya los hijos se han ido de la casa y ya dejamos de trabajar y entramos a la otra fase de la vida: la vejez. A los 70, estamos en la recta final de nuestro transitar por la vida. Cuando nos jubilamos nuestras vidas se hacen más lentas y las señales de envejecimiento se aceleran. Los tejidos de nuestros pulmones se hacen más gruesos haciendo los alvéolos pulmonares menos elásticos, lo que hace que tomemos menos aire con cada respiro. Además, a esta edad nuestro cerebro se ha reducido en un 10%; lo que explica porque nos sentimos confundidos y olvidadizos.

La vejez también ataca nuestros sentidos. Vamos perdiendo el sentido de la audición lentamente. Los pelos de alta frecuencia dentro del oído prácticamente ya no existen y hasta estamos perdiendo pelos en la zona de baja frecuencia. Durante estos años luchamos para oír. No solo es difícil oír, también ver. El lente ocular está más rígido y ha cambiado su color marrón amarillento debido a la exposición de la luz ultravioleta a lo largo de la vida. El sol también causa que se formen cristales en el lente y nuestro cerebro tiene que trabajar más duro para compensarlo. El proceso de envejecimiento se acelera en los 40 y los 70, debido a que el mecanismo del proceso de renovación se ha desgastado con la edad.

Otro factor importante es el oxígeno. Lo necesitamos para vivir, pero este poco a poco a través de nuestra vida nos envenena lentamente. Dentro de cada una de nuestras células existen unos orgánulos llamados *mitocondrias*, ellos son como unas pequeñas plantas de energía que combinan alimento con oxígeno. Las mitocondrias crean la energía que necesitamos, pero justo como las plantas de energía también generan contaminación. En este caso el agente contaminador es el oxígeno. La mitocondria cambia las moléculas de oxígeno en unas formas inestables llamadas *radicales libres*. Durante nuestras vidas, estos radicales libres sofocan a la mitocondria y dañan nuestras células.

Nuestras células y nuestro ADN se hacen más y más daño y el sistema de reparación falla. Las imperfecciones se acumulan y nuestros órganos fallan eventualmente. El ADN nos hace quiénes somos y como nos desarrollamos y también determina cuanto viviremos. Vivimos hasta que nuestras células ya no puedan copiarse. La muerte es como la vida: es un proceso biológico. Se cree que antes de morir el torrente sanguíneo es inundado con endorfinas, el aniquilador natural de dolor del cuerpo, para que así los tejidos en la ausencia de oxígeno puedan funcionar, pero en un lapso de 10 segundos la actividad eléctrica del cerebro cae. La audición es el último sentido en apagarse. Puede tomar unas 24 horas para que nuestras células de la piel dejen de dividirse y unas 37 horas para que nuestra última célula viva en el cerebro dispare su impulso final.

Este relato fascinante de nuestro increíble cuerpo humano, al estilo del "Discovery Science Channel™" y del "National Geographic Channel™", nos muestra el mundo interno y maravilloso que recorre nuestro organismo desde nuestra concepción, pasando por todas las etapas de la vida, para lograr nuestro objetivo de vivir para luego morir. Conocer las facetas por las que pasa nuestro cuerpo, además de ser interesante, también nos ayudará a entenderlo mejor con el fin de proveerle todo el cuidado y mantenimiento que éste requiere para su buen funcionamiento para que así nos pueda ayudar a lograr una vida plena.

# 2.4 La Salud Corporal

Para que nuestro cuerpo nos acompañe en el transitar por los caminos de la vida en busca de nuestra felicidad, debemos proveerlo del cuidado y mantenimiento necesario. Para procurar tener una buena salud corporal, es necesario entender el período de mantenimiento, por el cual pasa nuestro cuerpo cada día de nuestra existencia, así como también entender la formación de nuestros hábitos alimenticios a través de los años. Por su puesto una dieta balanceada es también clave en la salud corporal para mantenernos sanos y sin sobrepeso. Finalmente, los ejercicios nos entonan y le dan forma a nuestro cuerpo para llevarnos por el camino del buen vivir.

## El Período de Mantenimiento

La buena salud de nuestro cuerpo empieza con el entendimiento del período de mantenimiento y su importancia en preservar nuestro cuerpo en su mejor forma. Durante el período de mantenimiento tiene lugar en nuestro organismo un proceso de monitoreo por parte de nuestra mente subconsciente, en busca de cualquier tipo de amenaza que afecte su buen funcionamiento. Luego tiene lugar un proceso de desintoxicación y después el proceso de renovación de las células del organismo.

Este mantenimiento tiene lugar todos los días, mientras el cuerpo duerme. Después que nos quedamos dormidos y que nos encontramos en plena oscuridad, nuestra mente subconsciente da instrucciones al organismo para que inicie el ciclo del mantenimiento, el cual por lo general empieza cerca de la media noche y termina poco antes de las 7 de la mañana. Durante este lapso, después de chequear que el organismo está funcionando normal, se procede a su desintoxicación debido a lo que se ha comido o bebido durante el día, luego empieza el proceso de generar nuevas células para reemplazar las viejas. Ya para la hora en que nos estamos levantando nuestro cuerpo debe estar completamente entonado.

Es de extrema importancia el dormir bien y por lo menos unas 7 horas para mantener nuestro cuerpo sano y para ello es importante que el período de mantenimiento se lleve a cabo todos los días y con la menor interrupción posible del ciclo diario. El tener que despertarse poco después de haberse quedado dormido, ya sea por alguna dolencia, o cualquier problema de salud, o por alguna preocupación; perturba el inicio del ciclo. También el exceso de comida y bebida principalmente antes de acostarse tienen un impacto negativo en el proceso de desintoxicación, pues el organismo tendrá que dedicar tiempo adicional para desintoxicarse, lo cual será deducido del tiempo que normalmente el organismo usa para el proceso de renovación.

Si una persona se acuesta después de la media noche, su período de mantenimiento se ve acortado y a lo mejor no será suficiente para completar el ciclo con éxito. Si además de tarde, la persona se acuesta borracha, el período corto de mantenimiento a lo mejor no será suficiente para terminar de desintoxicar su cuerpo, por lo que no será posible iniciar el proceso de renovación. Al no darle la oportunidad a nuestro cuerpo que renueve sus células cada día, estaremos acelerando su envejecimiento.

Debemos más bien procurar acostarnos diariamente antes de la media noche y dormir unas 7 horas, evitar comidas pesadas y en su lugar comer poco y liviano, preferiblemente frutas de ser posible, como hace mi gran amigo Alex, para ayudar el período de mantenimiento a reducir el tiempo de desintoxicación y así disponer de más tiempo para la renovación de las células. Además del período de mantenimiento, es necesario entender también por que comemos como comemos y a las horas que lo hacemos, es decir entender nuestros hábitos alimenticios.

## Nuestros Hábitos Alimenticios

Hoy hablar de salud corporal o física es hablar de alimentos y ejercicios. Para nuestros antepasados, su alimentación siempre estuvo acompañada por ejercicio toda la vida desde que como hombres y mujeres salimos de África hace unos 3.7 millones de años para poblar el mundo. En esos tiempos, para buscar nuestros alimentos teníamos que caminar largos trayectos.

Al principio siempre comíamos todo cuanto podíamos, bueno... siempre y cuando tuviéramos que comer. Primero porque no habíamos desarrollado todavía métodos para conservar nuestros alimentos y segundo porque no sabíamos cuando sería la próxima vez que volveríamos a comer. Y eso era perfectamente lógico. Lo que no hace sentido es que hoy en nuestra era moderna, donde tenemos todo tipo de tecnología para preservar los alimentos y sepamos con exactitud a qué horas comer cada día, continuemos comiendo con más desespero que nuestros antepasados. Definitivamente, hemos heredado nuestros hábitos alimenticios de ellos, cosa que no es ningún problema, solo que tenemos que hacer los ajustes necesarios para comer únicamente la cantidad de alimento que necesitamos de acuerdo con nuestra actividad y más importante aún de acuerdo con nuestra edad.

Vemos gente de la edad media comiendo como adolescentes. Es perfectamente justificable que un adolescente se coma todo lo que vea en la mesa, pues él aún está en una etapa donde necesita todos esos alimentos para seguir creciendo. Pero después que dejamos de crecer, ¿por qué comer tanto? En esta etapa, como no necesitamos tanto alimento, éste se tiene que convertir forzosamente en grasa. Por eso es por lo que siempre se nos verán esos kilos demás durante la edad media. Más aún, si nos hemos sumergidos en una vida sedentaria. Ahora el problema no es solo el sobrepeso, sino que con él empiezan todos los achaques del cuerpo de la edad media como alta presión arterial, dolores en los músculos, huesos y articulaciones. Estos a su vez generan otros tipos de problemas, los cuales dependiendo de la actitud que hayamos desarrollado hasta ese entonces, podrían mermar nuestra salud física. Por lo que debemos tener una dieta muy balanceada.

## Una Dieta Balanceada

A diferencia de nuestros antepasados, hoy podemos tener la dieta que queramos y podamos, claro está. Sin embargo, lo recomendable sería tener una dieta balanceada con todos los componentes de los alimentos. Excepto que tengamos alguna justificación médica para modificarla. Una dieta balanceada o equilibrada es aquella que a través de los alimentos que forman parte de cada una de las comidas aporta los nutrientes en las proporciones que el organismo sano necesita para su buen funcionamiento. Consumir grandes cantidades de alimentos puede causar trastornos en el sistema digestivo. Además, el comer en exceso puede causar sobrepeso y obesidad, lo que puede aumentar el riesgo de hipertensión, problemas del corazón, diabetes y artritis. Tampoco se debe consumir tantas grasas saturadas y azúcar, pues esto eleva el riesgo de padecer enfermedades cardiovasculares.

Cuando el organismo procesa los componentes de los alimentos, con excepción de las indigeribles fibras, obtiene la energía, medida comúnmente en calorías, necesaria para que cada parte del cuerpo cumpla con sus funciones. Del procesamiento de los alimentos también se obtienen las vitaminas y minerales necesarias para que dicho proceso se lleve a cabo adecuadamente. Los componentes de los alimentos se agrupan en dos grandes tipos: los *micronutrientes* y los *macronutrientes*. Los micronutrientes están constituidos por las vitaminas y los minerales. Estos componentes son necesarios en cantidades muchos menores y por eso se les llama micronutrientes. Los macronutrientes crean el medio apropiado para que los micronutrientes hagan su trabajo. Esto nos indica que de nada valen las vitaminas y minerales que tomemos, si no les creamos un medio apropiado ingiriendo los alimentos necesarios para que las vitaminas y minerales dejen buenos resultados. Los macronutrientes son los nutrientes principales que componen los alimentos que comemos en nuestra dieta diaria. Entre estos macronutrientes tenemos: los carbohidratos, las proteínas y las grasas. Los macronutrientes son los que aportan la energía al organismo. En condiciones normales se debe estar comiendo aproximadamente un 50% de carbohidratos, 25% de proteínas, y 25% de grasa.

## La Porción de Carbohidratos

La mitad de las calorías de nuestro organismo se obtienen de los carbohidratos contenidos en alimentos como las frutas, los vegetales, los cereales, los granos, el pan, el arroz, las pastas, etc. Los carbohidratos o hidratos de carbono, también llamados azúcares, son los compuestos orgánicos más abundantes y más diversos. Están formados por carbono, hidrógeno y oxígeno, de donde proviene su nombre. Los carbohidratos se clasifican en simples y complejos. Los carbohidratos simples son azúcares de rápida absorción y generan la secreción inmediata de insulina, una hormona producida por las células beta dentro del páncreas. Con cada comida, las células beta liberan insulina para ayudar al organismo a utilizar o almacenar la glucosa sanguínea que obtienen de los alimentos.

Los carbohidratos simples se encuentran en azúcares refinadas, miel, mermeladas, jaleas, golosinas, leche, hortalizas y frutas. Ellos aportan calorías, pero poco valor nutritivo. Además, contribuyen a aumentar de peso fácilmente, por lo que su consumo debe ser moderado. Los carbohidratos complejos son aquellos de absorción más lenta, y actúan más como energía de reserva. Entre estos carbohidratos se incluyen: cereales, legumbres, pan, pastas, arroz y granos.

La principal función de los carbohidratos es proveer de energía al cuerpo para realizar todas las actividades vitales. El organismo los transforma en glucosa que pasa a la sangre y que es consumida por todas las células del organismo. Hay una parte de carbohidratos que es transformada en grasa, la cual se acumula en el organismo. Los carbohidratos aportan cuatro kilocalorías por cada gramo consumido.

Para una dieta de 1.500 kilocalorías al día, se deben consumir 750 kilocalorías o 187 gramos de carbohidratos, asumiendo que la mitad de la dieta que se coma es carbohidrato. Se deben preferir los provenientes de frutas y verduras. Es importante variar la comida y saberla combinar. El exceso de carbohidratos en la alimentación puede producir la obesidad. Sin embargo, la falta de carbohidratos puede causar una mala nutrición.

## La Porción de Proteínas

Un cuarto de nuestras calorías las obtenemos de las proteínas, las cuales son los nutrientes necesarios para que el organismo repare y construya sus estructuras. Las proteínas las obtenemos de alimentos de origen animal como: carnes rojas, pescados, aves, huevos, y productos lácteos. También, las podemos obtener de alimentos de origen vegetal como: frutos secos, soya, legumbres, champiñones y cereales. Los alimentos de origen animal contienen grasa de diversos tipos, cuyo exceso puede ser dañino para la salud. Se recomienda comer carne magra, es decir libre de grasa.

El número de calorías que se obtienen de estos alimentos debe ser suficiente para proveer por lo menos un gramo de proteína por cada kilogramo del peso magro del cuerpo, el cual es el peso de los músculos, los órganos, los huesos y la piel del cuerpo sin incluir el agua, ni la grasa que está alojada en sus tejidos. El peso magro es aproximadamente 70% del peso total del cuerpo. Así, por ejemplo, si una persona pesa 75 kilos, su peso magro es de 52 kilos, es decir el 70% de 75. Si por cada uno de esos 52 kilos, la persona se tiene que comer un gramo de proteína magra cada día, su ingesta diaria de proteína será de 52 gramos, para mantener su peso.

Es importante recalcar que las proteínas como la leche y sus derivados, el pollo, huevos, pescados y la carne roja aumentan el colesterol, por lo que es recomendable que la leche sea descremada, y que los lácteos y las carnes también contengan poca grasa. Tanto las grasas como el azúcar deben estar muy restringidos aun si estamos delgados y en condiciones normales.

## La Porción de Grasa

El otro cuarto de nuestras calorías viene de las grasas, las cuales son muy buena fuente de energía, al producir más del doble de la energía del organismo. Las grasas se almacenan en el organismo para ser utilizadas después, en caso de que se reduzca el aporte de carbohidratos. La grasa aparte de ser la reserva energética del organismo nos protege contra el frío y facilita la absorción y movilidad en el torrente sanguíneo de las vitaminas en base a aceite como la A, D, E y K. Sin embargo, el consumo excesivo de grasas puede producir obesidad, enfermedades de corazón y algunos tipos de cáncer.

Las grasas se dividen en dos tipos: las grasas saturadas y las insaturadas. El tipo de grasa en la dieta, así como la cantidad total que se consuma, es importante en relación a la salud. Las grasas saturadas son consideradas nocivas para la salud y son aquellas que se diferencian de las otras grasas por ser las que más se mantienen sólidas a temperatura ambiente y solo se vuelven líquidas si se les calienta. Se encuentran principalmente en productos animales como las carnes y sus derivados; los lácteos como leche, queso, nata, etc. Aunque también se pueden encontrar, pero en menor presencia en productos vegetales como el aceite de coco, de palma y de maní.

Las grasas saturadas suelen incrementar la concentración de colesterol en la sangre, por lo que no son deseables, ya que contribuyen a desarrollar arteriosclerosis y enfermedades del corazón. El colesterol se encuentra en las grasas más saturadas de origen animal. Para evitar el daño que producen las grasas a la salud, se debe reducir el consumo de este tipo de grasa. Las grasas insaturadas son las saludables y las encontramos en los aceites vegetales de primera presión en frío como el aceite de oliva; en los pescados como salmón, atún, sardinas, etc., semillas oleaginosas como las de girasol, lino, sésamo, etc., y frutos secos como las almendras, nueces, y avellanas. El consumo de grasas insaturadas puede ser beneficioso para el organismo.

Además de la ingesta de los carbohidratos, proteínas y la porción de grasa, se recomienda tomar unos 7 vasos de agua al día para eliminar las toxinas del cuerpo. Se debe evitar el alcohol, la cafeína y el azúcar, sobre todo si se está estresado. La cafeína, contenida en el té, café, bebidas con cola, etc., nos puede dar una sensación de mayor energía, pero podrían también aumentar el estrés y afectar al sistema nervioso.

Por supuesto las dietas son una cuestión de gusto. Algunos prefieren comer lo que más les gusta en comparación de lo que más les alimenta. Pero eso tampoco sería un problema si se compensa con complementos de las vitaminas y minerales necesarios para mantener nuestro organismo en forma y evitar el sobrepeso.

## El Sobrepeso

El sobrepeso se define como una acumulación anormal o excesiva de grasa que puede ser perjudicial para la salud. Al ingerir más calorías de las que el organismo pueda quemar, el cuerpo acumula las calorías sobrantes en forma de grasa. Quizás hacer esto una que otra vez no afectaría mucho, pues un poco de grasa corporal esporádicamente no se convierte en un riesgo para la salud en la mayoría de las personas. Pero, cuando una persona se habitúa a ingerir más calorías de las necesarias, entonces la grasa extra acumulada si puede ser un problema serio, pues ella podría desarrollar alguna complicación en el organismo. De hecho, la mayoría de los problemas de salud de la gente adulta empieza con el aumento de peso.

El sobrepeso se determina a través del cálculo del *índice de la masa corporal o IMC*, el cual es un indicador de la relación entre el peso y la estatura de la persona. Para obtener el IMC se divide el peso corporal en Kilogramos entre la altura de la persona en metros al cuadrado. Por ejemplo, si una persona pesa 75 kg y mide 1.67 metro, su índice de masa corporal es 27. Esto quiere decir que esa persona tiene sobrepeso. Cualquier persona que tenga un IMC mayor de 25 se considera con exceso de peso y cuando pasa de 30 esa persona se considera obesa. Como podemos ver el sobrepeso es el primer paso hacia la obesidad, por eso debemos evitarlo o por lo menos controlarlo. El peso ideal de una persona es aquel que produzca un IMC entre 18 y 25.

Normalmente, el sobrepeso en una persona se debe a que come más de lo que necesita su organismo, en cambio en una persona obesa, el sobrepeso tiene relación con alguna enfermedad como el hipotiroidismo. Actualmente la obesidad se considera un problema de salud pública mundial en forma ascendente. Hoy hay más gente con sobrepeso que en el pasado, incluso hay jóvenes que están desarrollando problemas de salud como la hipertensión arterial, el colesterol alto y la diabetes tipo 2 que antes solo afectaban a los adultos.

Existen diversos factores que contribuyen a la causa del sobrepeso. Uno de ellos es el factor genético, debido a que los genes contribuyen a determinar la forma en que el organismo de cada persona almacena y quema la grasa. Además, tanto los genes como los hábitos de comer se transmiten de padres a hijos, lo que hace posible que varios miembros de la misma familia puedan tener problemas de sobrepeso. Otro factor influyente es el estilo de vida de la persona. Comer comida sana, hacer ejercicios y llevar una vida no tan sedentaria nos ayuda a evitar esos kilos demás. A veces, una ganancia excesiva de peso obedece a problemas endocrinos, síndromes genéticos y/o la toma de algunos medicamentos. El sobrepeso no es solo un problema de estética, es también un problema de salud que debe ser atendida con prontitud.

El sobrepeso puede causar problemas de salud como la diabetes y problemas cardíacos. También puede afectar a las articulaciones, la respiración, el sueño, el estado de ánimo y los niveles de energía. Es decir que puede repercutir negativamente en la calidad de vida de una persona. Por lo que se debe empezar a hacer algo para evitarlo, como limitar el consumo de grasas, aumentar el consumo de frutas, verduras, legumbres, cereales integrales y frutos secos, limitar la ingesta de azúcares, hacer ejercicios y mantenerse en el peso normal.

## Los Ejercicios

El ejercicio físico es imprescindible para mantenernos sanos, contrarrestar los efectos de la vida sedentaria y disminuir el estrés. Al movernos la sangre transporta mayor cantidad de oxígeno a los músculos aumentando así su capacidad de trabajo. Los ejercicios nos ayudarán a mantener nuestro cuerpo en forma para lucir músculos pronunciados y entonados. Sin embargo, los ejercicios son de mucha más importancia vital durante nuestra juventud, antes de nuestra vida adulta. Durante esa edad, hacer ejercicios tendrá un gran efecto positivo sobre nuestro organismo por el resto de nuestras vidas, al ayudarnos a mantener nuestras células y órganos en buenas condiciones.

Los ejercicios fortalecen el corazón, el cual es el músculo que más trabaja en nuestro cuerpo sin tomar ningún descanso de ni siquiera de 27 segundos hasta el final de la vida. También los ejercicios hacen los músculos del corazón más eficientes. Cada contracción bombeará más sangre de manera que el corazón puede latir más despacio y así prolongar la vida.

Los ejercicios también hacen cambios en los pulmones, en los que crecen capilares extras para absorber más oxigeno con cada respiro. También respiramos más profundo de manera que cada alvéolo en los pulmones se llena completamente. Los ejercicios también repotencian nuestro esqueleto, ya que los huesos absorben presión, lo que estimula a las células de los huesos a renovar sus fibras y hacerlos más fuertes. Otros beneficios de los ejercicios son: reducción del sobrepeso, disminución del colesterol y el riesgo de infarto, producción de endorfinas que nos ayudan a relajarnos y a tener una sensación de bienestar, distracción sobre las preocupaciones y hasta nos puede ayudar a eliminar cualquier toxina ingerida en las comidas.

# 2.5 Vitaminas y Minerales

Hemos oído decir que la educación es la herramienta más importante para el desarrollo del ser humano, pues a medida que los individuos se desarrollen, tendremos entonces pueblos desarrollados. Sin embargo, para desarrollarnos necesitamos lograr aprender los conocimientos impartidos en la educación y para ello debemos tener una nutrición adecuada, cuya esencia son las Vitaminas y Minerales. Es por eso por lo que es muy importante saber que son las vitaminas y los minerales, los procesos de oxidación y reducción, los radicales libres y la importancia de las vitaminas en nuestras vidas. De hecho, nuestra felicidad está muy ligada a las vitaminas, especialmente al complejo B.

## Las Vitaminas

Las vitaminas son grupos de compuestos orgánicos constituidos por cadenas de carbono, hidrogeno y oxígeno en diferentes arreglos. Algunas veces se encuentran también constituidos por nitrógeno, sulfuro, fósforo, y otros elementos químicos. Las vitaminas son necesarias para la vida y las deficiencias de ellas causan enfermedades. Existen otros compuestos o substancias que producen ciertos beneficios al organismo cuando los ingerimos, pero que una deficiencia de ellos no causa enfermedad alguna. Estos compuestos son llamados nutrientes y no pueden ser considerados como vitaminas.

Al principio, a medida que se iban descubriendo diferentes vitaminas, se les iban poniendo letras del alfabeto. Así tenemos: vitaminas A, B, C, D, E, etc. Investigaciones posteriores probaron que la vitamina B, tenían múltiples componentes con capacidades específicas para prevenir ciertas enfermedades. Se le llamó entonces Complejo B y se decidió asignarle un sub-número a la letra B. Así tenemos: B1, B2, B3, B6, y B12. Las Vitaminas B4, B5, B7, B8, B9, B10, y B11 resultaron ser parte de las otras vitaminas B. Por esa razón se sacaron de la lista. Últimamente, investigadores han tratado de llamar las vitaminas por el nombre de su componente químico. Por ejemplo: Tiamina por B1, Niacina por B3, Ácido Ascórbico por vitamina C, etc. Las vitaminas pueden ser en base de aceite, o que se disuelven en aceite como la A y la E. También pueden ser en base de agua, o que se disuelven en agua como el complejo B y la C.

El objetivo de las vitaminas es el de ayudar a convertir los alimentos en energía. Normalmente se utilizan en el interior de las células, donde se elaboran las miles de enzimas que regularán las reacciones químicas necesarias para el buen funcionamiento de las células. De manera que, la energía requerida para parpadear, mover un dedo, respirar; así como las señales del cerebro que hacen latir al corazón, que hacen sentir y responder a la necesidad de respirar, comer, dormir, o soñar, dependen de las reacciones químicas perfectamente orquestadas entre las células del cuerpo. Cada una de estas reacciones químicas depende de substancias llamadas enzimas para acelerar o catalizar la reacción. Cada una de estas enzimas necesita a su vez de otras substancias llamada coenzimas esenciales para su actividad. Estas coenzimas son normalmente vitaminas o minerales o ambos.

En pocas palabras nuestro organismo no puede funcionar sin vitaminas y minerales. Estas reacciones químicas, aceleradas por las enzimas y las vitaminas y minerales, normalmente participan en movimientos o transferencias alrededor de diferentes estructuras químicas, transformando un tipo de molécula en otra, o en la agregación o desagregación de átomos de hidrogeno entre moléculas, lo que da origen a los procesos de oxidación y reducción.

## Procesos de Oxidación y Reducción

Nuestro cuerpo es una inmensa colección de átomos y moléculas. Cada órgano, tejido, proteína, enzima, o célula está formada por estos átomos y moléculas.  Los átomos existen en estado eléctrico neutral con sus electrones girando alrededor del núcleo del átomo. Los electrones son partículas cargadas negativamente, mientras que el núcleo o parte central está cargado positivamente. Normalmente las cargas negativas igualan a las cargas positivas, lo que forma átomos eléctricamente balanceados o neutros. Sin embargo, si todo se mantuviera eléctricamente neutro, no podíamos entonces sobrevivir, ya que el funcionamiento de nuestros cuerpos depende de la generación de energía a través del retozo de estos electrones de una molécula a otra en forma controlada.

La actividad de generar la energía requerida para que el cuerpo cumpla con todas sus funciones ocurre en cada una de sus células, principalmente dentro de las estructuras internas de la célula llamada Mitocondria, nuestra fábrica de energía. En la generación de energía, cuando una molécula gana o acepta un electrón, el proceso se llama: *reducción.* Cuando una molécula pierde o da a otra un electrón, entonces el proceso se llama: *oxidación.* Al perder o dar un electrón, se rompe el balanceado número de electrones alrededor del núcleo convirtiendo la molécula en lo que se conoce con el nombre de *radical libre.*

## Radicales Libres

Los radicales libres se forman cuando las moléculas se oxidan o pierden un electrón. Al tratar de equiparar su número de electrones, los radicales libres se vuelven muy reactivos, lo que puede, por un lado, generar mucha energía, pero, por el otro lado, puede también dañar a otras moléculas. En el proceso de robar un electrón a otra molécula para restablecer su balance eléctrico, una molécula puede dañar, alterar, o envejecer a otra molécula.

Normalmente, los radicales libres hacen su trabajo sucio en contra del ADN, el cual conforma el material genético esencial en el núcleo de cada célula, y que almacena toda la información que nos hace funcionar. Cualquier daño a este material genético, puede tornar células en peligrosas hasta convertirlas en semillas cancerosas. Vemos entonces que los radicales libres pueden ser necesarios para la salud, pero también pueden ser dañinos. Mientras la formación de radicales libres sea controlada todo estará bien. Pero desafortunadamente, no siempre ocurre así.

Los efectos de la luz solar, el ozono, el fumar, los aditivos de los alimentos que ingerimos y el oxígeno del aire que respiramos, contribuyen a formar radicales libres que aceleran el proceso de envejecimiento y el desarrollo de enfermedades. El propio funcionamiento del sistema inmunológico del cuerpo dependerá del impacto con que los radicales libres sean lanzados desde los glóbulos blancos en su asalto defensivo en contra de los virus y bacterias para protegernos de infecciones.

En cuanto al oxígeno, el cuerpo lo utiliza como fuente de energía y vida. Pero al quemarlo quedan como residuo los radicales libres, que afectan y desgastan al organismo. Estos radicales libres, son los causantes de una gran parte de las enfermedades. El estrés, la contaminación, los medicamentos, etc., aumentan la cantidad de radicales libres en nuestro cuerpo. La manera de combatirlos es a través de los antioxidantes contenidos en algunos alimentos, o directamente a través de las vitaminas y minerales. En este sentido, tenemos por ejemplo que la vitamina C, además de su efecto antioxidante, fortalece nuestro sistema inmunológico, el cual se debilita ante el estrés.

Por otro lado, la falta de magnesio, potasio y calcio le impide al cuerpo reducir el daño provocado por las hormonas generadas por el estrés. Además, estos minerales son relajantes y ayudan a mantener estable el ritmo cardíaco. Por lo tanto, para combatir el daño del estrés y para mantenernos sanos, en general, es importante una alimentación variada y balanceada, que nos proporcione estos minerales.

Entonces lo qué podemos hacer para protegernos o por lo menos minimizar el efecto del daño de los radicales libres, es definitivamente tomar nuestras vitaminas y minerales en tipos y dosis correctas. Debido a que el daño de los radicales libres proviene básicamente de los procesos de oxidación, el grupo de vitaminas y minerales usados para contener este daño, se ha llamado *antioxidantes*. Entre las vitaminas que caen dentro del grupo de los antioxidantes están: las vitaminas A, C, y E. Y entre los minerales que están dentro del grupo de los antioxidantes tenemos: el selenio y el zinc. Los antioxidantes han probado, en diferentes estudios, ser muy efectivos en reducir el envejecimiento, prevenir ataques al corazón, y a reducir casos de cáncer.

## Importancia de las Vitaminas

Desde el primer caso de beriberi; enfermedad causada por deficiencia de la vitamina B1 y que afectaba a los sistemas nervioso, muscular, y digestivo; allá por el año 2.500 antes de Cristo, hasta la enfermedad del escorbuto; causada por deficiencia de vitamina C y que empezaba con decaimiento, fatiga, e irritabilidad, seguida por desangramiento e inflamación de las encías; que destruyó enorme cantidad de gente en tiempos antiguos, la deficiencia en vitaminas ha jugado un papel muy importante.

El descubrimiento de la relación entre las enfermedades y la deficiencia de vitaminas originó el concepto de deficiencia dietética como causa de enfermedades a finales del siglo XIX. Ya en el siglo siguiente, descubren que algunos alimentos contenían compuestos químicos llamados aminas, que contenían nitrógeno y que prevenían ciertas enfermedades. Este descubrimiento fue llamado: *vitamina,* del latín vita por vida y el compuesto químico amina.

Son las deficiencias de vitaminas lo que produce las enfermedades. Es tal vez esa deficiencia lo que heredamos de nuestros padres y no las enfermedades en sí. Pero el problema no es solo la deficiencia, sino el desconocimiento de esta. Se debería hacer un perfil vitamínico al niño al nacer para determinar de qué carece y diseñar una dieta apropiada que le permita superar esas deficiencias. También son importantes las vitaminas cuando estamos estresados continuamente, ya que nuestro cuerpo se resiente, se debilita y nuestras defensas bajan. Por eso es imprescindible llevar una dieta equilibrada que nos proporcione todos los nutrientes necesarios para que nos ayuden con el estrés y mantenernos sanos.

Existen, además, algunas vitaminas y minerales a los que debemos prestar una atención especial. El complejo vitamínico "B", en mi opinión, es responsable de la felicidad de la persona. La falta de las vitaminas del complejo B, aparte de debilitar nuestro sistema nervioso, nos hace sentir muy infelices y con tendencia al pensamiento negativo. Otras vitaminas como la A, C y E nos proporcionan los antioxidantes que necesitamos para combatir los radicales libres.

## Los Minerales

Los minerales al igual que las vitaminas tienen como función básica actuar como cofactores para ayudar a acelerar los miles de millones de reacciones químicas que ocurren todo el tiempo en nuestro cuerpo. Los minerales forman parte de la estructura ósea y dental, regulan el balance de agua dentro y fuera de la célula, e intervienen en la excitabilidad nerviosa y en la actividad muscular. Ellos son elementos inorgánicos que juegan un papel crítico en el buen funcionamiento del cuerpo, en el que representan casi el cuatro por ciento del peso corporal y se distribuyen proporcionalmente en todos los tejidos.

Entre los minerales más importantes en nuestro cuerpo están el calcio, fósforo, hierro, magnesio, sodio, cloro, potasio, yodo y zinc. Se requiere obtener todos los minerales de los alimentos que ingerimos, ya que ninguno de ellos es producido por el organismo. Algunos de estos minerales, los llamados macro-minerales se necesitan ingerir en mayor cantidad como el calcio, fósforo, sodio, cloro, potasio y magnesio. De los otros los llamados micro-minerales como el hierro, zinc, yodo, etc. se necesitan ingerir menos cantidades.

Además de su función básica, los minerales también tienen otras funciones. Por ejemplo, el *calcio*, el cual es el mineral más abundante en el organismo, provee de fuerza y dureza a los huesos y a los dientes y estimula la contracción de los músculos. El 99% del calcio en el cuerpo está en los huesos. Este mineral lo obtenemos al ingerir productos lácteos como la leche, yogur, cuajada, quesos, etc. Carencia de este mineral puede producir problemas de crecimiento en los niños o el llamado raquitismo, osteoporosis o pérdida de densidad del hueso, osteomalacia o el ablandamiento de los huesos asociado a la carencia de vitamina D, así como también puede producir convulsiones. Por el otro lado, una ingesta excesiva de calcio puede generar calcificaciones.

El *fósforo*, el segundo mineral más abundante en el organismo, concentrándose en un 80% en los huesos, al igual que el calcio también provee de fuerza y dureza a los huesos y a los dientes y es necesario para metabolizar apropiadamente las proteínas, las grasas y los carbohidratos. También actúa como cofactor en muchas reacciones químicas en el cuerpo y regulan el uso del complejo B. El fosforo se obtiene de la ingesta de carnes, pescados, huevos y lácteos, frutas desecadas y frutos secos, cereales integrales y legumbres. La carencia de este mineral puede producir debilidad y desmineralización del hueso.

El *hierro* en nuestro organismo se encuentra en un 75% en la hemoglobina de la sangre que transporta el oxígeno hasta las células. Es necesario para la utilización de las vitaminas del complejo B, colabora en el sistema inmunológico e interviene en la función y síntesis de los neurotransmisores. Las principales fuentes de hierro son las carnes y los pescados, legumbres, frutos secos, frutas desecadas y verduras de hoja. Una carencia de este mineral puede producir anemia, debilidad y mayor riesgo de infecciones.

El *magnesio* estimula junto con el calcio, la contracción muscular y la coagulación de la sangre. También participa en el metabolismo de los carbohidratos, en la transmisión del impulso nervioso y en el correcto funcionamiento del sistema inmunológico. Este mineral lo obtenemos de las verduras y legumbres verdes, frutas, frutos secos, cereales integrales, cacao, pescados y mariscos. Su carencia puede producir problemas en el crecimiento, alteraciones en el comportamiento, debilidad y espasmos.

El *sodio*, el *cloro* y el *potasio* se encuentran distribuidos en los distintos líquidos del cuerpo. Estos minerales regulan el contenido de agua dentro y fuera de las células, intervienen en la transmisión del impulso nervioso y la actividad muscular. Obtenemos el sodio y el cloro de la sal común y el potasio de los vegetales, frutos secos, frutas desecadas, cereales integrales y patatas. La carencia de sodio o de cloro se relaciona con calambres musculares, confusión mental y pérdida de apetito. El déficit de potasio se asocia a debilidad muscular y parálisis. Un exceso de sodio está relacionado con el aumento de la presión arterial, la retención de líquidos y la sobrecarga renal. Mientras que el exceso de cloro se asocia a vómitos y el exceso de potasio a debilidad muscular con riesgo de alteraciones cardíacas.

El *zinc* es un micro-mineral que resulta esencial para el correcto funcionamiento del organismo. El 85% de nuestras reservas de este gran mineral se depositan en los músculos, huesos, testículos, cabellos, uñas y tejidos pigmentados del ojo. El zinc participa en el funcionamiento de la glándula prostática y en el desarrollo de los órganos reproductivos, en la síntesis de proteínas y del colágeno, ayuda a cicatrizar heridas, fortalece las defensas del cuerpo, protege el hígado, es indispensable para la correcta formación de los huesos, es componente de la insulina corporal, es un poderoso antioxidante y también mantiene los sentidos del gusto y del olfato en buena forma. Se puede obtener zinc al ingerir carnes, pescado, yema de huevo, aves, sardinas y mariscos, legumbres, nueces y cereales integrales, etc.

# 3

# LA MARAVILLOSA MENTE HUMANA

En el capítulo anterior nos iniciamos en el conocimiento del increíble cuerpo humano para estar y mantenernos con buena salud física y así nuestro cuerpo nos acompañe sanamente por el transitar de nuestra existencia y nos ayude en el logro de una vida más fácil y próspera. En este capítulo continuamos con el conocimiento de nuestro cuerpo, pero esta vez centramos nuestra atención en la maravillosa mente humana para conocer de cerca cómo funciona esta maravilla llamada mente, forjada después de un largo proceso de evolución.

En nuestra mente se originan las emociones, las cuales debemos entender para llegar a controlarlas y así hacer que ellas no mermen nuestra calidad de vida. También provienen de la mente los pensamientos, los cuales nos hacen ser lo que somos. Nuestros pensamientos nos han permitido conquistar el planeta, sin embargo, por el camino que vamos, pudieran llevarnos a su destrucción, sino abrazamos una forma de pensar más positiva. Es sencillamente una cuestión de inteligencia, como la suma total de todos sus tipos. Nuestra mente es clave para el futuro de la raza humana, por lo que debemos cuidarla con una buena salud mental. Una mente sana puede mantener un cuerpo sano también.

# 3.1 Evolución de la Mente Humana

Todo ser humano debe conocer lo maravilloso de su mente, la cual es producto de un largo proceso evolutivo. A medida que nuestro cerebro fue evolucionando por millones de años también lo hacía nuestra mente. ¿Se imaginan como seríamos si no tuviéramos conciencia de nosotros mismos, ni del mundo que nos rodea, que no pudiéramos generar ni un solo pensamiento y que nos moviéramos en la vida sin ningún propósito? Conocer el funcionamiento de la mente y adentrarse hasta el nivel consciente es algo fascinante, pero mucho más lo es sumergirse en sus entrañas: el subconsciente. Pero veamos primero como evolucionó nuestro cerebro.

## Evolución del Cerebro

A través de millones de años, nuestro cerebro ha podido evolucionar desde el cerebro primitivo, el cual heredamos de los peces y los reptiles hasta el cerebro que tenemos hoy, capaz de sentir y pensar. El cerebro humano es una masa de casi kilo y medio de células y tejido nervioso con un tamaño de casi tres veces más grande que el de los primates, nuestros parientes más cercanos en el proceso evolutivo.

El cerebro primitivo, también conocido como el tronco cerebral, es lo que rodea la parte superior de la medula espinal, desde donde regula las funciones vitales básicas para asegurar la supervivencia del ser, como la respiración y el metabolismo, además de controlar las reacciones y los movimientos del cuerpo. Con el cerebro primitivo podíamos sentir, pero quizás no llegáramos a pensar. Este cerebro era más bien emocional. El sensor más primitivo del cerebro emocional es el sentido del olfato, con el cual después de analizar los olores transportados en el viento, se podía detectar la existencia de otras especies vivientes. El cerebro emocional podía distinguir entre algo nutritivo, como una presa; algo venenoso o peligroso como un depredador; y hasta podía detectar una compañera sexual. ¡Y más vale que no se equivocara! En esos tiempos primitivos detectar el olor se convirtió en el sentido supremo para la supervivencia.

Los antiguos centros de la emoción empezaron a evolucionar a partir del olfato, el cual inicialmente estaba compuesto por unas delgadas capas de neuronas para analizar el olor. Una de esas capas de neuronas tomaba el olor y lo clasificaban como: alimento o tóxico, pareja sexual, amigo o enemigo. Otra segunda capa enviaba mensajes al sistema nervioso indicando al organismo como actuar: morder o no, acercarse o huir. En el cerebro de los primeros mamíferos se desarrollaron alrededor del tronco cerebral nuevas capas del cerebro emocional. Esta nueva porción de tejidos nerviosos se conoce como el *sistema límbico*, el cual está compuesto por el *tálamo, hipotálamo, hipocampo* y la *amígdala*. A medida que evolucionaba, el sistema límbico desarrolló el aprendizaje y la memoria. Estas dos poderosas herramientas le permitían a un animal ser mucho más inteligente al elegir una respuesta más adecuada para adaptarse mejor a las situaciones cambiantes que se le presentaban. Por ejemplo, si un alimento producía algún malestar, podía evitarse en la siguiente ocasión.

Decisiones tales como saber qué comer y que desechar aún eran determinadas en gran parte por el olor. Gracias al trabajo interrelacionado entre el bulbo olfativo y el sistema límbico, los olores eran distinguidos y reconocidos para luego compararlos con olores pasados y determinar así lo bueno y lo malo. A lo largo de la evolución, el cerebro ha crecido de abajo hacia arriba. A partir del cerebro primitivo, de donde surgieron los centros emocionales, se formaron después otras capas de tejidos adicionales. Esta nueva parte del cerebro se conoce como la *neocorteza*, de la cual evolucionó el cerebro pensante. Podemos ver que el cerebro emocional, con el que sentimos, existió mucho tiempo antes que el cerebro racional, con el que pensamos. Ahora los pensamientos se entrelazarán con los sentimientos, lo cual es muy importante conocer para llegar a entender mejor nuestras emociones.

Después de formarse la neocorteza, el cerebro ha seguido evolucionando con el tiempo. Ya en el Homo Sapiens que vivía hace unos 200 mil años, la neocorteza era mucho más grande que en ninguna otra especie. La neocorteza es el asiento del pensamiento, contiene los centros que comparan y comprenden lo que perciben los sentidos. Además, añade a un sentimiento lo que pensamos sobre él y nos permite tener sentimientos con respecto a las ideas, el arte, los símbolos y la imaginación.  Es la neocorteza lo que definidamente nos hace humanos. En su evolución, la neocorteza fue creando mecanismos que ayudarían al ser a sobrevivir ante la adversidad. Así, la neocorteza llegó a diseñar estrategias y planificar a largo plazo para conquistar el mundo.

## ¿Qué es Esta Maravilla Llamada Mente?

La mente humana se puede definir como el conjunto de facultades que tiene el ser humano para percibir información, recordarla, considerarla y evaluarla para tomar decisiones para su funcionamiento y supervivencia. La mente humana reside en el cerebro y tiene tres aspectos importantes que caracterizan su propia existencia: la *conciencia*, los *pensamientos* y el *propósito* de hacer lo que hace.

La conciencia, se refiere al conocimiento que un ser tiene de sí mismo y de su entorno. Todo cuanto percibimos por nuestros sentidos enlazan al ser humano con el mundo exterior y gracias a esas sensaciones él puede conocer su naturaleza. Con nuestros sentidos percibimos nuestro mundo y adquirimos conciencia de que éste existe. De igual manera, adquirimos conciencia de nuestra existencia misma. Por medio de nuestros sentidos nos vemos mover, nos sentimos y transmitimos sensaciones de nuestro cuerpo a nuestro cerebro.

Ese conocimiento que tenemos de la existencia de nosotros mismos y de nuestro mundo y que llamamos conciencia, es sin dudas, una de las maravillas del ser humano y es lo que realmente nos permite darnos cuenta de lo que somos. ¿Se imaginan como sería el mundo si no fuéramos capaces de reconocernos a nosotros mismos o a nuestro entorno?

Por supuesto, la conciencia va a depender de cómo piense el ser sobre sí mismo y el mundo que le rodea, lo que él llama su realidad. El ser humano reacciona ante las circunstancias de la vida basado en lo que adopte como su realidad, la cual puede ser diferente a la realidad real o la realidad de otra persona. Su realidad es la que ha construido con las ideas inculcadas desde la infancia, o con las que ha formulado dentro de su propia mente con el transcurrir del tiempo.

Otro aspecto fundamental de la mente es el pensamiento. Hoy día, es imposible concebir la mente sin su pensamiento. Al principio, millones de años atrás, cuando el cerebro aún no había desarrollado la parte con la que piensa, solamente podía sentir y el sentimiento era puramente producido por la emoción. La causa de la reacción del cuerpo a tomar acción era la respuesta del cerebro a ese sentimiento. Pero después que empezamos a pensar, ese sentimiento puede ser influenciado por el pensamiento, lo que hace ahora que la causa principal a la reacción sea el pensamiento.

El propósito de lo que hace la mente humana, se refiere a la intención de planificar un curso de acción con conocimiento previo de su objetivo, o de trabajar de cierto modo hacia un objetivo deseado y previsto. El propósito está ligado al deseo, el cual se logra gracias a la voluntad. La voluntad es la facultad de hacer o no hacer algo y junto con el pensamiento conforma la esencia de la mentalidad, o actividad mental.

## Funcionamiento de la Mente

En la mente humana, la información recogida por el sistema sensorial fluye a través de un sistema de procesos mentales como el pensamiento, las ideas, la imaginación, los recuerdos, las ilusiones y las emociones. Toda la información recibida se organiza, se interpreta y finalmente se guarda en la memoria. La memoria es la habilidad mental que nos permite almacenar, retener y recuperar información sobre acontecimientos pasados. Esta información o recuerdos almacenados pueden deteriorarse y hasta perderse si no reciben los estímulos necesarios para conservarlos. Según la duración de la retención del recuerdo, la memoria puede ser sensorial, a corto plazo y a largo plazo.

La memoria sensorial registra de forma automática la información que obtenemos por nuestros sentidos del ambiente externo y la mantiene durante un período muy breve de tiempo de uno a dos segundos. Esta información luego puede ser transferida a la memoria a corto plazo o ser eliminada. La memoria a corto plazo almacena información temporalmente hasta unos 25 segundos aproximadamente. Mientras que la memoria a largo plazo almacena grandes cantidades de información durante largos períodos de tiempo como unos cuantos años o hasta toda la vida. La memoria a largo plazo es nuestra memoria operativa y la que normalmente nos referimos como nuestra memoria.

El funcionamiento de la mente humana se puede comparar con el de una computadora. De hecho, la computadora ha sido inventada a su imagen y semejanza. La única diferencia sería, no la velocidad con que se procesa la información, si no que la computadora requiere de la mente humana para su programación, mientras que la mente humana se puede programar por sí misma. Claro está, solo tenemos que aprender a hacerlo y para ello lo único que debemos hacer es seguir la pauta del subcapítulo 5.3 sobre "Como Programar la Mente Subconsciente".

La función primordial de la mente humana es la de dar instrucciones al cuerpo para que cumpla todas las tareas que éste necesita para su funcionamiento. En una computadora, la unidad de procesamiento central o CPU hace el papel de la mente y la computadora en sí sería el cuerpo. Al igual que en nuestra mente, en una computadora hay dos niveles de actividad: lo que vemos en la pantalla y lo que se desarrolla detrás de ella. Más del 90% de la actividad ocurre detrás de la pantalla, donde millones de operaciones se llevan a cabo por segundo. Los dos niveles de la mente humana son el consciente y el subconsciente. En el consciente o mente racional como también se le llama solo se realiza el 10% de la actividad mental, el resto tiene lugar en el subconsciente o mente irracional.

## La Mente Consciente

El consciente es el nivel superficial de la mente en donde se producen actividades mentales voluntarias mientras estamos conscientes. Es la mente que nos permite estar y ser consciente de nuestra existencia y la del mundo que nos rodea, a través de nuestros sentidos. La mayor función de la mente consciente es la de razonar, aunque también nos permite, pensar lógicamente, planificar, juzgar, y analizar.

La mente consciente es la responsable del pensamiento racional utilizado en procesar la información y evaluarla para tomar decisiones lógicas. Mientras la mente consciente realiza su actividad mental diaria, la mente subconsciente almacena información obtenida de los sentimientos y sus emociones.

## La Mente Subconsciente

El subconsciente es el nivel más profundo de la mente en donde se produce una actividad que por lo general no estamos conscientes de ella y en la que se percibe, no con los sentidos, sino por intuición. En la mente subconsciente se genera el 90% de la actividad mental, incluyendo los procesos básicos para que nuestro cuerpo funcione como comer, respirar, hablar, moverse y muchos otros procesos más.

El subconsciente también monitorea nuestro cuerpo en busca de señales de quebrantos de salud y enfermedad; escanea la propia mente para asegurarse que no hay conflictos o preocupaciones; evalúa el ambiente donde nos encontremos para detectar algún peligro o amenaza que pudiera poner en riesgo nuestra integridad. También regula e interpreta nuestras percepciones y emociones. Es el que guarda y custodia nuestra memoria, experiencias e inteligencia.

La mente consciente es el asiento de la razón, mientras que la mente subconsciente es el asiento de las emociones. Es posible que los dos niveles de la mente, el que piensa y el que siente entren en conflicto. De no llegar la persona a controlar las emociones, la mente emocional o irracional dominará a la mente pensante o racional.

Es aquí cuando decimos que la persona está pensando con el corazón, ya que siempre habíamos asociado las emociones con el corazón. La tendencia de que la mente emocional prevalezca sobre la mente racional ha estado con nosotros a lo largo del proceso evolutivo de las emociones, pero a medida que aprendemos más a controlar las emociones, esa tendencia ha ido disminuyendo para hacernos mejores pensantes y menos emocionales.

Lo ideal es que nuestras mentes, la emocional y la racional, trabajen en equilibrio y armonía para obtener lo mejor de las dos para guiarnos por el mundo. Sin embargo, cuando aparecen las pasiones, la balanza se inclina hacia la mente emocional, la que siempre domina a la mente racional. Por esta razón es de suma importancia conocer y controlar nuestras emociones.

# 3.2 Las Emociones

Las emociones son parte inseparable de nuestras vidas. Van siempre con nosotros, influyen en nuestras decisiones, las cuales tienen un impacto en la calidad de vida del ser. Para que ese impacto sea positivo debemos manejarlas muy adecuadamente. Y para ello debemos estar conscientes de nuestras emociones, saber que son y conocer los diferentes tipos de emociones más comunes que existen para que así podamos manejarlas, además de saber cómo se forman para llegar a controlarlas. De esta manera podemos tomar mejores decisiones para resolver nuestros problemas cotidianos y controlar el estrés. Manejar y controlar nuestras emociones nos hace ser emocionalmente inteligentes. Además, nos ayuda a tener una mejor salud y mejores relaciones con las demás personas.

## ¿Que son las Emociones?

Antes de entrar en el campo de las emociones, es necesario hablar un poco de los sentimientos y como ellos están tan relacionados con la emoción. Esa relación es tan estrecha que a veces los dos términos se usan intercambiablemente. Sin embargo, existen ciertas diferencias entre ellos, lo cual es importante conocer. Un sentimiento es una disposición emocional hacia una cosa, un hecho o una persona, que se produce por eventos alegres o tristes que causan impresión en el ser. Los sentimientos determinan el estado de ánimo de la persona. También los sentimientos les indican a las personas cómo reaccionar ante una situación dada.

Es entonces de vital importancia que nuestros sentimientos sean sanos o positivos. Un sentimiento positivo como el amor nos ayuda a que nuestro estado anímico alcance la felicidad y nuestras vidas sean más placenteras. Si, por el contrario, nuestros sentimientos son negativos, como de odio, por ejemplo, nuestro estado anímico pierde su equilibrio y la persona pudiera sufrir trastornos y hasta reaccionar en contra de algo o alguien para producir daño. Los sentimientos positivos siempre resultan en situaciones favorables, mientras que los negativos hacen lo opuesto. Con los sentimientos positivos como el amor podemos construir lo que queramos, mientras que con los negativos como el odio solo se puede destruir.

Tanto los sentimientos como las emociones están estrechamente interrelacionados de tal manera que uno puede ser parte del otro. Quizás las diferencias más marcadas entre ambos conceptos están en la duración y la intensidad de cada uno de ellos. Los sentimientos son más duraderos que las emociones, mientras que las emociones pueden ser más intensas que los sentimientos.

Una emoción se puede definir como la reacción tanto biológica como psicológica de una persona ante un determinado tipo de situaciones que ejercen influencia sobre su comportamiento o conducta. La generación de una emoción se inicia en el cerebro y se manifiesta a través de ciertos cambios corporales. Cuando el organismo detecta alguna situación de peligro o amenaza, inmediatamente pone en marcha los recursos a su alcance para controlar la situación.

Las emociones nos dan una disposición definida de actuar y nos señalan la dirección en que debemos hacerlo. Por lo que se puede decir también que la emoción es una respuesta inmediata del organismo sobre algún estimulo o situación que percibe. Si el estímulo es favorable a su supervivencia la emoción es positiva, de lo contrario la emoción será negativa. Algunas de las reacciones del organismo que desencadenan las emociones, son innatas. Tal como ocurre en el caso de las emociones primarias, Sin embargo, otras de esas reacciones son aprendidas de la observación y del pensamiento que tengamos de nuestro entorno, como sucede con las emociones secundarias.

## Tipos de Emociones

Existen principalmente dos tipos de emociones dependiendo de la causa que las originan. Así tenemos las emociones primarias y las secundarias. Aparte de estos dos tipos de emociones también tenemos las emociones positivas y negativas, las cuales se basan en lo útil que las emociones puedan ser para ayudarnos a la supervivencia.

## Emociones Primarias

Las emociones primarias son aquellas que provienen de mecanismos innatos, y son manifestaciones corporales y mentales, que generalmente terminan cuando el estímulo que las provoca desaparece. Las emociones primarias forman parte de nuestro instinto de supervivencia y nos sirven para adaptarnos al medio ambiente. Entre las emociones primarias se encuentran: la alegría, la tristeza, la ira y el miedo.

**La Alegría.** Es una de las emociones básicas del ser humano producida por sentimientos de amor, placer, satisfacción, etc., que algo o alguien provoca en nosotros. La alegría genera un bienestar general, que da energía y una poderosa disposición de hacer las cosas con entusiasmo y se expresa a través del rostro, el lenguaje y en el comportamiento general de la persona. Sentimos la alegría cuando obtenemos lo que deseamos: éxito, dinero, amor, un trabajo, reconocimiento, etc., y como fruto de la alegría sonreímos y reímos.

La alegría tiene un gran impacto en nuestras vidas, pues nos ayuda a liberar las tensiones que se han acumulado en nuestro organismo debido a preocupaciones, ansiedad, situaciones de estrés, angustia, etc. Además, favorece las relaciones interpersonales, ya que nos permite ser más amables y mostrar el afecto o la estima que se siente por alguien. La alegría también reduce la agresión entre las personas.

**La Tristeza.** Es otra de las emociones básicas y muy comunes del ser humano. La tristeza se caracteriza por generar sentimientos de desaliento, angustia, preocupación y pérdida de energía o de voluntad. Otros de los síntomas de la tristeza incluyen: el desgano de cualquier tipo, la falta de apetito, etc. Bajo esta emoción, la persona siente abatimiento, deseos de llorar, y una autoestima baja. Es exactamente lo opuesto a la alegría.

Esta emoción es muy frecuentemente causada por las contrariedades o adversidades de la vida, como la enfermedad o muerte de un ser querido, problemas con amigos y familiares, problemas en el trabajo o perdida de éste, etc. Por lo general, una vez que desaparece la causa de la tristeza, esta debiera desaparecer también y la persona vuelve a su vida normal. Sin embargo, cuando la tristeza se prolonga en el tiempo, puede convertirse en depresión, que es una enfermedad que necesita ser tratada. Además, una tristeza prolongada por demasiado tiempo también puede llegar a enfermar el cuerpo. Recuerdo que cuando mi amiga murió, la tristeza que su pérdida le produjo a su madre se prolongó por más de un año. Luego, le fue detectado un cáncer en estado avanzado.

La tristeza como cualquier otra emoción, tiene efectos directos en nosotros. Esta reduce nuestro interés por la diversión y el placer, fija la atención en lo que la causa y socava nuestra energía para continuar con las actividades de la vida y nos deja en un estado anímico propio para llorar la perdida, reflexionar sobre su significado y, finalmente, hacer los ajustes psicológicos y los nuevos planes que nos permitirán continuar con nuestra vida.

Unas de las estrategias que la gente usa ante la tristeza consiste sencillamente en quedarse solo, que suele ser algo atractivo cuando uno se siente triste; sin embargo, con gran frecuencia esto solo sirve para añadir una sensación de soledad y aislamiento a la tristeza. La táctica más popular para luchar contra la tristeza es la de socializar o salir con los amigos o con la familia. Eso funciona bien si el efecto es el de hacer que la mente de la persona abandone la tristeza. Pero si la persona utiliza la ocasión solo para seguir pensando en aquello que le provocó la tristeza, sencillamente estará prolongando su estado de ánimo triste.

Las distracciones rompen la cadena del pensamiento que mantiene la tristeza. También relajarse ayuda a salir de ella. Socializar hace bien, así como también hacer ejercicio es una de las tácticas más eficaces para disipar la tristeza. Otro recurso eficaz para superar la tristeza es ayudar a otras personas con problemas, sin ser afectado por los problemas de las otras personas. También rezar, es bueno para superar la tristeza.

**La Ira.** Es la emoción más intensa de las emociones primarias y se caracteriza por una alta descarga neuronal, que puede ser activada por cualquier frustración como la de no poder resolver un problema a tiempo, o porque algo no salió como se esperaba. También puede ser activada cuando una persona se siente engañada o simplemente cuando sufre un descontrol del temperamento, producido por un hecho que ocurre de forma contrario a su expectativa, lo cual torna a la persona en agresiva y violenta.

La ira se incrementa de forma exponencial cuando la persona iracunda trata de arremeter contra lo que le molesta y es tratado de ser contenido por otra persona. En esta etapa, la ira puede ser muy peligrosa, ya que en su propósito de destruir lo que la causa, pudiera estar causando daños innecesarios contra la persona misma, otras personas, o propiedades. Una vez que haya pasado la ira, pueda que las consecuencias negativas no pasen sin dejar más sinsabores.

**El Miedo**. Es una emoción que se experimenta ante la anticipación de una amenaza, peligro, o de cualquier situación que ponga en riesgo nuestra integridad y suele ir acompañado de un deseo de huir o luchar. El miedo se genera en la amígdala cerebral y cuando se activa, ésta produce la sensación miedosa. Los miedos pueden ser innatos o adquiridos. Los primeros se heredan por especie, como por ejemplo por los animales y los seres humanos. Los miedos innatos están incrustados en nuestros genes. Entre estos miedos están: el miedo a la oscuridad; a los fenómenos naturales como terremotos, truenos, rayos, etc.; y el miedo a la muerte.

Los miedos adquiridos provienen en gran parte de experiencias adversas que hemos vivido, o de creencias negativas que hemos aprendido sobre todo durante la niñez, en el hogar o en nuestro entorno. Dado que esas vivencias o creencias nos traen recuerdos desagradables, no queremos que se nos repitan, lo que hace que desarrollemos miedo de hacer ciertas cosas, como el miedo a ciertos animales, lugares, eventos, etc. Para complicar aún más las cosas, estos miedos se pueden convertir en fobias como la zoofobia o miedo a los animales, la agorafobia o miedo a los espacios abiertos, la claustrofobia o miedo a lugares cerrados, y la acrofobia o miedo a las alturas. Estos miedos son temporales y pueden cambiar según la etapa de desarrollo de la persona.

Ahora en cuanto a su causa, el miedo puede ser real o imaginario. El miedo real o racional obedece a una causa real y no es nada malo. De hecho, es el mecanismo de protección y preservación del organismo. El miedo real sirve como una señal de advertencia de peligro inminente o de una situación de amenaza para la vida. En este caso, el miedo es entonces necesario para preservar la vida. Si no lo llegamos a sentir en ciertas situaciones, no podríamos reaccionar de manera adecuada para defendernos de la amenaza y nos ponemos en gran riesgo.

Por otro lado, el miedo imaginario o irracional es producido por la imaginación y no es nada bueno. Este tipo de miedo por lo general llega a ser desproporcionado en relación con la amenaza. El miedo imaginario puede llegar a bloquearnos y paralizarnos ante situaciones que para otras personas podían ser insignificantes. Este miedo perverso nos impide que vivamos nuestra vida a plenitud y que seamos productivos.

Es importante entonces, aprender a manejar y superar los miedos imaginarios para evitar que nos lleguen a controlar nuestras vidas e impedir que logremos lo que queremos ser. Uno de los peores miedos imaginarios es el miedo al fracaso, pues este hace que las personas fracasen antes de enfrentar la situación. Sin embargo, el más temido, más que la muerte misma, es el miedo escénico principalmente el de hablar en público. Pero cuando éste empieza a interferir con nuestra carrera profesional empezamos a buscar formas de manejarlo y continuar con nuestras vidas.

## Emociones Secundarias

Las emociones secundarias provienen de los repertorios de conductas aprendidas a lo largo del tiempo. Las emociones secundarias están formadas por una o más emociones y uno o más pensamientos. Estas siempre se derivan de las emociones primarias. Así tenemos por ejemplo que de la alegría se forma el amor, el placer; de la tristeza el pesimismo, la pena; de la ira el odio, el rencor, la impotencia; del miedo la angustia, la preocupación, la depresión, la ansiedad. De igual manera, también se forman los celos de la ira, la tristeza y el miedo.

Muchas de estas emociones secundarias tienen su origen en la interacción personal de la gente. Es decir, que estas emociones no son producto de un estímulo como en el caso de las emociones primarias, sino que nacen como reacción al comportamiento de otra persona. Independientemente de cómo se pudo iniciar una emoción secundaria, nuestros pensamientos pueden mantenerla o incrementarla indefinidamente. Hay emociones secundarias como el resentimiento, el pesimismo, el apego y el odio que pueden durar toda la vida. Dado el gran impacto negativo que estas emociones tienen en la vida de una persona, vale la pena echarles un vistazo para desvanecerlas. Una vez más se pone de manifiesto la gran importancia que tiene el pensar positivamente, para minimizar las emociones secundarias negativas.

### Emociones Positivas y Negativas

Si nuestros sentimientos fueran sanos y nuestros pensamientos basados en la razón, nuestras emociones fueran adecuadas para cumplir su función legítima, la cual es la de ayudarnos a sobrevivir y a enfrentar la vida con éxito. Las emociones deben ser equilibradas para sentir de manera proporcionada a las circunstancias. Las emociones no deben estar ni por debajo del punto de equilibrio ni por encima de éste. Por debajo es no vivir la circunstancia de acuerdo a la realidad, mientras que por encima es vivir la circunstancia con más intensidad de lo que la realidad amerita. Como es bien conocido, los extremos casi nunca han sido buenos. En este sentido podemos decir que cuando las emociones son adecuadas y equilibradas, son positivas, de lo contrario solo serán negativas.

Por ejemplo, si una persona siente miedo por una culebra venenosa, esa emoción es adecuada y le ayuda a hacer algo para defenderse y sobrevivir. Se puede decir entonces que la emoción es positiva. Pero si el miedo es por una cucaracha, la emoción es inadecuada y se considera negativa. Las emociones inadecuadas pueden resultar en un trastorno para la mente y para el cuerpo. De aquí la importancia que tiene el manejo de las emociones.

## Manejo de las Emociones

Para entender nuestras emociones es necesario conocer cómo funciona nuestro cerebro cuando sentimos, pensamos e imaginamos, cosa que ha sido posible gracias a los últimos estudios científicos sobre las emociones. Mientras más conozcamos sobre las emociones, estaremos en mejor capacidad de entenderlas y hasta llegar a controlarlas. Cuando lleguemos a lograr esto, entonces nos volveremos emocionalmente inteligentes.

Dado que las emociones se repiten una y otra vez a lo largo de la historia evolutiva, ellas se quedan grabadas en el banco de dato emocional de nuestro cerebro como tendencias innatas y automáticas. Las emociones son impulsos para actuar ante cualquier situación extraordinaria que se nos presente. Con cada emoción, el cerebro prepara al organismo para una clase distinta de respuesta.

Así, ante el *miedo,* nuestro cerebro nos prepara para que gran parte de la sangre vaya hacia los músculos de las piernas para así hacer más fácil la huida en caso de que se requiera. La sangre deja de circular por la cara, la cual queda pálida. El cerebro emite instrucciones a algunas glándulas para que disparen un torrente de hormonas que ponen al organismo en alerta máxima, preparándolo para la acción y concentrando su atención en la amenaza. Ante la *ira*, la sangre fluye a las manos para hacerlas más rápidas y así agredir a un enemigo, el ritmo cardiaco se eleva y un aumento de hormonas como la adrenalina genera en el cuerpo la energía necesaria para producir una acción de protección lo suficientemente fuerte.

Ahora, ante la tristeza el cerebro nos ayuda a adaptarnos a una pérdida significativa, como la muerte de un ser querido, o una decepción grande. La tristeza produce una caída de la energía, lo cual hace más lento el metabolismo del organismo y disminuye el entusiasmo por las actividades de la vida, sobre todo por las diversiones y los placeres y hasta puede convertirse en depresión a medida que se profundiza

Mientras que, ante el placer, por el contrario, el cerebro impide que afloren sentimientos negativos que generen pensamientos inquietantes y la energía del cuerpo se usa entonces para crear una situación de felicidad que pone al organismo en una tranquilidad y relajamiento general y además ofrece una buena disposición y entusiasmo para enfrentar cualquier tarea que se presente y lograr muchas cosas.

Debemos manejar muy adecuadamente nuestras emociones, de manera que éstas solo duren lo suficiente para resolver la situación que se nos haya presentado, principalmente el miedo, la ira y la tristeza. Si se prolongan innecesariamente, ellas podían causar problemas de salud, ya que cuando el organismo prepara al cuerpo para responder a la emoción, el esfuerzo que se hace representa cierto desgaste que por mucho tiempo prolongado o que se haga muy frecuente, eso puede convertirse en algún trastorno.

Así, por ejemplo, el miedo constante, que por lo general es irracional o imaginario, causa ansiedad, angustia y estrés. Nuestro sistema nervioso se conecta con el sistema inmunológico y éste a su vez está conectado con nuestras emociones. Por lo que durante situaciones estresantes se liberan cantidades de hormonas, las cuales ejercen un impacto negativo en nuestro sistema inmunológico, al debilitar las células de este sistema, lo que produce problemas de salud.

La ira prolongada tiene un efecto devastador en el sistema cardiovascular, al elevar la presión sanguínea. Cada episodio de ira añade una tensión adicional al corazón aumentando su ritmo cardiaco y su presión sanguínea. Cuando eso se repite una y otra vez, puede causar daño al sistema circulatorio. Por supuesto, si las personas enfurecidas ya padecen de enfermedades cardiacas, la ira puede resultar letal. Las personas más agresivas y que se enfurecen fácilmente tienen más probabilidades de sufrir un paro cardiaco que aquellas con un temperamento más sereno. Si también tienen elevados niveles de colesterol, el riesgo será mayor.

Las personas que experimentaban prolongados períodos de tristeza son más propensas a caer en depresión. Una depresión desproporcionada, es tal vez la emoción que más causa enfermedades y la que hace más difícil su recuperación. Esto se debe a que esta emoción disminuye la respuesta inmunológica del organismo. La depresión evita que las personas que sufren enfermedades graves puedan superarlas, ya que la misma depresión empeora las cosas, haciendo más difícil la recuperación de las enfermedades. Los efectos negativos de la ira, la ansiedad y la depresión no se pueden ocultar. Estas emociones cuando son crónicas pueden hacer que la gente sea más propensa a una serie de enfermedades. Solo las emociones positivas, como la risa y la felicidad, pueden ser curativas, pues ellas pueden cambiar el curso de una enfermedad grave.

Vemos que las emociones definitivamente pueden afectar nuestra salud, pues ellas son parte del cuerpo. Por esta razón es que, al tratar las enfermedades, no deberíamos separar el cuerpo de sus emociones, sino más bien verlos como un conjunto. De hecho, la medicina sería mucho más efectiva, tanto en la prevención como en el tratamiento de las enfermedades, si se pudiera tratar el estado físico de las personas junto con su estado emocional. Hasta pudiera ser más poderoso usar la mente del paciente para sanarlo, como lo hacía Jesús, que cualquier medicamento.

## Formación de una Emoción

Antes de tratar de controlar las emociones, es importante conocer cómo se forman. Este conocimiento nos pone en alerta sobre lo que sucede en nuestro organismo y de esa manera podemos estar en mejor posición para manipularlas hasta llegar a su control.

La amígdala es una parte del sistema límbico que está muy relacionada con la formación de las emociones, ya que ésta se ocupa del manejo de los recuerdos. En la amígdala, las emociones quedan registradas, desde donde el cerebro las toma y hace que éstas afloren en forma de recuerdos. Mientras más intensa sea la emoción, más fuerte será el recuerdo.

Una emoción se empieza a formar cuando la amígdala envía sus alarmas nerviosas para responder a una determinada situación. Sin embargo, a veces esas alarmas enviadas para responder a situaciones presente son basadas en recuerdos que la amígdala tiene grabados de situaciones similares ocurridas en el pasado, pero los resultados presentes pueden ser totalmente diferentes a la situación del pasado y allí es donde empieza el problema. Las emociones más comunes formadas de esta manera son el miedo y la ira.

Por ejemplo, la formación de una emoción de ira termina con el respectivo desbordamiento, el cual comienza cuando los latidos del corazón aumentan por encima del ritmo normal de una persona en estado de reposo. Si el ritmo cardiaco alcanza los 100 latidos por minuto, como puede ocurrir fácilmente durante los momentos de ira, el organismo está bombeando adrenalina y otras hormonas en el torrente sanguíneo, que mantienen durante un tiempo un nivel elevado de angustia.

En el momento cuando el ritmo cardiaco empieza a elevarse, los músculos se tensan y hasta pueda resultar difícil respirar. También se produce una inundación de sentimientos tóxicos y un torrente de temor de ira que parece inevitable y difícil de superar. En este punto, la emoción es tan intensa, que reduce la visión sobre la situación y genera pensamientos confusos, lo que aleja cualquier posibilidad de usar la razón y la lógica para abortar el desbordamiento de la emoción de ira y esta se forma.

## Controlando las Emociones

Una de las emociones que más debemos tratar de controlar es el miedo, sobre todo el miedo irracional por sus enormes impactos que tiene sobre nuestras vidas. De hecho, se considera a este tipo de miedo como el peor enemigo del ser humano. Para controlar el miedo irracional debemos primeramente aceptar y admitir que lo sentimos. Negar o ignorarlo, no lo hace desaparecer. Luego debemos analizarlo para determinar la probabilidad de que ese miedo se convierta en amenaza real, cuál sería la peor cosa que puede pasar, y ver si el miedo se puede manejar o superar. Después del análisis, pueda que el miedo deje de ser tan temible como al principio. Finalmente debemos enfrentar al miedo, sin miedo.

Una cualidad que nos ayudaría a superar nuestros miedos es el coraje o valor, el cual no es algo con lo que nacemos, pero que podemos aprender a desarrollar. El coraje es la preparación mental y emocional y la capacidad para hacer frente a circunstancias difíciles o desafiantes. También puede significar la capacidad de enfrentarse al miedo, el dolor, el peligro, la incertidumbre, la intimidación y otras amenazas. El coraje nos ayuda también a superar barreras para lograr las cosas que necesitamos hacer. Una gran parte del desarrollo del coraje es tener fe en uno mismo y en Dios de que las cosas saldrán bien. La confianza que da la fe, proviene de mantener una actitud positiva y la visualización de un resultado favorable. Una actitud valiente es el producto de la fe, la confianza en sí mismos y el pensamiento positivo.

Las emociones en su justa medida son necesarias, pues nos ayudan a resolver las situaciones para las cuales han sido diseñadas. El problema se presenta cuando las emociones son desproporcionadas en tiempo, lugar, y objetivo. Mantener bajo control estas emociones inadecuadas o negativas son la clave para el bienestar emocional. Cuando estas emociones crecen con demasiada intensidad o durante demasiado tiempo merman nuestra estabilidad.

Aunque controlar una emoción en pleno desarrollo no es tarea fácil, especialmente si se trata de la rabia, o peor aún en su etapa más elevada: la ira. Pero si es posible que después de una experiencia emotiva aprendamos para la próxima. Para ilustrar el punto les cuento que una vez vi a alguien ponerse tan rabioso que parecía haberse transformado en un monstruo y todo porque una perrita le había comido la comida que le habían guardado en la cocina. Tomó un palo más grande y fuerte que un bate de béisbol y se lo asestó a la perrita por la cabeza produciéndole la muerte en el acto, justo en frente de su novia y la mamá de ésta.

Tal vez, si este sujeto hubiese estado enfrentado a un tigre, pudiera que su ira se justificara, pues el tigre es algo grande y con mucha fuerza y podía haberlo matado a él, pero una perrita que apenas le llegaba a él por la rodilla no le podía hacer daño alguno, además la perra ni siquiera estaba rabiosa, solo estaba reposando su comidita. Este fue un episodio de ira desproporcionada. La emoción sobrepaso el punto de equilibrio y aparte de eso es que el objetivo no ameritaba esa emoción con tanta intensidad.

Por otro lado, ese sujeto era bien querido por su novia y su familia. Ellos nunca pensaron que él fuera tan cruel, y por supuesto después del asesinato de la perrita, la novia lo dejó y parte de sus amistades también. Yo no los culpo, pues alguien quien embiste con una ira tan desproporcionada contra una perrita, también lo puede hacer con una persona. Otro aspecto importante en esta situación es que la emoción del sujeto no se produjo en el momento adecuado. Matar la perrita delante de su novia y de la que iba a ser su suegra, empeoró las cosas para el sujeto. Ahora veamos la causa que produjo semejante ira: un plato de comida que hasta fría estaba. Quizás si la perrita hubiese matado a la madre o la novia del sujeto, pero ni siquiera en ese caso se podía justificar semejante exabrupto. Entonces vemos que esa emoción inadecuada tampoco tenía causa que la sustentara.

De una experiencia como esta, una persona; por supuesto, después de calmarse, reflexionar y analizar la situación, puede aprender de lo desproporcionado de la emoción en cuanto a su causa, intensidad y el momento. Para ello se requiere aceptar la realidad de la situación tal como fue y no tratar de justificar sus actos. También se requiere tener la voluntad suficiente para hacerlo. Pero una cosa si es muy segura: si una persona es capaz de aprender de una experiencia pasada seguirá aprendiendo de las subsiguientes hasta que logre producir emociones adecuadas.

Existen otras emociones que ni siquiera tienen razón de ser. Como esas que se le disparan a la gente cuando conduce su automóvil, especialmente en pleno tráfico. A veces hasta pueda que las personas vayan tranquilas en su auto, pero basta que ellas crean que alguien se les atravesó, o les pasó muy cerca, o que los miró feo para empezar a insultar al otro chofer y gritarle todo tipo de improperios. Hay algunas personas que hasta usan un lenguaje gráfico y hacen señales ofensivas al otro conductor que ellas creen que las está molestando. Y alcanzan una rabia de gran proporción, poniéndose de mal humor y empiezan a golpear el volante o el tablero del carro. Si alguien les llama por teléfono en ese momento, le contestan sin ninguna cortesía y con groserías.

Lo peor del caso es que la otra persona que ellos suponen les causó semejante rabia, ni siquiera se enteró de tal cosa y por supuesto, ésta llega tranquila a su destino, mientras que el de la rabieta llega estresado, angustiado, mal humorado, y hasta con la tensión alta. Esta situación es bastante común en la gente. Ahora, ¿hay razón para eso? Sencillamente no. Esa es una emoción sin ningún objetivo, ni sentido. Totalmente innecesaria y que podemos evitar.

Otra cosa importante que podemos hacer para manejar mejor nuestras emociones es deshacernos de nuestros pensamientos negativos como lo hemos recomendado en el subcapítulo 1.4, en la sección sobre Manejo de Las Preocupaciones, partes 4 y 5. Los pensamientos negativos distorsionan la realidad y nos sumergen en el pesimismo. Esto nos produce un estado de ánimo de decaimiento, lo cual nos hace ver el mundo peor de lo que es. Esto pudiera estar distorsionando nuestras emociones haciéndolas más desproporcionadas de lo que deben ser.

Para controlar nuestras emociones tenemos que controlar sus impulsos, cuya tendencia normal es la de exteriorizarse de forma muy rápida. La capacidad de controlar el impulso es la base sólida de la voluntad y el carácter. No controlar el impulso nos convierte en personas emotivas expresando nuestras emociones sin medir ningún tipo de consecuencias llegando hasta incurrir en errores y hasta ofensas contra otras personas. En estos casos las emociones guían nuestros pasos como si pensáramos con el corazón, cuando en realidad lo que debe guiar nuestra vida es la parte sabia de la mente, como si pensáramos con el cerebro. El no tener ningún control sobre las emociones ha sido un problema desde hace muchos años. De hecho, se cree que la emisión de los primeros códigos de leyes de la antigüedad, como los diez mandamientos, se hizo con la intención de dominar las emociones.

Las personas deben manejar y controlar mejor sus emociones para ser más tolerantes ante las frustraciones, y apaciguar la ira, expresándola de una manera más adecuada; tener un comportamiento menos agresivo; manejar mejor el estrés; y tener más sentimientos positivos sobre ellos mismos, su familia y la sociedad de la que ellos forman parte. De esta manera la gente será más responsable, tendrá mayor capacidad de prestar atención y de concentrarse en la búsqueda de soluciones a sus problemas y ser menos impulsivos y con más autocontrol.

En resumen, controlar las emociones no significa reprimirlas, pues ellas son necesarias, ya que cumplen un gran papel en nuestras vidas por cuanto nos ayudan a resolver situaciones. Significa más bien procurar que las emociones ocurran equilibradamente, para que no nos desgarren el alma. Cuando logremos aprender a controlar nuestros pensamientos a fin de generar emociones más adecuadas, así como también aprender de nuestras emociones pasadas en cuanto a su razón de ser, causa, intensidad, objetivo, momento y forma, entonces habríamos dado un gran paso en la senda de la inteligencia emocional. Al fin y al cabo, ¿no es eso a lo que Daniel Goldman se refiere con el desafío de Aristóteles?

# 3.3 El Pensamiento

El humano es un ser racional que gracias a su pensamiento ha llegado a comprender el mundo. De igual manera, el ser humano puede mediante su pensamiento cultivar en sí mismo las cualidades importantes para desarrollar la actitud que le permita obtener su felicidad. Sin embargo, hoy vemos que ese gran pensamiento sabio que nos dio tantos logros se ha ido degenerando hasta hacerse negativo en la mayoría de la gente. Para retomar nuestros pensamientos buenos, tenemos que cambiar los malos. Esto es posible hacerlo, al conocer como ha surgido, evolucionado y cómo funciona el pensamiento en nuestra mente para erradicar los pensamientos negativos y abrazar con sentido de urgencia un pensamiento más avanzado para pensar en positivo y así recuperar los avances perdidos.

## Como Surgió el Pensamiento

El pensamiento surgió de la percepción e interpretación que el ser humano empezó a tener de su mundo externo. Las sensaciones percibidas pueden ser agradables o desagradables. Por lo general siempre nos interesamos más en experimentar las sensaciones agradables y en evitar las sensaciones desagradables. Este interés es lo que dispara el mecanismo de la razón y el pensamiento.

Cuando tocamos algún otro cuerpo podemos percibir su forma, su contextura, su temperatura y otras propiedades más. En este caso el tacto nos indica que esas sensaciones provienen del cuerpo que tocamos a nuestro alrededor. Todas las percepciones que recibimos del mundo exterior representan las ideas, las cuales pueden ser sensoriales o intelectuales. Las ideas sensoriales nos muestran los objetos que estamos percibiendo en el mismo momento. Mientras, las ideas intelectuales se graban en nuestra memoria y podemos operar con ellas incluso cuando los objetos no se encuentran delante de nosotros.

Se cree entonces que las sensaciones son la fuente de todos los pensamientos, con los cuales formamos juicios de valor sobre nuestro entorno. Como resultado podemos considerar que todo lo que surja de nuestra mente es un pensamiento.

## Evolución del Pensamiento

Al principio el pensamiento era basado en la razón, por lo que debió ser lógico. Este tipo de pensamientos nos ayuda a analizar situaciones para encontrar soluciones a eventos adversos. A medida que el pensamiento lógico fue evolucionando y después que nuestros antepasados inventaron la imaginación hace más de 170 mil años, el pensamiento entró en una etapa de avance y generó el pensamiento creativo. Prueba de este avance es que hoy podemos remontarnos a esos tiempos de nuestros antepasados e imaginar, lo que pudo haber pasado cuando en una de sus andanzas pudieron haber tomado un huevo grande y lo partieron en dos pedazos. Después de comerse lo de adentro, empezaron a mirar con detenimiento las dos mitades ya vacías y deciden usarlas para tomar agua.

¡Bingo! Un acto quizás tan sencillo como este, pudo haber marcado la gloria del ser humano, pues con la imagen que tengamos de un objeto podemos visualizar en nuestra mente las acciones que queramos hacer para luego modificar ese objeto. En otras palabras, el ser humano ahora podía transferir sus acciones futuras a imágenes que solo estaban en su mente. Pues bien, transferir la acción a imágenes mentales significa eso: pensar. En efecto, el pensamiento es la facultad de tener imágenes mentales y crear relaciones con estas imágenes. Así el ser humano empezó a pensar dentro de sí mismo y luego utilizó el lenguaje como medio para comunicar su pensamiento a otras personas.

El pensamiento ha ido evolucionando a través de los años. Gracias a nuestra inteligencia y a nuestra capacidad de adaptación hemos conquistado al mundo utilizando el pensamiento como la gran herramienta, la cual nos permite encontrar respuestas, resolver problemas e inventar. El pensamiento se empezó a poner al servicio de la sociedad moderna, con Sócrates, el gran filósofo griego que vivió entre el año 470 a.C. y el 399 a.C. y que fue considerado como el padre del pensamiento moderno. Después, otros filósofos griegos de la misma época: Platón y Aristóteles continuaron el trabajo de Sócrates.

Al principio la mayor parte de nuestros pensamientos eran positivos y basados en la razón, pues la mayoría de los seres humanos tenía una realidad similar. A medida que se incrementaba nuestro conocimiento, también se ampliaba nuestra capacidad de pensar y nos volvimos creativos. Para ese entonces la relación del conocimiento y la capacidad de pensamiento estaba en equilibrio.

Sin embargo, con el trascurrir del tiempo se iban presentando una gran variedad de nuevas experiencias, sobre todo con la llegada del chamanismo, el cual era un tipo de creencias practicadas por algunos humanos llamados Chamanes hace unos 50 mil años atrás para curar el sufrimiento del ser humano con la ayuda de los espíritus. Esto desencadenó más tarde en la religión. Con el chamanismo surgieron muchos pensamientos que el conocimiento no podía dar respuesta. Durante y después de este período de creencias y prácticas espirituales, los seres humanos empezaron a tener contacto con sustancias alucinógenas y comenzaron a experimentar estados de conciencia alterados. Por supuesto, esto también alteró sus pensamientos y mucha de esta gente empezó a distorsionar lo que hasta ese entonces había sido la realidad común, lo que introdujo cambios dramáticos en sus pensamientos.

Esta diferencia de pensamiento comenzó a dividir a los humanos. La nueva realidad de esa minoría incorporaba aspectos algo distante de la realidad real y sus pensamientos se alejaban de lo lógico, creándoles, si se quiere, una serie de limitaciones para lograr las cosas que se requieren para llevar una mejor vida. El pensamiento se vuelve negativo entonces, pues lejos de ayudarles a ver soluciones, les llevaba a encontrar más problemas.

En la actualidad, esa tendencia hacia el pensamiento negativo se ha incrementado hasta el punto de que más de un 70% de la población mundial la ha acariciado sin darse cuenta de ello. Esa es la razón por la que la humanidad está en una situación de pobreza y desesperanza, lo que les llevará por el camino equivocado. La solución es sencilla, volver a retomar nuestro pensamiento positivo, lógico y creativo para retomar el camino de la prosperidad.

En resumen, el pensamiento puede ser definido como cualquier producto, real o imaginario, de la mente. La actividad de pensar o generar el pensamiento se debe apoyar en la razón, el conocimiento, la memoria, la compresión, y la imaginación. El pensamiento tiene la particularidad de darle existencia en la mente a cosas que en la realidad no existen.

Otra particularidad que tiene el pensamiento es que se genera de acuerdo con como la persona perciba e interprete lo que él cree que es real. Es decir, que, si la interpretación de su realidad es distorsionada, también lo será su pensamiento.

## Pensamientos Positivos y Negativos

Cuando el pensamiento es orientado usando la razón, el pensamiento se conoce como lógico, el cual nos ayuda a razonar para resolver problemas. Cuando el pensamiento nos ayuda a crear cosas o generar nuevas ideas se le llama creativo. Todos los pensamientos como el lógico y el creativo son de gran utilidad, pues mejoran nuestra calidad de vida y se consideran positivos. Mientras que cualquier otro pensamiento que no nos ayude en nada se considera negativo e innecesario.

Hoy día, por lo general vivimos en un constante pensar. Cada día pensamos en lo que haremos hoy, mañana o en el futuro. Ahora, como nos irá depende de cómo pensemos. Para que nos vaya bien, nuestros pensamientos tienen que ser positivos. A lo mejor se están preguntado: ¿cómo saber qué tipo de pensamientos producimos? Por lo general cuando no somos felices, pues no logramos lo que queremos es porque nuestros pensamientos no son positivos o por lo menos no están orientados hacia lo que queremos lograr.

Ahora, ¿cómo, es que llegamos a producir pensamientos positivos o negativos? Cuando pensamos en que saldremos con éxito de una situación estamos generando un pensamiento positivo, el cual nos conduce al éxito. Pero si por el contrario nos da miedo enfrentar la situación entonces estaremos generando un pensamiento negativo y de seguro no se logrará lo que se quiere. En muchos casos, ni siquiera producimos el pensamiento, pues éste ya está en nuestra mente subconsciente. Algunos de esos pensamientos vienen desde la niñez, de cosas que pasaron a muy temprana edad y que nos hirieron y marcaron con sentimientos de fracaso.

Después de toda esta exposición, vemos la importancia de los pensamientos positivos, los cuales deben ser lógicos y creativos. Estos son necesarios para lograr todo en la vida hasta para tener buena salud. Por otro lado, tenemos que los pensamientos negativos, lejos de ayudarnos, lo que hacen es traernos más problemas. Estos pensamientos son derivados de ideas falsas que se crearon en nuestras mentes debido a falta de información y a ciertas creencias. Los pensamientos negativos llegan a distorsionar la realidad, por lo que debemos cambiarlos por pensamientos positivos siguiendo las instrucciones en los puntos 4 y 5 de la sección "Manejo de las Preocupaciones" del subcapítulo 1.4.

# Cómo Funcionan los Pensamientos en la Mente

El pensamiento funciona en nuestra mente como la semilla que sembramos en un jardín. Si la semilla es buena, nacerá una planta buena, la cual dará buenos frutos para nuestro beneficio y el de los nuestros. Si, por el contrario, la semilla es mala, pues nacerá una planta, la cual dará frutos dañinos.

De igual forma, si sembramos en nuestra mente (jardín) un pensamiento (semilla) positivo, pues obtendremos el reflejo de una acción positiva para nosotros y los nuestros. Si, por el contrario, sembramos un pensamiento negativo, obtendremos el reflejo de una acción negativa en nuestro entorno. Pensamos constantemente y casi siempre los pensamientos vienen a nuestra mente sin que nos demos cuenta de ellos. Tenemos que estar conscientes de nuestros pensamientos para así identificarlos y poder manejarlos a nuestra conveniencia. Es importante recordar que solo los pensamientos positivos nos ayudarán a lograr las cosas buenas que queremos.

## Pensamiento Avanzado

Todos y cada uno de nosotros somos el producto de nuestros pensamientos, los cuales se van moldeando a lo largo de nuestras vidas con las cosas que vivimos, así como también con nuestra crianza, nuestras creencias, nuestra educación y con el ambiente que nos rodea. Estos pensamientos forman una especie de patrón que define nuestra forma de ser y actuar. En otras palabras, nuestros pensamientos programan nuestra mente para que seamos lo que somos. Por lo que insisto que, en definitiva, somos lo que pensamos y para ser buenos, nuestros pensamientos también deben serlo.

Una gran parte de nuestra forma de pensar es aprendida, por lo tanto, podemos cambiarla. Pensamos mayormente de forma inconsciente y solo en una pequeña parte lo hacemos en forma consciente. Como quiera que sea el caso, cuando pensamos siempre lo vamos a hacer en base a los pensamientos que ya tenemos registrados en nuestra mente. De hecho, si generamos un pensamiento nuevo, éste estará afectado por nuestra forma de pensar. De aquí la importancia de pensar en positivo para que produzcamos más pensamientos buenos, de manera de que ellos nos ayuden a lograr nuestro objetivo en la vida, el cual no es otro que lograr el éxito para ser feliz.

Sin embargo, vemos con el pasar de los años, quizás por tanta incertidumbre sobre la estabilidad de nuestros pueblos, o por la razón que fuere, que los pensamientos negativos en la gente van en aumento y hasta se han convertido en la forma tradicional de pensar. Un pensamiento lleno de negatividad y distorsiones no ayuda en nada, no aporta soluciones y solo conduce a más problemas. Los pensamientos negativos han frenado el éxito de la gente y lo continuarán haciendo por el resto de sus vidas, a menos que hagan algo ahora para cambiarlos. Todos los problemas de la humanidad actual son el producto de su forma tradicional de pensar. Para resolver esos problemas se debe usar un pensamiento más avanzado.

Al igual que una computadora, nuestro cerebro necesita que le actualicemos su "software". Para que una computadora haga todas las tareas que se le exigen hoy día, necesita operar con un sistema Windows 11 o algo más avanzado. Es casi imposible hacerlo con un sistema Windows 3.1. De igual manera, debemos con sentido de urgencia reprogramar nuestra mente con un sistema de pensamientos más avanzado que el tradicional. Un pensamiento avanzado nos ayudaría a usar nuestra mente como realmente debe ser para lograr lo que tanto queremos en la vida.

Todo lo que logremos o no, en la vida dependerá de nuestra forma de pensar. Si una persona no ha logrado lo que quiere en su vida, este es el momento de cambiar sus pensamientos. Cuando hablamos de una forma de pensar más avanzada nos referimos precisamente a erradicar los pensamientos negativos y promover el pensamiento positivo, tal como ya hemos visto. Podemos aprender a cambiar los pensamientos negativos por positivos, lo cual nos ayudará a ser exitosos en todos los aspectos de la vida. Lo único que detiene a una persona en lograr el éxito es la persona misma.

Para desarrollar un pensamiento más avanzado, debemos ver las cosas tal como son. Es decir, debemos ajustar más nuestra realidad personal a la realidad real y para hacer esto, es de suma importancia revisar nuestras creencias y hacer los cambios necesarios. En este sentido, se recomienda ir al subcapítulo 4.3 y revisar el tema de las creencias para ver su impacto en la realidad de la persona. La gente piensa de acuerdo a sus creencias. Si sus creencias son positivas, entonces sus pensamientos también los son y eso le sirve para lograr su objetivo en la vida, mientras que, si sus creencias son negativas, sus pensamientos serán de igual manera, lo cual solo impondría limitaciones a la capacidad de logro de la persona.

Las creencias afectan nuestra realidad y ésta al mismo tiempo afecta la percepción que tengamos de nosotros mismos y del mundo que nos rodea. De la realidad de la persona depende la confianza que tenga en sí misma. Cada persona es única y ve el mundo de una forma única también, por eso la realidad personal varia con la persona. Si su realidad está basada en experiencias negativas o en malas interpretaciones de experiencias del pasado, esa realidad no le ayudará mucho a lograr las cosas que quiere. De nuestra realidad va depender la percepción que tengamos de las cosas.

Nuestra percepción es otro aspecto importante en el desarrollo de un pensamiento más avanzado. Nuestra forma de reacción ante las emociones, las palabras o los gestos de otras personas dependerá de cómo las percibamos. A veces una emoción hace feliz a una persona, pero la misma emoción puede hacer infeliz a otra. Las palabras o gestos de una persona pueden alagar a una persona, sin embargo, puedan que ofendan a otra. De manera que lo importante no son las emociones, las palabras, ni los gestos, sino de la forma como se perciben.

Por supuesto, la percepción de las cosas también la podemos cambiar y para ello solo necesitamos cambiar la forma de ver esa cosa, es decir verle el lado positivo. Al cambiar nuestra percepción cambiamos también nuestro mundo y lo que esperamos de él. Esperar mucho de la gente nos puede producir frustración y estrés, sobre todo cuando la gente no actúa como nosotros esperamos. Por esta razón es mejor bajar nuestras expectativas y así tener una visión más serena de nuestro mundo.

Una vez que logremos erradicar las creencias negativas podemos ver mejor la realidad real, tener una mejor percepción de las cosas y generar un mejor pensamiento. Un pensamiento que nos permita ver la vida con más claridad para resolver nuestros problemas por nosotros mismos, ver y tomar las oportunidades que nos conduzcan a la prosperidad, y que nos permita la realización de nuestros sueños: vivir una vida plena.

# 3.4 La Inteligencia

Tener inteligencia es saber elegir la mejor opción entre las que se nos presentan para resolver un problema. Siempre se pensó que, con la inteligencia académica, aquella que nos permite aprender para graduarnos en alguna escuela, podíamos obtener todo el éxito que necesitábamos en la vida, pero como ya hemos comprobado, este tipo de inteligencia por sí solo no es suficiente para lograr la tan ansiada felicidad.

Con la llegada de la inteligencia emocional se creyó que, al usarla en combinación con la inteligencia académica, el éxito estaba asegurado. Sin embargo, aunque esta combinación ayuda muchísimo, no lo es todo para lograr lo que queremos en la vida. La pregunta que surge entonces es: ¿qué más se necesita? Además de la inteligencia académica y la emocional, existe otro tipo de inteligencia relacionada con la profundidad de la mente subconsciente y se llama inteligencia intuitiva. Estos tres tipos de inteligencia deben estar presentes en las personas para tener todas las herramientas para resolver sus problemas y responder la interrogante: ¿de qué nos sirve ser inteligentes?

## ¿Qué es la Inteligencia?

La inteligencia es la capacidad de asimilar, guardar, elaborar información y en conjunto utilizarla para resolver problemas. La inteligencia está formada por algunas variables como la atención, la capacidad de observación, la memoria, el aprendizaje y las habilidades de la persona. Los seres humanos, al igual que los animales, vienen al mundo equipados con sus instintos, los cuales desde un principio los capacitan para adaptarse a la vida en su medio natural, a través de unas pautas innatas de comportamiento ya aprendidas y que solo hay que desarrollarlas.

Además de sus instintos, cada persona viene a la vida con una cierta capacidad intelectual heredada de sus padres. Sin embargo, su inteligencia dependerá de cómo desarrolle el intelecto con que la naturaleza le haya dotado. Las personas más inteligentes operan por lo general más cerca del límite de su capacidad intelectual. Por supuesto, ello va a depender de su esfuerzo personal y su entorno social. El ser humano, al igual que algunos otros animales, tiene la capacidad de aprender observando y la capacidad de aprender por imitación.

El aprendizaje se logra con la inteligencia académica. Sin embargo, para tener éxito, las personas también deben controlar sus emociones. Este control se logra con la inteligencia emocional, pero ésta, aunque ayuda muchísimo, no lo resuelve todo. Esto ha hecho que algunas personas se estén preguntando que si habrá algo más sobre la inteligencia. En efecto si lo hay. Además de la inteligencia académica y la emocional, existe otro tipo de inteligencia llamada inteligencia intuitiva.

## La Inteligencia Académica

Por muchos años, la inteligencia era el equivalente al uso del pensamiento lógico, o la capacidad de una persona de razonar. Siempre se había pensado en un solo tipo de inteligencia, el cual estaba estrechamente vinculado con el aprendizaje académico y por esta razón se le había llamado inteligencia académica, la cual era la que nos servía para obtener buenas calificaciones en la escuela.

La inteligencia académica es la que heredamos de nuestros padres y se mide a través del coeficiente intelectual o CI. Sin embargo, este tipo de inteligencia no siempre constituye garantía de prosperidad o de felicidad. No siempre la inteligencia académica proporciona el éxito en la vida, pues hoy hemos visto que son necesarios otros aspectos como el manejo y control de los sentimientos y las emociones. La inteligencia académica no nos prepara para enfrentar adecuadamente las situaciones de la vida diaria como las dificultades o las oportunidades.

Si quisiéramos ver un perfil de las personas que se agrupan bajo la inteligencia académica tendremos que ellas son personas con alto coeficiente intelectual y que normalmente se caracterizan por ser ambiciosas, productivas, previsibles y no se preocupan mucho por sí mismas. También estas personas tienden a ser críticas y condescendientes, inhibidas, se sienten incómodas con la sexualidad y son emocionalmente frías. Mientras que el perfil de las personas con una inteligencia emocional elevada, indica que son socialmente equilibradas, sociables y alegres, más seguras y responsables, solidarias y cuidadosas de las relaciones. Por lo general, son más felices, ya que se sienten cómodos con ellos mismos, con los demás y con el mundo social donde viven.

Tanto la inteligencia académica como la emocional son deseables y siempre coexisten entrelazados en nosotros. La inteligencia emocional puede ser aprendida, a diferencia de la inteligencia académica que heredamos de nuestros padres. El hecho que podamos aprender a ser emocionalmente inteligente constituye sin dudas una gran esperanza para la gente con bajo coeficiente intelectual, ya qué podemos hacer cambios para ayudarnos y ayudar a los nuestros a tener una mejor vida.

Como se ha podido ver a través de la historia, las personas con altos coeficientes intelectuales no siempre son las más exitosas. De hecho, se ha determinado que el éxito de las personas solo depende en un 20% de su inteligencia académica. Otro 70% depende de su inteligencia emocional. La inteligencia emocional también influye en la motivación de las personas, en persistir frente a la adversidad, ser menos impulsivos, llevarse bien con otras personas, ser más compresivo y hasta albergar esperanzas.

## La Inteligencia Emocional

La inteligencia emocional, término popularizado por Daniel Goleman, es la capacidad de conocer y comprender nuestros sentimientos y emociones con la finalidad de manejarlas y controlarlas, así como la capacidad de auto motivarnos para aumentar nuestra posibilidad de éxito en la vida. Dado que el logro de lo que se quiere puede ser afectado por otras personas, la inteligencia emocional también incluye nuestra capacidad de reconocer las emociones en los demás y manejarlas para tener buenas relaciones con ellos. Aunque la inteligencia emocional no sea un don de la naturaleza, todos podemos desarrollarla si lo deseamos, solo tenemos que ver la vida bajo una nueva perspectiva.

Entonces, ser emocionalmente inteligente es: comprender el origen de los sentimientos, lo que se llama tener autoconciencia; aprender el manejo y control emocional, es decir canalizar adecuadamente las emociones; ser capaz de motivarse a sí mismo para poder lograr la superación personal y ser capaz de motivar a otros; tener empatía para tener la capacidad de comprender los sentimientos de los otros y manejar positivamente las relaciones con las demás personas para relacionarnos sanamente, respetando a los otros y haciéndonos respetar.

Las personas emocionalmente inteligentes conocen y manejan bien sus propios sentimientos e interpretan y manejan con eficacia los sentimientos de los demás. Además, tienen gran capacidad de liderazgo, de cultivar y mantener las relaciones, y de resolver conflictos. Esto, por supuesto les da una enorme ventaja en el manejo de cualquier relación que tengan en sus vidas, ya sea una relación amorosa, de trabajo, de negocios o de amistad. Las personas más felices son aquellas dotadas con habilidades emocionales bien desarrolladas, lo cual les hace sentir satisfechas en cada actividad de su vida.

Para manejar con éxito las relaciones con las demás personas, debemos tener una gran capacidad empática. La empatía es la capacidad innata de los seres humanos de saber lo que siente el otro. Esta capacidad se desarrolla sobre la conciencia de nuestras propias emociones, lo que nos ayuda a ser más hábiles para interpretar los sentimientos. Así toda compenetración o interés por alguien, surge de nuestra capacidad de empatía.

La mente racional se expresa a través de las palabras, sin embargo, la expresión de las emociones no es verbal. Las emociones rara vez se expresan en palabras; con mucha mayor frecuencia se manifiestan a través de otras señales como: el tono de voz, los gestos y la expresión facial.

El desarrollo de la empatía comienza en la infancia, en gran parte tiene que ver con la educación que nuestros padres nos imponían. La empatía de los niños se empieza formando al ver cómo reaccionan los demás cuando alguien está afligido y al imitar lo que ven, ellos comienzan a desarrollar su empatía. Cuando el niño entiende que sus emociones son bien recibidas, aceptadas y correspondidas, éste se siente comprendido. A partir de esos momentos, el niño empieza a percibir que otras personas pueden compartir sus sentimientos.

Si los niños dejan de desarrollar la empatía se vuelven antipáticos, lo cual es lo opuesto a la empatía. Pero la implicación de la antipatía es mucho más profunda, pues cuando los padres dejan de mostrar empatía sobre las emociones del niño, como sus alegrías, llantos, necesidad de cariño, el niño empieza a dejar de expresar y hasta de sentir esas emociones. Y si a lo largo de la infancia esas emociones continúan sin aflorar, ellas pudieran desaparecer del repertorio emocional del niño.

Del mismo modo, los niños pueden llegar a desarrollar otros tipos de emociones menos deseables, según el estado de ánimo de sus padres. Si éstos están deprimidos sobre todo la madre, la cual es quien tiene más contacto con ellos, los niños reflejarán el estado de ánimo de sus padres mostrando más sentimientos de tristeza. El tratamiento que tengamos cuando niños será clave para lo que seremos cuando adultos. Sin embargo, cualquier desequilibrio sobre nuestra forma de ser, que hayamos adquirido durante esta etapa de la vida se puede corregir después.

Es importante conocer el concepto de empatía para interpretar nuestras emociones. Ello nos ayudará a comprender el punto de vista de otra persona, percibir sus sentimientos y mejorar nuestra capacidad de escuchar al otro. La empatía lleva a la gente a seguir determinados principios morales, lo que les ayuda a ser gente de bien. Aparte de la empatía, también se requiere tener control de sí mismo para manejar las emociones, lo cual es la esencia del arte de mantener relaciones interpersonales. La ausencia de estas habilidades puede resultar en el fracaso de cualquier persona en sus relaciones con los demás.

## La Inteligencia Intuitiva

La intuición es una facultad innata que todos llevamos en mayor o menor grado, que en algunas situaciones nos puede proveer de un conocimiento inmediato, sin que para ello se utilice la razón. Por ejemplo, cuando tenemos una corazonada o un presentimiento sobre algo que luego se revela como cierto, estamos haciendo uso de nuestra intuición. La información que se genera durante una percepción intuitiva se origina en lo más profundo de nuestra mente subconsciente.

Las percepciones intuitivas se pueden manifestar físicamente, a través de ciertas sensaciones en el cuerpo como un pálpito, que pueden estar asociadas a algo que quizás esté ocurriendo en otro lugar, a otra persona o que va a ocurrir en un futuro. También estas percepciones se pueden manifestar a través de las emociones. Hay personas que pueden sentirse tristes o alegres ante la expectativa de algo que va a ocurrir. La otra forma de que las percepciones intuitivas se manifiesten es a través de la mente, mediante la recepción de pensamientos o ideas de algo que la persona pudiera estar haciendo como algo creativo.

La intuición es sencillamente esa voz interna que a veces nos trata de decir el camino por donde seguir o de alertarnos de que algo va a suceder. La intuición es ese sexto sentido que ilumina nuestra mente consciente para llevarnos por el mejor camino. Claro está, que mientras más tranquila y más armoniosa esté nuestra mente y que nuestros pensamientos sean más positivos, mayor posibilidad tendremos de escuchar esa pequeña voz dentro de nosotros.

Ahora nuestra capacidad de percibir, interpretar y usar la información contenida en la intuición para tomar decisiones importantes en nuestras vidas es lo que se conoce como la inteligencia intuitiva, la cual representa el otro 10% del éxito de las personas. La inteligencia intuitiva también nos permite buscar en lo más profundo de nuestro subconsciente, repuestas y soluciones para cualquier situación o problema, las cuales aflorarían en forma de intuición. La inteligencia intuitiva es innata, pero también se puede cultivar.

## ¿De Qué Nos Sirve Ser Inteligentes?

Algunas personas, después de haber leído la sección anterior sobre la inteligencia y sus diferentes tipos, se pudieran estar preguntando: "… y entonces, ¿cuántos tipos de inteligencia hay que desarrollar para tener lo que se quiere en la vida?" Y pueden seguir argumentando que antes con tener un solo tipo de inteligencia era suficiente.

Con la inteligencia académica se suponía que una persona podía ir a la escuela y sacar una carrera, con la cual podía ganar suficiente dinero para vivir bien, educar a sus hijos y en fin tener cierta felicidad. Luego, continúan argumentando: dijeron que ya ese tipo de inteligencia no era suficiente, que se requería otro tipo más de inteligencia que nos ayudara a manejar y controlar las emociones. Y así continúan su argumento: ahora, vemos que la llamada inteligencia emocional, tampoco es suficiente y nos dicen que hay que también tener inteligencia intuitiva. Y finalmente exclaman: ¡Dios mío!

Otras personas pudieran estar objetando la necesidad de tanta inteligencia. Sobre todo, cuando piensan que antes para ser gerente de alguna empresa la persona tenía que haber estudiado y tener cierta experiencia, sin embargo, ahora cualquiera es gerente. Pero no solo eso, antes para ser presidente de cualquier país había que ser un ciudadano ejemplar con todos los niveles de educación posible, en cambio que hoy en día cualquiera es presidente. Tienen poder y todo lo que quieran. Entonces la gente se pudiera estar preguntando y con mucha razón: ¿de qué nos sirve ser inteligentes?

Es cierto que con las cosas que vemos a diario, surgen interrogantes como estas. Pues tal parece ser que los méritos y los valores ya no importan y que la gente estaría siguiendo como una especie de culto a lo malo. Es justamente esta inmensa carencia de talento en las esferas del poder, lo que nos ha llevado al caos. Tratando de explicar un poco lo que está pasando, en cuanto al cuestionamiento de la inteligencia, podemos decir que todo el problema empieza cuando la corrupción pasó del sector público al privado, lo que trajo como resultado que los políticos se hicieran muy poderosos. Tanto que llegaron a tener cierto control en el sector privado y éste empezó a contaminarse con ellos.

Podemos decir también que la inteligencia académica estaba representada por el sector privado hasta que llegaron los políticos convertidos en los magos de las emociones, lográndolas desbordar al máximo para luego capitalizarlas y alzarse con el poder. Parte del sector privado, tanto la clase empresarial, así como sus trabajadores fueron manipulados por los políticos y se convirtieron en sus aliados.

Ahora algo para reflexionar: si la gente que era sin duda académicamente inteligente, lo hubiese sido también emocionalmente, otro hubiese sido el panorama de hoy. Si ellos hubiesen complementado estos dos tipos de inteligencia, entonces hubieran sido capaces de manejar y controlar sus emociones para no caer en la trampa de los políticos y así hubiesen conservado lo que gracias a su inteligencia académica habían conquistado y el mundo fuera distinto definitivamente. Esta reflexión nos puede ayudar a entender la importancia de tener y combinar la inteligencia académica y la emocional.

Sin embargo, algunas otras personas se estarán preguntando: ¿y qué hay del otro tipo de inteligencia, la intuitiva, nos servirá de algo? ¡Pues de mucho! Debemos esculcar bien en lo más profundo de nuestra mente subconsciente hasta encontrar a Dios para que a través de nuestra intuición nos ayude a tener la sabiduría necesaria para salir del atolladero en el que los políticos nos han metido y traer de regreso los valores y las buenas costumbres que un día nos hicieron ser prósperos y felices.

En resumen, vemos que cada día debemos ser mucho más inteligentes para enfrentar con éxito cada nueva experiencia. Gracias a Dios, tenemos toda la inteligencia necesaria para salir adelante. Y vemos también como estos tres tipos de inteligencia son necesarios para lograr nuestra felicidad y la de nuestros pueblos.

# 3.5 La Salud Mental

Hemos dicho que el cerebro es el órgano más importante del cuerpo humano. Y la razón es porque es allí donde reside la mente humana, la cual controla todas las otras partes del cuerpo. Si los antiguos egipcios hubieran entendido este sencillo e importantísimo concepto, entonces hubieran conservado el cerebro intacto en sus momias, aunque no para haber logrado la inmortalidad, cosa que buscaron por mucho tiempo, pero si para prolongar la vida. Entender la importancia de la mente es la clave para darle la nutrición apropiada para mantenerla sana. Ahora, es también de suma importancia saber que la mente se nutre con nuestros pensamientos. Así es que más vale que estos sean buenos.

Una de las cosas más grande que debe desear una persona en la vida es tener un cuerpo sano y una mente sana.

Esto por supuesto puede venir de la famosa frase "cuerpo sano en mente sana". Sin embargo, vale la pena recalcar que es mucho más importante tener una mente sana, pues es la mente la que conducirá nuestro cuerpo por los caminos de la vida. Si tenemos una mente sana, ésta nos puede ayudar a sanar el cuerpo, mientras que de la otra forma este logro no es posible.

Llegamos a ver cuerpos muy bien formados físicamente: toda una belleza, cuerpos como si fueran esculpidos por los antiguos griegos, pero resultan algunas veces frágiles y no tan sanos. Pero eso se puede arreglar mientras la mente esté sana. Para ello recurrimos a una buena dieta alimenticia y ejercicios, como vimos en la sección de la salud corporal. Ahora, mantener la mente sana es algo totalmente diferente. Pareciera que fuera mucho más fácil alimentar y entrenar el cuerpo que entrenar y alimentar la mente. Pero realmente no lo es. Si en verdad nos pareciera así, es porque no lo sabemos hacer todavía.

Al cuerpo lo alimentamos con alimentos y lo entrenamos con ejercicios físicos. A la mente la alimentamos con pensamientos y la entrenamos también con ejercicios, pero mentales. Mientras mejor sean los alimentos y ejercicios físicos, mejor será el cuerpo. De igual manera, mientras mejor sean nuestros pensamientos más sana será nuestra mente. Una mente sana se logra con pensamientos positivos para que nos lleve a situaciones positivas. Ahora bien, los pensamientos positivos también deben ser lógicos. Pensar en ir mañana al planeta Mercurio a buscar oro, pareciera positivo, pero... no es lógico, pues no tiene sentido.

El pensamiento lógico canaliza el pensamiento positivo para hacerlo más efectivo en lograr lo que queremos.

Si nuestra mente está sana, no debemos sentir miedo irracional, ni ser tan susceptible al dolor, ni tener ningún tipo de complejos ni prejuicios. Si nuestra mente está sana, podemos enfrentar mejor el sufrimiento para que éste no nos desgarre el alma, ser fuertes para no caer en tentaciones, perdonar a quienes nos ofenden, y tener mucha visión para que seamos prósperos para el bien de los nuestros, así como también para ayudar a nuestro prójimo.

Somos el producto de nuestros pensamientos, por lo tanto, estos definitivamente deben ser positivos, ya que ellos nos traen felicidad, mientras que los pensamientos negativos solo generan sufrimiento innecesario, perturban la personalidad y dificultan las relaciones con las otras personas. Para tener buena salud mental o emocional, debemos cultivar el pensamiento positivo y erradicar el negativo. Los pensamientos positivos son saludables, estabilizan las emociones y producen estados anímicos provechosos, mientras que los pensamientos negativos son dañinos pues distorsionan la actividad emocional, lo que genera estados de ánimos alterados.

Una mente que genere mayormente pensamientos positivos es una mente por supuesto sana y nos permite tener una visión clara de las situaciones, lo que se conoce como lucidez mental. En cambio, una mente generadora de pensamientos negativos es una mente ofuscada, creando confusión en las personas. La ofuscación hace que la mente haga un uso distorsionado de la imaginación, la interpretación de la situación y de la forma de respuesta. Solo en la medida en que uno se va entrenando para ver con claridad, más allá de la distorsionante influencia de la ofuscación, puede uno percibir y apreciar el mundo con sabiduría. Una mente ofuscada es un semillero de pensamientos negativos por lo que surgen tantas emociones negativas.

Así como muchas veces no es posible ejercer ningún tipo de control sobre las circunstancias o situaciones externas, si lo es sobre los estados anímicos, las emociones y los pensamientos. Para tener una buena salud mental, debemos aprender a modificar nuestra actitud ante la vida, controlar los pensamientos, estimular factores de crecimiento interior para incrementar la lucidez, promover las emociones positivas y enfrentar adecuadamente las situaciones del mundo que nos rodea. También debemos resolver los conflictos emocionales internos, estabilizar la actividad emocional, superar las frustraciones y solventar los traumas y represiones, tener una buena autoestima, superar las preocupaciones innecesarias, la angustia y el miedo irracional, identificar y erradicar los pensamientos negativos y cultivar el pensamiento positivo,

En la sociedad actual en que vivimos estamos sometidos a mucha influencia negativa, por lo que debemos movernos con mucho equilibrio mental para evitar ser contagiado. Es muy importante controlar el pensamiento y para ello se requiere de nuestra atención consciente, mediante la cual podremos observarnos mejor para descubrir nuestras emociones negativas para no expresarlas o por lo menos tratar de rectificarlas.

Nuestro mundo de hoy, está lleno de muchas calamidades, pobreza, envidia, avaricia, confusión, estrés, ansiedad, depresión y odio. Esto hace que la gente genere muchos pensamientos negativos, especialmente si su mente esta desordenada y sin ningún control. Los pensamientos negativos contaminan la mente, lo cual tiene un efecto perturbador en la gente. Una mente contaminada se hace confusa y no puede tener claridad o lucidez para ayudar a la gente a enfrentar sus problemas con éxito. Descontaminar la mente es deshacerse de los pensamientos tóxicos. Ahora, liberar la mente es el arte de pensar y dejar de pensar, o de conectarse o desconectarse mentalmente cuando se quiera. Es decir, tener control sobre la mente. Es estar uno mismo con sus pensamientos buenos o malos y verlos venir, permanecer por un rato y luego irse, sin que nos afecten, ni mucho menos desgarrarnos el alma. Tal como las nubes blancas o negras: llegan, están un rato y luego se van, sin afectar al cielo, ni mucho menos desgarrarlo. Es aquí donde la meditación juega su gran papel.

La meditación es la forma de entrenar la mente para ir ejerciendo control sobre ella, proveyéndole de atención, equidad, calma y armonía. Uno de los métodos de meditación más populares es la de la posición sentada, la cual requiere en lo posible un lugar tranquilo, donde se pueda mantener una posición estable, con la espina dorsal y la cabeza erguida y tratando de obtener la mayor inmovilidad posible. Los ojos pueden estar cerrados o semiabiertos. Hay que tratar de ejercitar en todo momento la concentración, evitando en lo posible distracciones de cualquier tipo. La respiración debe ser, preferiblemente, por la nariz y un poco más lenta y pausada. Se debe mantener la mente firme, aunque surjan molestias físicas o estados mentales perturbadores. La meditación, aunque solo se practique por unos minutos diarios, es una buena forma para ir potenciando la voluntad e ir consiguiendo el dominio saludable de la mente. Aunque no podamos controlar las circunstancias en nuestro entorno, si podemos controlar nuestra mente para mantenerla sana.

# 4

# LA VIDA ES UNA CUESTIÓN DE ACTITUD

En el capítulo anterior continuamos con el conocimiento de nuestro cuerpo, centrando la atención en la maravillosa mente humana para conocer de cerca cómo funciona esta maravilla llamada mente, forjada después de un largo proceso de evolución. Estudiamos nuestras emociones y pensamientos, así como la forma de manejarlos para que nos ayuden en nuestro diario vivir. Vimos cómo y por qué debemos ser muy inteligentes para seguir por el buen camino de la vida. Y la importancia de tener una mente sana para que nos guie por la vida.

En este capítulo abordaremos los temas necesarios para el desarrollo de una actitud que nos permita hacer la vida fácil y próspera en la difícil tarea de vivir. La actitud es la forma de actuar de una persona frente a la vida. Cuando se tiene una buena actitud, la persona puede alcanzar las cosas que quiere. Por eso decimos que la vida es una cuestión de actitud. Para lograr esta actitud necesitamos desarrollar un conjunto de tendencias sobre aspectos importantes en nuestras vidas y que son requeridos para alcanzar la felicidad, tales como tener una buena personalidad, tener creencias positivas y llegar a ser un buen amigo.

El aprendizaje y desarrollo de la actitud ante la vida se inicia en la niñez. En donde también se empieza a formar la personalidad, a la cual está ligada en gran parte el éxito en la vida de las personas. Las creencias, es otro factor importante para desarrollar una buena actitud, ya que de ellas dependerá la realidad de la persona y su percepción sobre sí misma y del mundo. Y por supuesto también es importante llegar a ser un buen amigo, pues ello le ayuda a la persona a trabajar con la gente, por la gente y a través de la gente, lo cual es clave en el desarrollo de una buena actitud. Además, para poder tener la actitud correcta ante la vida y lograr las cosas que se quiere para vivir la vida plena, las personas también deben ser optimistas, tener fe y esperanza, desarrollar una actitud positiva hacia el dinero, tener buen humor y estar libre de vicios.

# 4.1 La Etapa del Aprendizaje

Desde el mismo día que somos traídos a este mundo, empieza en nosotros la etapa de aprendizaje, la cual podemos lograr gracias al sentimiento del amor que desarrollamos del vínculo con nuestra madre durante el embarazo. La etapa del aprendizaje nos acompañará hasta el final de nuestros días sanos. Después de nuestros primeros 7 meses empezamos a aprender las dos cosas más importantes en nosotros los seres humanos: caminar y hablar. Lo demás que logremos en la vida dependerá de ellas. Al pararnos y luego caminar por nuestros propios medios nos da *confianza* en nosotros mismos, al sentirnos capaces de controlar nuestro cuerpo. Al hablar, aparte de confianza también nos muestra nuestra *capacidad de comunicación*. Estas dos aptitudes nos señalan el camino del *autocontrol*.

El interactuar con nuestro entorno familiar nos va a exigir aprender a manejar nuestras emociones. El aprendizaje emocional comienza en los primeros momentos de la vida y se prolonga a lo largo de la infancia. Los intercambios entre padres e hijos moldean el aprendizaje emocional del niño, ya que los mensajes de los padres se incrustarán en la memoria del niño y se repiten a lo largo de los años. Así que esa relación entre padre e hijo debe ser muy positiva para que los niños empiecen a manejar adecuadamente sus emociones y así poder desarrollar la actitud correcta ante la vida. Los niños de padres inmaduros, consumidores de drogas, deprimidos, carentes de objetivos, que llevan vidas caóticas se verán negativamente afectados en el inicio de su actitud.

Durante los tres primeros años de vida del niño, su cerebro crece hasta aproximadamente dos tercios de su tamaño definitivo y evoluciona en complejidad a un ritmo mayor del que alcanzará jamás. Durante este período, el aprendizaje es más acelerado que en los años posteriores, y el aprendizaje emocional cobra mucha importancia. También durante esos primeros años, un estrés fuerte puede dañar los centros de aprendizaje del cerebro y por lo tanto dañar el intelecto. Como se puede ver, el impacto de esta primera etapa del aprendizaje es muy crítico.

Alrededor de los 7 años, por lo general ya hemos aprendido a leer y escribir. ¡Oh! qué bueno sería que también aprendiéramos a prestar atención. A esta edad ya vamos a la escuela, a la iglesia y a visitar lugares. De manera que además de interactuar con nuestros padres y familiares, también lo hacemos con nuestros maestros y compañeros de clase, la gente de la iglesia y nuestros amiguitos.

Nuestros primeros 7 años son extremadamente importantes en nuestro desarrollo como personas, ya que todo cuanto hemos aprendido a lo largo de ese período de todas las otras personas con las que hemos interactuado, lo hemos ido poniendo en forma de pensamientos en nuestra mente. Esos pensamientos quedarán impresos en nuestro cerebro para luego indicarnos como actuar en determinada situación. Esta forma de pensar determinará la personalidad que tendremos como adulto y la que marcará la actitud que desarrollemos frente a la vida.

En consecuencia, es sumamente necesario que nuestros padres y familiares que interactúen con nosotros, así como el maestro, el pastor y los amigos tengan buenos pensamientos. Para que así nosotros podamos desarrollar la actitud correcta ante la vida y lograr todo lo que sea necesario para tener lo que queremos de ella. De lo contrario, nuestra vida pudiera estar signada a enfrentar muchas situaciones difíciles, a menos que aprendamos luego como hacer los cambios necesarios para modificarla.

La forma en que los padres tratan a sus hijos ya sea con disciplina, comprensión empática, indiferencia o cariño, tiene consecuencias profundas y duraderas en la vida emocional del hijo. Pero mejor aún, si los padres son emocionalmente inteligentes, el beneficio para el niño es inmenso. Estos padres son más eficaces al tratar de ayudar a sus hijos en sus altibajos emocionales, ya que esos padres prestan atención a los sentimientos de sus hijos, utilizando los momentos emocionales como una oportunidad para acercarse a ellos y ayudarlos en la etapa del aprendizaje de sus emociones. Más aun, los padres emocionalmente inteligentes, no solamente oyen con respeto lo que incomoda a sus hijos, sino que también les permiten que expresen sus emociones libre y abiertamente.

Los niños que aprenden a manejar mejor sus propias emociones son más eficaces a la hora de serenarse cuando están preocupados, y se preocupan con menor frecuencia. También son menos estresados y más sociables, pueden prestar más atención y concentrarse mejor, lo que tiene su impacto positivo hasta en su coeficiente intelectual.

Ya como adultos empezamos a entender un poco más nuestro mundo, gracias al aprendizaje durante esos años. Después de los 27 años de edad, ya deberíamos haber aprendido lo suficiente para saber lo que queremos en la vida. Para ese entonces ya deberíamos haber formado los valores necesarios para desarrollar la personalidad y así lograr la actitud correcta ante la vida.

# 4.2 La Personalidad

Una gran parte del éxito de las personas está ligado a su personalidad, la cual se forma y desarrolla normalmente durante la infancia. Una parte de nuestra personalidad la heredamos de nuestros padres y la otra la tomamos del ambiente en el que nos desarrollamos. La personalidad va a depender mucho del temperamento y del carácter. Hay algunos tipos de temperamentos que benefician a la personalidad, mientras otros no. Pero esto, ya no es ningún problema, pues podemos cambiar el temperamento, que viene en nuestros genes. En cuanto el carácter también se puede cambiar y más fácilmente, ya que esté es aprendido.

Otro factor importante en la personalidad lo constituye la autoestima o la valoración que la persona tenga sobre sí misma. Esta es de gran importancia para las personas, ya que lo que ellas logren en la vida dependerá de su autoestima. Para tener una buena personalidad, además de tener un buen temperamento, buen carácter y buena autoestima, las personas también deben ser amables, respetuosos, agradables, de mente abierta, emocionalmente estables y tener un buen sentido del humor. Una buena personalidad es vital en nuestras vidas, ya que ella será la llave que nos abrirá la puerta de la felicidad.

# Formación y Desarrollo de la Personalidad

La personalidad se define como el patrón típico de pensar, sentir, y de comportarse de un ser humano, lo que lo hace único. Este patrón tiende a mantenerse estable en la vida de la persona, a menos que ésta tenga el coraje y el conocimiento suficiente para modificarlo. Contrario a lo que se creía antes, hoy en día, sabemos que podemos hacer los cambios necesarios a nuestra personalidad de manera que nos ayude a lograr las cosas que queremos.

En la formación de la personalidad, una parte de ella la tomamos por herencia genética y el resto lo tomamos del entorno o el ambiente en que nos desarrollamos como personas. Ya desde nuestros primeros meses de vida, empezamos a diferenciarnos de los otros niños. Por ejemplo, se puede ver que algunos niños son más atentos o más activos que otros, diferencias estas que pueden influir posteriormente en su comportamiento. Entre las características de la parte de la personalidad heredada están la inteligencia académica y el temperamento.

La otra parte de la personalidad que tomamos del ambiente que nos rodea, se desarrolla a través de los años, especialmente durante la niñez por la influencia de otras personas de nuestro entorno como nuestros padres, maestros, pastores, y amigos. La influencia de la gente de nuestro entorno va a tener un impacto muy importante en el desarrollo de nuestras creencias y valores. A medida que vamos creciendo, nuestras propias experiencias de la vida también van a influir en forma determinante en nuestra personalidad, así como nuestro nivel socioeconómico y otros factores como la raza, la religión y la cultura.

El entorno familiar es quizás el componente más importante sobre el desarrollo de la personalidad. Aprendemos del comportamiento de nuestros padres, pues a través de sus propios comportamientos exponen situaciones que producen ciertas conductas en los hijos, con las cuales los hijos se pueden llegar a identificar. Aprendemos también de la evaluación que hacen nuestros padres de nuestro comportamiento. Así vemos que nos recompensan cuando adoptamos un comportamiento que ellos asumen es correcto o nos castigan en caso contrario. Además, aprendemos del comportamiento de nuestros hermanos, especialmente de los mayores. Ellos al igual que nuestros padres también se convierten en modelos para nosotros.

También tienen influencia en la personalidad, los amigos y compañeros de la infancia y los de la adolescencia, y luego los del trabajo y otros grupos sociales durante la edad adulta. La personalidad va a depender muy estrechamente del temperamento, las creencias, los valores y la inteligencia de la persona.

## El Temperamento

Nuestro temperamento es el conjunto de rasgos o características que hemos heredado genéticamente de nuestros padres y se define como la manera natural con la que una persona responde a sus emociones para interactuar y vivir con el entorno que lo rodea. El temperamento afecta todas las acciones y reacciones en la vida, incluyendo la habilidad para adaptarse a los cambios, el estado de ánimo y la intensidad con que se vive, la cual va a depender de la magnitud con que se experimenta una emoción o sentimiento. De esto, se desprende el grado de emotividad y de apasionamiento de las personas. Es decir, si la persona se alegra mucho, poco o nada, y si al hacerlo suda, se pone colorado, le tiembla la voz, se pone pálido, o frío.

La manera de cómo percibimos internamente la emoción, también es un indicativo de la intensidad con la que se responda a la emoción y del tipo de temperamento de la persona. Las respuestas intensas son comunes en los temperamentos inestables o fuertes, mientras que las respuestas poco intensas son generalmente usuales en los temperamentos débiles. Otros indicadores de intensidad del temperamento, ya sea fuerte o débil, son el tono y volumen de la voz, así como con la energía con que se apriete la mano de otro, o la presión que se haga contra el papel al escribir.

La duración de la respuesta emocional generada por una situación, también habla del temperamento de la persona. Hay gente que se emociona mucho, pero de igual forma se des-emociona, mientras otros lo hacen con poca intensidad, pero su emoción les dura mucho. Otro aspecto importante del temperamento es cuanta estimulación necesita una persona para emitir una respuesta a una emoción. Las personas de poca estimulación, son más sensibles y requieren de menos estímulos para reaccionar, incluso para reacciones intensas. Mientras que las personas que requieren de estímulos fuertes para reaccionar son menos sensibles.

La habilidad de un ser humano para adaptarse a su entorno va a depender en gran medida de su temperamento. Normalmente una persona se enfrenta a diversas dificultades y adversidades en su vida, por lo que necesita un determinado temperamento para superar cada una de esas situaciones. Ante una situación de estrés una persona de temperamento fuerte deberá luchar mucho para controlarlo, ya que, de lo contrario, podría acarrearle problemas. Una persona con temperamento fuerte tiene siempre reacciones muy exaltadas e intensas.

## Tipos de Temperamentos

El sistema nervioso y los genes determinan el tipo de temperamento de una persona. El temperamento es lo que nos hace ser emocionalmente estables o inestables; sanguíneos y flemáticos, o coléricos y melancólicos; abiertos o extrovertidos, y tímidos o introvertidos.

La introversión es la tendencia de la persona a orientarse hacia su interior y tener mayor sensibilidad a las ideas y los sentimientos personales. Los introvertidos son tranquilos y emocionalmente poco expresivos. La extraversión, por su parte, es la orientación hacia otras personas, acontecimientos y objetos. Los extrovertidos son sociables, animados, impulsivos y emocionalmente expresivos. Según investigaciones, los introvertidos se desenvuelven mejor solos y en un ambiente tranquilo, mientras que los extrovertidos se desempeñan mejor en un ambiente con mayores estímulos sensoriales.

Las personas con temperamento sanguíneo son emocionalmente estables, extrovertidos o abiertos, de un humor muy variable y con un sistema nervioso rápido, pero equilibrado. En cuanto a las personas con temperamento flemático, estas también son emocionalmente estables, introvertidas o tímidas, pausadas, con mucha sangre fría, y con un sistema nervioso lento y equilibrado. Mientras que aquellas personas con temperamento melancólico son personas emocionalmente inestables, introvertidos o tímidos, tristes, y con un sistema nervioso débil.

Las personas tímidas fueron sumamente sensibles y temerosas cuando niños, por lo que desarrollan una tendencia hacia los sentimientos de culpabilidad y a hacerse reproches. Los niños tímidos parecen nacer con una red de neuronas en su sistema nervioso que los hace más sensibles incluso a la tensión más suave. Desde el nacimiento, su corazón late más rápido en respuesta a situaciones extrañas o nuevas. También muestran más ansiedad y miedo.

Las personas con temperamento colérico son también emocionalmente inestables, extrovertidas o abiertas, de humor fuerte y unos sentimientos impulsivos, además tienen un sistema nervioso fuerte, rápido y un tanto desequilibrado. Al temperamento también se vincula el manejo de las emociones y de los estados de ánimo.

## Como Modificar el Temperamento

El temperamento, aunque venga entre nuestros genes, no quiere decir que nos tiene que acompañar de por vida, ya que éste se puede cambiar con el transcurrir de los años. El aprendizaje emocional de la infancia puede tener un impacto profundo sobre el temperamento, lográndolo modificar, ya sea ampliando o amortiguando una predisposición innata. Cambiar el temperamento es posible con las lecciones emocionales y las respuestas que los niños aprenden a medida que crecen. En el caso del niño tímido, el cambio va a depender de la forma en que es tratado por sus padres para ayudarlo a enfrentarse a su timidez natural y convertirse con el tiempo en un niño más audaz y llevar una vida menos temerosa.

Parece ser que la madre que sobreprotege a un hijo tímido no le ayuda a salir de su timidez, en cambio cuando ejerce una pequeña presión para que el niño sea más sociable, si logra el objetivo de convertirlo en más audaz. Una de las señales de la modificación del temperamento, se puede ver cuando un niño vence su timidez y logre desarrollar aún más su interacción social. Esto sugiere que las pautas emocionales innatas pueden cambiarse. Así, un niño que se asusta fácilmente desde que nace puede aprender a ser más sereno, e incluso sociable, ante lo desconocido.

En resumen, al igual que la timidez, cualquier otro rasgo temperamental puede ser modificado. Nuestro entorno, más que nuestros genes, determina la forma en que nuestro temperamento se expresa a medida que la vida se desarrolla, sobre todo lo que experimentamos y aprendemos a medida que crecemos. Lo que implica que nuestras capacidades emocionales no son permanentes y con el aprendizaje correcto pueden cambiarse para mejorar.

# El Carácter

Del temperamento se desprende el carácter, el cual es el conjunto de reacciones y hábitos de comportamiento que se han adquirido durante la vida y que son únicos de cada persona. Así una persona puede ser de carácter fuerte o débil. Ser de carácter fuerte significa ser capaz de responder adecuadamente a las circunstancias de la vida, aceptando la realidad tal cual es y desarrollar los recursos necesarios para no sucumbir ante la adversidad. Los de carácter fuertes pueden sobrevivir a situaciones críticas, debido a lo firme y solido de sus estructuras emocionales.

Las personas de carácter fuerte asumen una postura personal firme con convicciones propias, tienen dominio de sí mismo y pueden controlar sus impulsos. Son muy seguros de sí mismos y por lo general son valientes y siempre les salen al paso a las injusticias. Estas personas se comportan en forma sensata, y sienten gran respeto por los demás. Ellos son grandes luchadores, siempre tratan de ayudar a otros y siempre albergan esperanzas.

Por el otro lado, las personas de carácter débil, por lo general antes de actuar consultan a alguien para que les digan lo que quieren oír. Ellos son incapaces de tomar alguna decisión importante sin tener el consentimiento de alguien más. Siempre tienen miedo de tomar decisiones para evitar cometer errores y luego sentirse culpables. El miedo y la culpa son las emociones que definen al débil de carácter. Una característica de los débiles de carácter es el temor de fracazar.

Dado que el carácter es adquirido, eso significa que éste también puede ser modificado. Para fortalecer su carácter, la persona necesita aprender a vencer el miedo, ya que este no le permite asumir ningún riesgo, por lo que a la persona le cuesta mucho tomar sus propias decisiones para enfrentar con éxito la vida. Una persona de carácter fuerte también tiene sus miedos, pero los enfrenta y de esta manera sale adelante. Para superar los miedos se recomienda ir a la sección con ese mismo nombre del subcapítulo 5.1.

Ambos, temperamento y carácter son factores determinantes en la personalidad, pero los dos se pueden modificar. Si no estamos consciente de nuestro temperamento y carácter, éstos pudieran estar dirigiendo nuestras vidas, cuando en realidad debería ser todo lo contrario: que nosotros tengamos conciencia de ellos y los dirijamos de manera tal que nos permita una mejor vida.

## La Autoestima

La autoestima es la valoración que hacemos de nosotros mismos. Si nos consideramos valiosos nuestra autoestima es positiva, pero si por el contrario, nos sentimos de poco valor, nuestra autoestima es negativa. Una persona con una autoestima positiva se siente bien consigo misma, por lo que tiene una buena capacidad para enfrentar retos y establecer relaciones satisfactorias y saludables con los demás. También es capaz de quererse y aceptarse tal y como es, y estará siempre dispuesta a perseverar para superar retos a lo largo de la vida.

La autoestima es de gran importancia para las personas, ya que lo que ellas logren en la vida dependerá de su propia valoración. Una autoestima positiva facilita una mejor percepción de la realidad, lo que ayudaría a elevar nuestra calidad de vida, al manejar mejor la incertidumbre, superar los procesos de cambio, asumir riesgos, enfrentar los fracasos y frustraciones como oportunidades para aprender a crecer, y aprender de sus propios errores. Las personas con autoestima positiva son eficientes, seguros de sí mismo, capaces de enfrentar cualquier situación, en fin, son personas dignas de éxito. Entre las características de una persona con una adecuada autoestima se incluyen: apreciarse y valorarse a sí misma, no considerarse mejor ni peor de lo que realmente se es, tener auto control, tener auto confianza, expresar sus sentimientos y pensamientos de forma libre y adecuada.

Las personas que tienen una autoestima negativa, por lo general no cuentan con la energía necesaria para enfrentarse a la vida, les afecta mucho la soledad, no toleran cuando algo no les sale como esperaban, son indecisas e inseguras, temerosas de nuevas situaciones y siempre necesitan tener el consentimiento de alguien para tomar decisiones. Entre otros aspectos de las personas con autoestima negativa tenemos que ellas no reconocen sus propias capacidades y habilidades que las hagan dignas de ser queridas por ellas mismas y por los demás. Por lo general, tienen una actitud de autocrítica, son perfeccionistas, derrotistas, poco sociables, y hasta agresivas. Tratan siempre de llamar la atención, pues sienten una gran necesidad de sentirse queridas y valoradas. Sienten un gran temor de hacer el ridículo, de equivocarse, o de fracasar. No les gusta plantear sus ideas claramente por miedo al rechazo.

La autoestima se empieza a formar durante la niñez como resultado de las experiencias y mensajes que dentro de nuestro entorno familiar y el de la escuela nos hicieron sentir valiosos e importantes. Sin embargo, la autoestima continúa su formación a lo largo de la vida, lo que nos permite ya como adultos hacer los cambios para mejorarla en caso de ser necesario.

La autoestima se va formando y desarrollando progresivamente en la medida en que la persona se relaciona con el ambiente. A medida que la persona vaya teniendo más conocimiento sobre sí misma, se va valorando mejor. Y a medida que más se acerca a la persona que quiere ser, mayor será su autoestima total. Se cree que el punto óptimo de la autoestima es cuando lo que la persona es, converge con lo que ella quiere ser.

Para ir fomentando el concepto de la autoestima positiva, durante la niñez es muy importante que los padres y maestros de los niños les reconozcan y resalten las cualidades positivas, reprenderlos por sus errores adecuadamente con su respectiva explicación sin reprocharles, ni mucho menos avergonzarlos delante de los demás. También deben ayudarlos a desarrollar sus habilidades y que expresen lo que piensen, sienten o creen, dentro de un marco de respeto mutuo.

Para mejorar la autoestima debemos pensar más positivamente, de acuerdo con lo discutido en el punto 5 de la sección sobre el manejo de las preocupaciones del subcapítulo 1.4. También debemos tratar de erradicar esas creencias negativas que limitan nuestras capacidades. Ver el subcapítulo 4.3 sobre "Las Creencias y Los Valores". También es importante tener un entorno de gente con autoestima positiva, especialmente alguien a quien se admire y se respete mucho. Un entorno donde se oiga a la gente hablar bien de sí misma y en donde haya oportunidades para obtener éxitos.

Mejorar la autoestima ayudará a lograr el agrado, la satisfacción, y el amor por uno mismo. Toda esa experiencia extraordinaria repercutirá en más y mejor autoestima. En la medida en que creamos en nosotros mismos, pondremos más energía positiva y perseverancia ante los retos y desafíos del mundo en que vivimos. Lo que normalmente nos ha de llevar a tener éxito, reforzando así nuestra autoestima y energía para seguir adelante.

## Una Buena Personalidad

Aparte de un buen temperamento y carácter, así como una autoestima positiva, la personalidad requiere de otros detalles para convertirse en una buena personalidad. Una persona con buena personalidad de entrada debe ser atractiva, agradable e interesante, lo cual se convierte en la llave que le abrirá la puerta hacia el éxito. Lo demás que suceda después de la entrada dependerá de cómo la persona pueda interactuar con los demás, lo cual constituye otro aspecto importante de una buena personalidad: el manejo de las relaciones interpersonales. Las personas agradables tienen la capacidad de establecer relaciones interpersonales amistosas. Son altruistas, consideradas, confiadas, solidarias y de gran sensibilidad hacia los demás. Las personas atractivas, agradables e interesantes se convierten en alguien con quien los demás quieren estar y compartir.

Podemos mejorar nuestra personalidad tanto como queramos, ya que hoy día nos hemos dado cuenta de que tenemos influencia y control sobre los rasgos y características de la personalidad que queremos desarrollar o perfeccionar. Por supuesto, lo más fácil de hacer es mejorar nuestra apariencia física para ser más atractivo. Un buen cuerpo es vital, seguido de una vestimenta apropiada a la ocasión. Si la persona no es muy bonita, pues con más razón tiene que desarrollar una buena personalidad, lo suficientemente agradable para compensar.

Para ser más agradable debemos ser amables y respetuosos con la gente. Oír con atención lo que nos dicen, mirarlos a los ojos y hacer que se sientan importantes. Es muy agradable tener a alguien que nos escuche con atención y que nos haga sentir como si fuéramos la persona más importante en el mundo. Para ser más interesante debemos hablar de temas que sean importantes no solo para nosotros sino para las otras personas también. Para ello, necesitamos leer más y ampliar nuestros conocimientos. Mientras más instruidos seamos, más interesantes seremos para los demás.

Al conocer nuevas personas, tendremos la oportunidad de compartir lo que sabemos e intercambiar nuestros puntos de vista con ellos. En una conversación, siempre tratemos de dar nuestra opinión cuando corresponda, la cual daremos con mucha naturalidad. Resulta no muy interesante hablar con alguien que no tiene opinión sobre nada o que esté tratando de ser alguien que no es realmente. Recuerde que cada uno de nosotros debe ser único. Si se es tímido se debe tratar de hablar de lo que más se sabe para entrar en confianza con sí mismo.

Conocer a nuevas personas amplía nuestros horizontes al enterarnos de otras formas de ver el mundo, diferentes culturas y de otras alternativas de hacer las cosas. Claro está que a lo largo de nuestras vidas vamos conociendo mucha gente, pero siempre vamos a preferir estar y compartir con aquellas personas con quienes tengamos más cosas en común.

Otro aspecto importantísimo de nuestra personalidad es nuestra forma de pensar. Si pensamos en positivo nos llaman personas positivas, de lo contrario se les llaman personas negativas. Nadie quiere estar cerca de ellas, pues las personas negativas se quejan todo el tiempo y por lo general, no tienen nada bueno que decir. De hecho, la mayoría de la gente evita las personas negativas. Por el contrario, las personas deben ser positivas y que irradien con su energía al lugar a donde lleguen y a las otras personas con las que compartan.

Una buena personalidad también se verá realzada por los valores del ser humano. Estos incluyen la honestidad, el respeto y la responsabilidad, como veremos más adelante con sus detalles en la sección de "Los Valores" del subcapítulo 4.3 Las personas honestas, respetuosas y responsables son muy apegadas a la verdad, al orden y la justicia. Además, tienen un alto sentido del deber con autocontrol y autodisciplina, son organizadas, planificadoras, competentes, persistentes, confiables, puntuales y buscan el éxito. Estas personas siempre han logrado tener una excelente personalidad y siempre han sido muy exitosas en cada aspecto de sus vidas. A todo proyecto que emprenden de seguro le imprimen el sello del éxito.

Además, la gente con buena personalidad debe ser de mente abierta, emocionalmente estable, extrovertida y con buen humor. Es muy importante ser una persona de *mente abierta*, ya que ella pudiera estar dispuesta a cambiar su punto de vista de ser necesario cuando se le presenta nuevos hechos y pruebas. Mientras que la persona con mente cerrada trata de resistirse a cualquier cambio. Las personas de mente abierta, por lo general llevan una vida feliz. Su imaginación le despierta la curiosidad por nuevas ideas, dentro de la legalidad y las sanas costumbres, claro está. En cambio, las personas de mente cerrada tienden a ser muy convencionales y siempre apegadas a las mismas cosas viejas.

Las personas *emocionalmente estables* son calmadas, seguras y satisfechas. La estabilidad emocional dota a las personas de resistencia a la ansiedad, a la depresión y a la irritabilidad. Las personas emocionalmente inestables, por el contrario, son ansiosas, inseguras, con mucha preocupación y se caracterizan por ser neuróticas y de tener una percepción sesgada hacia las situaciones negativas. Las personas *extrovertidas* se caracterizan por ser sociables, amables y tienen la tendencia de experimentar emociones positivas tales como la alegría y la satisfacción. Son asertivas y conversadoras. Lo opuesto, las personas introvertidas se caracterizan por ser reservadas y les gusta más lo conocido y lo habitual. También prefieren estar solos antes que en situaciones sociales muy animadas.

También es muy importante en la buena personalidad tener un buen sentido del humor como veremos más adelante en la parte sobre este tema de la sección sobre la actitud correcta de este mismo capítulo. A todos nos gusta estar entre gente de buen humor, pues todo el mundo disfruta de la compañía de alguien que le haga reír.

# 4.3 Las Creencias y Los Valores

Las creencias son de gran importancia en nuestra vida porque de ellas dependerá la percepción que tengamos de nosotros mismos y del mundo que nos rodea. De hecho, la realidad de cada persona va a depender de sus creencias. Dependiendo de nuestra forma de pensar, las creencias pueden ser racionales, si estas están sustentadas en evidencias, o irracionales si no tienen sustentación. Las primeras nos pueden ayudar en la supervivencia, mientras que las segundas, solo impondrían limitaciones a nuestra capacidad de hacer y lograr cosas.

Las creencias llegan a moldear las vidas de las personas hasta convertirlas en personas de mente abierta o de mente cerrada. Las personas de mente abierta pueden aceptar nuevas ideas, mientras que las personas de mente cerrada se aferran a sus creencias como la única realidad. Otro gran impacto en la vida de una persona es la creencia que ésta tenga sobre su destino. Algunas personas creen que su destino ya ha sido escrito, mientras que otras entienden que el destino se lo forjan ellas mismas mediante su forma de pensar.

Los prejuicios también se pueden desprender de las creencias negativas con un impacto perjudicial en las personas. Además de sus creencias, el otro aspecto de gran importancia en la vida de la persona son sus valores. Entre los más influyentes tenemos: la honestidad, el respeto y la responsabilidad. Las personas con estos valores tienen más posibilidades de lograr un mejor desempeño en la vida.

## Las Creencias

Las creencias son firmes sentimientos de certeza que tenemos sobre algo o alguien. Estas afirmaciones mentales son consideradas verdaderas por la persona, aunque no tengan ninguna base lógica. Las creencias se forman a partir de ideas que confirmamos a través de lo que percibimos con nuestros sentidos, en especial de lo que oímos decir de las personas importantes para nosotros; de lo que vivimos; de lo que creemos como bueno o malo, útil o inútil.

Cuando una creencia se instala en nosotros de forma sólida, nos aferramos a ella como nuestra gran y única verdad, sin ningún cuestionamiento. Esta es la razón por la que generalmente somos tan reacios a modificar alguna de nuestras creencias. El grado de convicción de las creencias depende del poder de sugestión de dónde proviene la idea. Mientras más poder de sugestión tenga la información o quien la emita, mayor será la influencia que ejerzan las creencias sobre nuestra conducta, lo cual se produce generalmente de forma inconsciente

Las creencias pueden ser racionales o irracionales, dependiendo de nuestra forma de pensar. Si pensamos de forma lógica, las creencias reflejarán con mayor objetividad la realidad, incluso pueden sustentarse en evidencias científicas. Las creencias racionales pueden ser realistas y nos pueden ayudar a la supervivencia. Por esa razón algunas veces se refieren como positivas. Además, este tipo de creencias mejoran la autoestima. Si por el contrario pensamos de forma irracional, las creencias también lo serán, pues estarían basadas en la interpretación de las circunstancias.

Como todas las cosas, las creencias pueden ser positivas o negativas. Las creencias racionales son positivas, ya que nos sirven como recurso para lograr algo, mientras que las creencias irracionales son negativas, pues solo impondrían limitaciones a la capacidad de logro de la persona. Buenas o malas, las creencias son de gran importancia en nuestra vida porque ellas afectan la percepción que tengamos de nosotros mismos, de los demás y del mundo que nos rodea. De hecho, la realidad de cada persona va a depender de sus creencias y no de la realidad en sí. Basándose en esa realidad personal la gente vive su vida y sus logros van a depender de la realidad de cada persona.

Las creencias positivas nos ayudan a arraigar la confianza en nosotros mismos y en nuestra capacidad de lograr cosas, permitiéndonos afrontar con éxito cualquier situación en la vida. Mientras que las creencias negativas hacen todo lo contrario y lo que es peor aún, nos pueden hacer perder cualquier oportunidad importante que se nos presente en la vida para lograr nuestras metas, así como también pueden crearnos muchas barreras en desarrollar nuevas habilidades. Solo porque esas habilidades puedan ir en contra de las creencias negativas. Lo ideal sería que las creencias nos ayuden a hacernos la vida más fácil y no limitar nuestra capacidad de aceptar otras ideas que nos ayuden a mejorar nuestras vidas.

Para lograr un mejor control sobre nuestras vidas, debemos conocer nuestras creencias, determinar cuáles nos ayudan y cuales nos limitan, y hacer los cambios necesarios para modificar o remover aquellas creencias problemáticas. Si piensas que eres un inútil, jamás servirás para algo. Si una persona cree que la vida es dura, nunca tendrá una vida fácil. Una persona que crea que el dinero no es bueno, jamas lo podrá tener. Ahora, no es mucho lo que se puede lograr en la vida sin dinero. Una persona que crea que para tener dinero hay que trabajar mucho, pues siempre vivirá como obrero. Si piensa que las personas de sexo opuesto son malas, pues jamás tendrás pareja.

La gente va llevando su vida de acuerdo a sus creencias, por eso siempre pone en práctica lo que cree. Las creencias llegan a moldear las vidas de las personas hasta convertirlas en personas de mente abierta o de mente cerrada. Aspecto éste, extremadamente importante cuando las personas tratan de lograr lo que quieren en la vida.

## Personas de Mente Abierta o Cerrada

Las personas que pueden aceptar nuevas ideas son referidas como personas de mente abierta, mientras que aquellas que se aferran a sus creencias como la única realidad y no aceptan nada más, son personas de mente cerrada. Las personas deben entender que sus creencias son algo muy personal y que por lo tanto no son universales para que pretendan que el resto del mundo las tenga que aceptar. Este ha sido el gran error de la gente de mente cerrada por mucho tiempo, en especial aquellas que por ser tan cerradas llegan a desarrollar un fanatismo frenético sobre alguna doctrina o dogma.

Algunas personas de mentes cerradas pueden convertirse en un enorme problema social, cuando empiezan a culpar a la sociedad de todas sus calamidades. En este sentido, llegan al extremo de pensar que es la sociedad la que les niega el lugar que ellos deberían estar ocupando en la sociedad y terminan siendo unos desadaptados sociales con todas las implicaciones que eso acarrea.

Algunos de ellos llegan a creer en Dios, pero al ver irracionalmente que Dios no les envía hamburguesas del cielo, entonces se les acaba lo poco de fe que podían tener y empiezan a crear una especie de cultura mesiánica, cosa que aprovechan muchos políticos para ofrecerles las hamburguesas desde el palacio de gobierno si votan por ellos. Pero tampoco los políticos después de convertirse en gobernantes les cumplen las promesas para apaciguar su hambre y así entonces la frustración se hace más profunda. Y estas personas ya sin fe y sin esperanza, se pueden convertir en antisociales y enrumbarse a buscar alivio de su situación en las drogas.

A medida que estas personas continúen creyendo en que alguien más, no ellas, es responsable por su destino, su creencia se vuelve más rígida y esas personas se vuelven más cerradas hasta llegar a alcanzar un nivel alto de dogmatismo. Las personas dogmáticas tienen un punto de vista negativo de la sociedad y perciben el mundo como algo malo que hay que cambiar. En este empeño desarrollan un fanatismo agresivo en favor de liderazgos autoritarios, aferrándose fuertemente a sus doctrinas. Estas personas ven a las otras que no coincidan con ellos como sus enemigos a los cuales hay que exterminar de alguna manera. Vemos como a una persona con mente cerrada le costará mucho alcanzar algo de felicidad y peor aún si cree que su destino ya está escrito.

# El Destino: ¿Está Escrito?

Otro gran impacto en la vida de una persona es la creencia que ésta tenga sobre su destino, el cual se refiere a la serie de acontecimientos que ocurren durante su vida. Algunas personas creen que lo que se llama destino ya ha sido escrito, Es importante entender que estos eventos no ocurren por que ya estaban pre-escritos, sino que obedecen a nuestra forma de pensar. Si siempre estamos pensando en algo bueno, pues un acontecimiento bueno se nos cruzará en el camino. Somos físicamente una colección de átomos, lo que hace que nuestros cuerpos estén ligados al planeta Tierra y al cosmos de dónde venimos. Sin embargo, lo que logremos o no con nuestros cuerpos durante nuestra vida está estrechamente ligado a nuestro pensamiento.

Somos nosotros, la gente, los responsables de nuestro destino y que, con nuestra forma de pensar, inteligencia, y esfuerzo, podemos tener una vida llena de felicidad. El éxito depende de nosotros y si por alguna razón éste no llega, debemos revisar nuestros pensamientos. No hay nadie a quien culpar. Por lo general, las personas que creen que su destino es responsabilidad propia, desarrollan fe en sí mismo y esperanza, lo cual le ayuda a auto motivarse.

Si crees que tu destino está escrito, pues no sigas leyendo este libro, pues nada de lo que aquí está escrito para ayudarte te servirá. La gente con esa creencia en que su destino ya está escrito, pues no hace nada para ayudarse y vive su vida como venga. Y si algo sale mal, pues culparán a alguien más de su desdicha. Las personas que tienden a pensar que sus problemas no se deben a su propia forma de ser sino a factores externos, como su suerte, la sociedad o Dios, pueden tender a fabricar aún más creencias que terminan sumergiéndolos en la desesperanza. Algunos de estas personas llegan a decir que nacieron con mala suerte, o a culpar a la sociedad y hasta Dios por sus problemas, desarrollando así una serie de prejuicios.

## Los Prejuicios

El otro aspecto que se puede desprender de las creencias negativas son los prejuicios, aunque estos también se pueden formar antes y servir de estímulo a las creencias negativas. Como quiera que sea el caso, los prejuicios tienen gran impacto en las personas. Aun cuando éstos se hayan formado en la infancia, las convicciones que se utilizan para justificarlos surgen después en la vida adulta. Los prejuicios pueden resultar difíciles de erradicar por completo, dependiendo de qué tan abierta sea la mente de la persona.

Prejuicio significa juzgar a alguien anticipadamente o formarse un juicio u opinión negativa sobre una persona sin conocerla o sin la exanimación de los hechos. La mayoría de las personas tienen prejuicios y en algún momento han sido víctimas de prejuicio también. Por lo general, los prejuicios se forman sobre algunas características de un individuo o de un grupo, como su raza, cultura, estatus socioeconómico, religión, etc. El prejuicio con frecuencia conlleva a discriminación.

Para reducir la formación de los prejuicios y sus consecuencias, debemos tratar de conocer las personas con quien nos relacionamos. En este sentido es recomendable tratar las personas con amabilidad, respeto y armonía, aun cuando estas personas sean diferentes a nosotros en cuanto a la cultura, religión, raza, etc.

## Los Valores

Entre los factores que influyen enormemente en el desarrollo de una buena actitud ante la vida, tenemos los valores que desarrolle la persona tales como: honestidad, respeto y responsabilidad. Las personas honestas, respetuosas y responsables tienen una autoestima positiva, lo que incrementa sus posibilidades de lograr un mejor desempeño ante la vida.

Estos valores se desarrollan en las personas a lo largo de sus vidas y tienden a elevar su personalidad. La honestidad como el respeto y la responsabilidad son valores fundamentales para hacer posibles las relaciones de convivencia y comunicación eficaz entre las personas. Estos tres valores fundamentales son indispensables para el surgimiento de la confianza.

La *honestidad* es uno de los valores más importantes en la formación de la personalidad y la actitud ante la vida, pues ella constituye la base de las relaciones personales. Es el valor que nos lleva a ser consistentes en lo que decimos, pensamos y hacemos, no solamente en el comportamiento con los demás, sino también con nosotros mismos. La honestidad es el valor supremo de una persona, pues este valor por sí solo hace brillar a los otros valores no importa que tan opacos sean. Lo opuesto, la deshonestidad, empañaría cualquier otro valor no importa que tan brillante sea. La honestidad nos conduce a hablar de una manera clara y sincera con los que nos rodean y de esta forma nos alejamos de la mentira. Ser honesto, por sí solo, representa una garantía de felicidad. De hecho, honestidad puede ser vista no solamente como el valor supremo de una persona, sino como una forma de vivir. Tal parece que el valor de la honestidad todo el mundo lo entiende, sin embargo, solo unos muy pocos lo practican. Por eso ni te preocupes en preguntarle a alguien si es honesto, pues 97% de la gente te dirá que sí. En cambio, si los observas veras que solo 3% de ellos lo son. Una persona es honesta cuando ha experimentado con certeza de que cuando ha podido no serlo, lo ha sido.

El *respeto*, es el otro gran valor que le permite a las personas reconocer, aceptar, apreciar y valorar las cualidades y derechos de los demás. El respeto permite que la gente pueda vivir en cierta armonía, en una sana convivencia en base a normas, derechos y obligaciones. Respeto quiere decir hacer a los demás lo que quieres que te hagan. Normalmente, el respeto se acoge siempre a la verdad, no tolera la mentira ni el engaño. El respeto es la esencia de cualquier relación interpersonal, ya sea de amistad, conyugal, de trabajo o de negocio. Este valor de las personas exige un trato amable y cortés, además propicia la seguridad y la cordialidad; permite la aceptación de las limitaciones y el reconocimiento de las virtudes de los demás. También evita las ofensas y las ironías, y que la violencia se convierta en el medio para imponer criterios. Todos sentimos que tenemos el derecho a ser respetados por los demás, así como de actuar y de expresarnos libremente. Esto exige de nosotros el deber de respetar igualmente a todas las personas.

En cuanto a la *responsabilidad*, este valor está enraizado en la conciencia de la persona, que le permite reflexionar, administrar, orientar y valorar las consecuencias de sus actos, siempre bajo la perspectiva de la moral. Una persona responsable cumple con sus obligaciones de la forma debida y hace las cosas como deben ser. La responsabilidad guarda relación con el asumir las consecuencias de todos aquellos actos que realizamos en forma consciente y libre. Se trata de uno de los valores humanos muy importantes, ya que permite mantener la vida de la sociedad en orden. Las personas responsables siempre toman en cuenta la intención de lo que están haciendo y no cuestionan ni se limitan hacer lo básico, sino lo mejor en cumplimiento de sus objetivos. Por otra parte, las personas que carecen de responsabilidad siempre buscan algunas excusas para justificar lo que no hicieron, además de no mostrar un serio compromiso ante determinados asuntos.

# 4.4 Un Buen Amigo

Para desarrollar una buena actitud ante la vida, debemos ser amigo de la gente. Un buen amigo es alguien que nos da de beber cuando tenemos sed, o que nos da de comer cuando tenemos hambre, o que nos da una mano cuando estemos caídos. Es alguien quien trata de ayudarnos a convertir nuestras debilidades en fortalezas. El que aprende a ser buen amigo será bueno en todas las cosas que emprenda. Un buen amigo, puede mantener buenas relaciones con los demás, lo cual es muy positivo para crecer y desarrollarse como persona. Los amigos son libres de manifestar alguna queja por algo que le disgusta del otro y hasta criticar la causa de la queja. Si la crítica se hace con buena intención, entonces la crítica puede ser positiva. Pero si por el contrario se hace para herir al otro, la crítica seria negativa.

Un buen amigo, mediante el arte de percibir el mundo, entiende que no todas las personas perciben el mundo de igual manera, por lo que él sabe cómo lo ve él y como lo ven los demás para poder entenderlos mejor. Así tendrá un mejor entendimiento del mundo que le rodea y desarrollar una actitud que le permita trabajar con la gente, por la gente y a través de la gente. Otro aspecto importante de un buen amigo es su capacidad de perdón. Perdonar es sacarse del alma cualquier sentimiento de rencor o de amargura que una ofensa pudiese haber creado. La incapacidad de perdonar puede generar mucha infelicidad. Y es eso precisamente lo que un buen amigo hace al practicar el arte del perdón.

## ¿Qué Es un Buen Amigo?

El ser humano es social por naturaleza, crece y se desarrolla relacionándose con otras personas, por eso es que normalmente nos gusta tener amigos y compartir con ellos. Tal como lo hacían nuestros antepasados, desde aquella época cuando teníamos que separarnos de nuestros amigos y familia para buscar que comer, lo cual nos podía llevar varios largos días. ¡Ah! Pero al regresar con alimentos sentíamos una doble satisfacción: la de sentirnos nuevamente juntos a ellos y la de poder compartir nuestro afecto, así como los alimentos que habíamos conseguido. Con el paso del tiempo hemos desarrollado vínculos cada vez más estrechos entre amigos y hemos convertido nuestras relaciones con ellos en algo más fuerte.

La amistad es una relación de afecto recíproco entre dos personas y uno de los vínculos interpersonales más comunes en los seres humanos a lo largo de sus vidas. La amistad se basa en la confianza, el respeto, la cooperación y el amor. Este tipo de relación es un intercambio de sentimientos con la otra persona, con la que se comparte confidencias, experiencias, emociones, sufrimientos, alegrías, éxitos, fracasos y a quien uno se entrega y se da desinteresadamente sin esperar nada a cambio. La amistad verdadera es sincera y es leal.

Es muy importante hacer amigos y tener buenas amistades para lograr desarrollar la actitud correcta ante la vida y así podamos obtener lo que tanto queremos de ella: nuestra felicidad. Una persona con dificultades para relacionarse con los demás, ya sea por excesiva timidez, baja autoestima o por algún complejo de inferioridad, o porque sencillamente no tenga la capacidad de socializar, le será muy difícil lograr algo con o a través de la gente. Incluso una persona que no tenga consideración con los demás y que tienda a humillar y ridiculizar constantemente a las otras personas, difícilmente podrá ser un buen amigo.

Una de las actitudes que más profundo impacto tiene en nuestras vidas es la de ser un buen amigo, ya que no solamente se puede adentrar a los corazones de las personas y permanecer allí por mucho tiempo, sino porque también hace posible conquistar muchas cosas en la vida. Es cierto que no hay muchos buenos amigos, así que cuando encuentres uno, consérvalo y no lo dejes ir jamás. Brindar apoyo a los demás cuando estos lo necesitan, nos hace ser personas muy queridas. ¿Y quién no querría a alguien que le dé de beber cuando tiene sed, o que le de comer cuando tenga hambre, o que le dé una mano cuando se esté caído?

Un amigo siempre está al lado de las personas en las diferentes circunstancias de la vida. El que aprende a ser un buen amigo, llega a ser también un buen hijo, buen padre, buen esposo, un buen trabajador, un buen patrón, y un buen ciudadano. Un buen amigo debe tener mucho amor, compresión y compasión por el prójimo para estar siempre dispuesto a ayudarlos. El afecto que un buen amigo siente por otro, es siempre muy puro y desinteresado. Cuando este afecto es recíproco la amistad crece y se vigoriza con el pasar del tiempo. Un buen amigo transmite confianza y origina un sentimiento de gratitud, lo que aumenta la autoestima y fortalece la personalidad.

Para ser un buen amigo necesitamos tener una gran capacidad empática para compenetrarnos más con la otra persona y lograr entender mejor lo que ésta siente. Además, es fundamental tener una buena personalidad y una buena comunicación con los demás para escucharlos y llegar a entenderlos, respetar sus opiniones y pensamientos aun cuando sean contrarios a los nuestros, y nunca exaltarse cuando le contradicen. También es esencial reconocer méritos y talentos en otras personas.

Un buen amigo nunca ataca a las personas por sus debilidades. Todo lo contrario, cuando ve las debilidades de los demás, las trata de convertir en fortalezas. Esto es básicamente la diferencia entre un amigo y un enemigo. El amigo siempre se entristece por la desdicha de los demás, pero se alegra por su contento. Un buen amigo siempre está con las personas en los momentos más difíciles.

## Las Relaciones con los Demás

Un buen amigo, puede mantener buenas relaciones con los demás y tener verdaderos amigos, lo cual es muy positivo para crecer y desarrollarnos como personas. Un buen manejo de nuestras relaciones interpersonales tiene enormes beneficios: aumenta nuestra habilidad para analizar y comprender las relaciones, nos hace más considerados con los demás, nos ayuda a desarrollar una mejor comunicación, y aumenta la posibilidad de resolver los problemas en las relaciones.

Lo más importante en todas las relaciones con los demás es saber cómo manejarlas cuando se presentan las dificultades. Cualquier disgusto, si no se atiende a tiempo y de manera adecuada pudiera poner la relación en riesgo hasta llegar a la ruptura. Llegar a este punto, pudiera considerarse una consecuencia del mal manejo de las emociones. Si no se controlan, estas se desbordan reduciendo la capacidad de la persona de pensar claramente, lo que pudiera inducirla a decir o hacer cosas que acelerarían la ruptura de la relación.

Por supuesto, en una relación de amistad los amigos deciden terminar con la relación por la razón que sea y cuando quieran, y simplemente se acaba todo. Sin embargo, terminar una relación marital puede ser algo mucho más complejo. Una vez un amigo me habló para decirme que quería verme porque se quería divorciar. Me dijo que ya estaba cansado de su pareja, que vivían ofendiéndose uno al otro en constante discusiones, las cuales a veces eran tan acaloradas que terminaban en peleas.

Para que una relación funcione es necesario no concentrarse en discusiones repetitivas, si no en aprender más a manejar y controlar las emociones. El solo hecho de escucharse uno al otro, puede hacer más probable que se disipen sus desacuerdos muy efectivamente. Otra buena estrategia a la hora de una discusión acalorada es serenarse para que la capacidad de escuchar, pensar y hablar recobre su claridad.

El punto es que, por petición de este amigo, me fui a su casa para conocer su esposa y me quedé tres días con ellos para ver como era su relación. Este amigo es de temperamento algo colérico y sus emociones se desbordan con facilidad, de manera que el asalto emocional no tardaba mucho en aparecer. Ella también tiene un temperamento similar, pero no tanto como él. Los dos ya tenían casi 50 años de edad y habían estado casados por más de 20 años y tenían dos hijos: una hembra y un varón.

Después de escucharlos y observarles le recomendé a mi amigo que no se divorciara. A lo que me dijo: parece que no me entiendes. De verdad si le entendía y le dije que yo como su buen amigo le estaba diciendo lo que yo consideraba bueno para él y no simplemente lo que él quería oír. Le pregunté: ¿Qué vas hacer si se divorcias? y me dijo que se casaría de nuevo. Con lo que le conocía, era suficiente para predecir que le costaría mucho conseguir otra esposa, debido a su personalidad, su baja capacidad de hacer amigos, su edad y sus escasos atractivos físicos.

Le dije que en esta vida había tiempo para todo incluso para casarse y divorciarse, pero que, para él, ese tiempo ya había pasado. Si se divorciaban lo más probable era que terminaran solos, una vida que les sería difícil de llevar. Sin embargo, en caso de lograr conseguir a alguien, no había mucha garantía de que eso funcionara debido a su temperamento. Ahora, esa incertidumbre desaparecería si se quedaba con su esposa, pues ella por lo menos aun lo seguía tolerando. Además, estaban esos dos hijos con ciertos problemas emocionales, producto quizás de la situación de sus padres. Mantenerse unidos podría ayudar a los chicos.

Al final de mi segundo día con ellos, mi amigo se me acerca y me dice que había estado pensando en todo lo que le había dicho, pero siente que ella ya no está muy interesada en él, pues ella no le buscaba. Y por qué te habría de buscar, le pregunté. Ella quizás esté pensando lo mismo que tú. Lo cierto es que, al despedirme de mis amigos, él abrazó a su esposa y al parecer se fueron a su habitación. Después de algún tiempo, los volví a ver en la celebración de su aniversario de bodas número 27.

El respeto y el amor son considerados la clave del éxito en cualquier relación del tipo que sea. Sin embargo, cuando las relaciones empiezan a tener problemas, es también muy importante que aun cuando una persona no sea un buen amigo, por la razón que sea, ésta tenga siempre uno a su lado para que le ayude en sus momentos difíciles. Un buen amigo siempre puede ver las cosas desde otra perspectiva. Otro aspecto muy importante en mantener una buena relación, y que un buen amigo puede manejar bien, es la crítica hacia las otras personas.

## La Crítica Justa

En una relación interpersonal saludable, los amigos son libres de manifestar alguna queja por algo que le disgusta del otro y hasta criticar la causa de la queja. Si la crítica se hace con la intención de mejorar aquello que se critica, entonces la crítica puede ser positiva. Pero si por el contrario se hace para herir o enojar al otro, la crítica sería negativa. Solo las críticas positivas, al igual que el amor, construyen. Mientras que las negativas destruyen al igual que el odio.

Ahora cuando se critica con mucha frecuencia, hasta llegar a la discusión acalorada, la crítica se torna áspera como un ataque personal al otro y toma una forma destructiva. Esto puede ser una señal de que la relación se está deteriorando. Una crítica puede ser positiva o negativa, dependiendo de la intención con lo que se haga, las palabras y la manera de decirlas, y más importante todavía como sea interpretada por la persona que la recibe.

La crítica negativa hace que la persona que la recibe se sienta avergonzada, reprochada y disgustada. Todo esto, lejos de mejorar algo, lo que hace es empeorar las cosas. Sobre todo, cuando la crítica está cargada de desprecio, lo cual suele expresarse no solo en las palabras, sino también en un tono de voz de rabia. Su forma más evidente, es la burla, el insulto o el reproche. Pero igualmente dañino es el lenguaje corporal que expresa desprecio, sobre todo la sonrisa burlona. Un buen amigo es siempre muy cuidadoso en manejar la crítica.

Para evitar malentendidos y no hacer de una crítica un problema, esta debe hacerse sobre algo muy específico, presentar el problema y su posible solución en frente a la persona criticada, pero nunca por detrás de ella. Una crítica positiva o constructiva puede ser una poderosa herramienta, en el sentido que nos puede ayudar a hacer los ajustes que una relación necesita para su mejor funcionamiento.

También es importante que la crítica se haga a tiempo, de manera de corregir el problema y no esperar que las cosas se salgan de control o que la persona no pueda contener su rabia y empiecen a expresar la crítica de la peor manera, con un tono amargo, lleno de sarcasmo y recordando una lista de quejas que se habían callado antes.

## El Arte de Percibir el Mundo

Un buen amigo comprende que no todos percibimos el mundo de igual manera, por lo que debe entender cómo lo ve él y como lo hacen los demás para poder entenderlos mejor. Así tendremos un mejor entendimiento de la gente y del mundo que nos rodea, a fin de desarrollar una actitud que nos permita trabajar con la gente, por la gente y a través de la gente.

Por ejemplo, la razón por la que la mayoría de la gente deja su trabajo, es por problemas de entendimiento con su jefe. Pues, al creer que su forma de percibir el mundo no es compatible con la del jefe, se va del trabajo y ¡listo! Pero ¿qué pasaría si la persona a quien no pueda entender sea su esposa? ¿La dejaría y listo? Es aquí donde vemos muy bien la importancia de comprender la percepción que tengan las demás personas, para poder entenderles y convivir con ellos.

Todas las personas piensan diferente y cada una de ella mira el mundo bajo su propia perspectiva o su forma única de percibirlo. La mayoría de las personas, casi siempre perciben al mundo de una sola manera, pero lo peor es que llegan a creer que esa es la única forma correcta de hacerlo. Este precisamente, ha sido el problema del entendimiento entre la gente, debido a que realmente existen muchas otras formas de percibir el mundo y que son diferentes y hasta opuestas a la nuestra.

Nuestra forma de percibir el mundo es importante porque dicta nuestro enfoque hacia las demás personas, los problemas y en gran medida nuestro comportamiento en general. Pero, también es importante entender como es percibido el mundo por las otras personas. De este entendimiento va a depender el éxito de las personas en su relación con los demás, ya que, mediante esa comprensión, las personas pueden darle la orientación apropiada para encontrar una solución a cualquier situación de dificultad con las otras personas.

Muy pocas personas perciben el mundo, o enfocan una situación en más de dos maneras. La mitad de la gente tiende a percibir el mundo de una sola forma, mientras que otro 35% lo hacen en una combinación de más de dos formas. Pero en realidad, y según los expertos, existen 5 formas diferentes de percibir el mundo, las cuales las personas aprenden a medida que crecen. Cada una de estas formas de percepción tiene sus puntos fuertes y débiles. Debemos entender y respetar como perciben el mundo las otras personas para hacer posible la convivencia. Estas formas diferentes de percibir el mundo son: sintesista, idealista, realista, pragmatista y analista.

## El Sintesista

Las personas sintesistas son muy especulativas y siempre están preguntándose: ¿Qué pasaría si...? Estas personas nunca se ponen de acuerdo en nada y son muy contradictorias y conflictivas. **Si es que alguna vez llegan a algún acuerdo, esto no durará más de 7 minutos antes que cambien de parecer.** A los sintesistas les fascina cuando oyen de los políticos la palabra: cambio. Siempre votan a favor de ellos.

## El Idealista

Las personas idealistas son del tipo de gente que les gusta tener una visión amplia de las cosas. Su pregunta constante es: ¿A dónde vamos y por qué? Por eso, se interesan por las necesidades de las personas y los valores sociales. A los idealistas les gusta ser vistos por otras personas como gente confiable y útil, que ayuda y apoya. Ellos tienden a tener un fuerte sentido ético. Su lema en la vida consiste en que ellos son buenas personas, hacen lo correcto, y que tendrán una justa recompensa.

Los idealistas también suelen estar particularmente interesados en la calidad de vida y lo que es bueno para la gente y para la sociedad en conjunto. Cuando se trata de la resolución de problemas, la mejor situación para los idealistas sería en las cosas importantes, como son los valores, juicios, sentimientos y las emociones.

## El Pragmatista

Para el pragmatista cualquier cosa que funcione está bien para él, aunque siempre anda buscando nuevas formas de hacer las cosas con los recursos que tenga disponibles. Los hechos y los valores tienen el mismo peso para ellos y las emociones y los sentimientos se convierten en hechos solo si son relevantes a la situación. Las personas que perciben el mundo de esta forma tienden a enfocar los problemas de una manera gradual, es decir, una cosa a la vez. Quizás por esto, a otras personas les puede parecer que su enfoque es algo superficial.

Los pragmatistas tienden a ser menos predecible que las personas con otras formas de percibir el mundo. Siempre procuran caer bien, les gusta socializar y ser joviales. Les encanta hacer operaciones de compra y venta, el regateo o pedir rebaja y tener ganancias rápidas. Son flexibles y adaptables. Los pragmatistas no tienen mucho interés en una visión global de las cosas, como los idealistas, ni en el enfoque lógico y planificado de los analistas.

## El Analista

El analista percibe el mundo como algo lógico, racional, ordenado y predecible. Estas personas tratan los problemas de una manera cuidadosa, lógica, metódica, prestando gran atención a los detalles hasta llegar a resolver el problema. Tratan siempre de comprender todas las facetas de cualquier situación en la que se encuentren. Son grandes planificadores y siempre tienen una teoría acerca de casi todo. Ellos analizan y juzgan las cosas en un marco amplio que ayude a explicar las cosas y llegar a conclusiones.

El enfoque de los analistas es muy diferente al de las otras formas de percibir el mundo. Mientras que el sintesista se aferra a los conflictos, al cambio y la novedad; el analista prefiere la racionalidad, la estabilidad y la previsibilidad. Cuando el idealista se centra en los valores, metas, y el panorama global; el analista prefiere concentrarse en los datos objetivos, procedimientos, y el mejor método. Si el enfoque del pragmatista es fragmentario y experimental, el analista es todo lo contrario: planificado y basado en la búsqueda de la mejor manera.

## El Realista

Los realistas se enfocan en las cosas reales, es decir en lo que pueden percibir por sus sentidos. Siempre se les oye decir que hechos son hechos. El realista es contrario, en este sentido al sintesista, ya que para los sintesistas las deducciones son más importantes que hechos. Mientras que, por el otro lado, el sintesista está firmemente convencido de que el acuerdo y el consenso es poco probable que ocurra entre las personas, el realista definitivamente cree que el acuerdo y el consenso son de la más grande importancia.

Los realistas les gusta arreglar cosas y están orientados hacia el logro de resultados concretos. En este sentido se parecen a los analistas, pues ambos creen en hechos y son orientados hacia lo objetivo y lo concreto. Sin embargo, el realista difiere y se impacienta con los largos procedimientos del analista. El realista es inductivo y práctico, mientras que el analista es deductivo y analítico.

Claro que no hay nadie que perciba el mundo completamente como solo una de estas formas o estilos. Siempre la percepción de las personas es una combinación de estas formas. Pero siempre habrá una tendencia a percibir el mundo de alguna de estas formas. Lo importante es tener este conocimiento y tratar de analizar a las personas con quienes interactuamos para lograr lo mejor de la relación, tratándoles de acuerdo a su percepción del mundo.

Por ejemplo, si queremos tener una buena relación con un sintesista no debemos incluir extensas explicaciones analíticas en nuestra interacción con él, pues no le va a interesar. De hecho, síntesis es lo opuesto al análisis. Tampoco debemos darle un compás de opciones porque lo confundimos, el sintesista responde mejor cuando se le dice en forma directa lo que tiene que hacer. De igual manera si queremos tener una buena relación con un realista, tenemos que ir al grano para que pueda considerar nuestro punto de vista. La mejor forma de tener un buen entendimiento con un pragmatista es usando un buen humor. Mientras que para entendernos muy bien con a un idealista solo tenemos que hablarle con el corazón en la mano.

Es de suma importancia conocer cómo percibe el mundo la gente con las que interactuamos. Con práctica y experiencia podemos ubicar la percepción de la gente después de oírle durante los primeros 7 minutos de la conversación. Una vez que sepamos con quien estamos tratando, conduciremos la conversación de acuerdo a lo que queremos lograr: desde conquistar una chica, hasta vender algo.

## El Arte de Perdonar

Perdonar es una práctica que muchas veces conlleva con ella a un sentimiento de alivio tanto para quien perdona como para el perdonado. Al que perdona le permite sacarse del alma cualquier sentimiento de rencor o de amargura que la ofensa pudiese haber creado. Al perdonado también le hace sentir bien, permitiéndole remover un tanto algún sentimiento de culpa que pudiera haberse originado de la ofensa. Para la relación del ofendido y el ofendedor el perdón pudiera ayudar a reparar la fisura de la relación debido a la ofensa.

Ahora, perdonar no quiere decir que las cosas entre las personas involucradas seguirían el mismo curso que llevaban antes de la ofensa. El perdón sencillamente lo que hace es remover los sentimientos perturbadores que nos pueden causar dolor como resultado de la situación de ofensa. Recuerdo un amigo que tenía una amistad con otro por más de 27 años hasta que un día el amigo le ofendió por una cuestión de política. Esa persona era su gran amigo, casi un hermano, a quien había ayudado mucho desde que le conoció. Después del incidente la fisura de la amistad se hizo tan grande que terminó fracturando la relación.

Estos dos amigos más nunca volvieron a ser los mismos de antes. Unos 7 meses después del incidente, el ofendedor llamó al ofendido y le dijo que pareciera ser que éste no le había perdonado, a lo que el ofendido respondió: si realmente te he perdonado, solo que el perdón no es como la mayoría de la gente lo toma. ¿Cómo es que cualquiera puede ofender a alguien y luego le dice perdón y listo? No, no es así de sencillo. Por eso es que aquí hablamos del arte de perdonar.

Se entiende que errar es de humano y que cualquier persona pudiera hasta sin querer ofender a otra, sobre todo al principio de una relación. Pero en una relación de casi toda una vida una ofensa es casi inaceptable, pues se supone que a lo largo de esa relación las personas han tenido todo el tiempo suficiente para conocerse mejor, a menos que uno de ellos o ambos no hayan sido del todo honesto uno con el otro.

Si no practicamos el perdón, todo el sufrimiento que nos causa el ser ofendido o lastimado por otros, se pudiera convertir en resentimiento, el cual es un sentimiento de hostilidad contra los que nos han ofendido y si no lo sabemos manejar y nos dejamos llevar por ese sentimiento negativo, pudiéramos estar produciéndonos mucho daño, tanto emocional como físicamente. Definitivamente, por las experiencias de cada uno de nosotros, podemos ver que la incapacidad de perdonar genera mucha infelicidad, lo cual es lo que un buen amigo trata de evitar al practicar el arte de perdonar.

Ahora, ¿cómo saber que de verdad hemos perdonado a alguien? Sencillo: si alguien nos contara algo bueno de alguien que nos ofendió y si eso nos causa malestar, entonces esa actitud nuestra significa que las semillas del resentimiento están todavía activas en nuestra mente y que el perdón, si lo hubo, no fue sincero. Si, por el contrario, pudiéramos asumir una actitud serena sin sentir ningún disgusto o molestia por lo bueno que oímos sobre esa persona, entonces podíamos decir que realmente el perdón ha sido sinceramente ejecutado.

## 4.5 La Actitud Correcta

La actitud es la forma aprendida de actuar de una persona frente a la vida. Cuando nuestra forma de actuar nos ayuda a lograr lo que queremos, o enfrentar con éxito cualquier situación que se nos presente decimos que nuestra actitud es correcta o positiva. Una persona con la actitud correcta se concentra en hacer uso de sus recursos para solucionar sus problemas, en lugar de ocuparse de los recursos que carece. En otras palabras, estas personas no permiten que lo que no pueden hacer les impida hacer lo que sí puedan hacer. Tener la actitud correcta frente a la vida, es como ser una pieza de acero imantado, en el sentido que se puede atraer todas las cosas que se desean.

Para desarrollar la actitud correcta, además de haber desarrollado una buena personalidad, creencias positivas y buenos valores, y llegar a ser un buen amigo, también debemos ser optimistas, tener fe y esperanza, tener una actitud positiva hacia el dinero, tener buen sentido del humor y estar libre de vicios. El optimismo ayuda a la gente ante las adversidades de la vida y los conduce a seguir adelante ante los obstáculos del camino hasta lograr el éxito. Las personas que abrigan fe y esperanzas tienen más posibilidad de lograr los objetivos de su vida. Debemos desarrollar una actitud positiva hacia el dinero para poder tenerlo. Esta actitud consiste en creer en el dinero, quererlo tener y usarlo para hacer el bien. Las personas con buen humor generan pensamientos más positivos, lo que ayuda a resolver los problemas que se enfrentan en la senda hacia la buena vida. A una persona viciosa, sobre todo cuando consume drogas ilegales, le costará muchísimo alcanzar la actitud correcta ante la vida, pues los vicios le tratarán de frenar su intento. Es sumamente necesario que las personas estén libres de vicios para lograr la vida plena.

## Optimismo

Ser optimista significa tener grandes expectativas de que las cosas saldrán bien en la vida a pesar de los contratiempos y las frustraciones. El optimismo es una actitud que evita que la gente caiga en la apatía, la desesperanza o la depresión ante la adversidad. Y al igual que la esperanza, el optimismo ofrece muchísimos beneficios en la vida. Por supuesto, siempre y cuando sea un optimismo equilibrado y realista, ya que un optimismo apartado de la realidad puede resultar no muy sano.

Las personas optimistas consideran el fracaso como un aplazamiento del triunfo, de manera tal que en la siguiente oportunidad podrían lograr el éxito. Mientras que los pesimistas asumen de inmediato la culpa del fracaso, tratando de justificarlo con cualquier excusa y considerándose unos fracasados. El optimismo tiene profundas implicaciones en cuanto a la forma en que la gente reacciona ante las adversidades de la vida, lo que normalmente conduce a la persona al éxito. Las personas exitosas tienen una combinación de talento razonable y la capacidad de seguir adelante ante los obstáculos del camino, gracias a la esperanza y el optimismo.

El optimismo también produce la motivación suficiente para continuar adelante a pesar de las situaciones adversas. Los optimistas ven el mundo de una forma muy distinta. Son sociables y alegres, experimentan una sensación de deleite, a menudo están de buen humor, tienen una marcada seguridad en ellos mismos y se sienten gratificados por la vida. También son menos propensos a la depresión y a otros trastornos emocionales.

La buena noticia para los pesimistas es que el optimismo y la esperanza pueden aprenderse (Espero no me digan que no). Para ello es importante creer que uno es auto eficiente, que tiene dominio sobre los acontecimientos de su vida y puede aceptar los desafíos tal como se presentan. Una actitud optimista hace que la gente tenga más probabilidades de utilizar de manera óptima sus habilidades, o que haga lo necesario para desarrollarlas. Las personas que tienen una idea de auto eficiencia se recuperan de los fracasos, abordan las cosas en función de cómo manejarlas en lugar de preocuparse por lo que puede salir mal.

## Fe y Esperanza

Existen dos actitudes a las cuales les debemos prestar toda la atención posible, ya que estas son indispensables para lograr cualquier cosa en la vida hasta la felicidad misma. Sin ellas resultaría muy cuesta arriba alcanzar lo que se quiere. En caso de que ya las tengamos: excelente, pues tendremos gran parte de la meta resuelta. En caso contrario, debemos cultivarlas de inmediato. Estas dos grandes actitudes son la fe y la esperanza.

Por lo general, las personas que abrigan fe y esperanzas tienen más posibilidad de lograr sus objetivos, pues estas dos actitudes juntas, juegan un papel muy importante para alcanzar todo cuanto se quiera. La fe es la energía que nos ayuda a lograr nuestras metas, mientras que la esperanza es una forma de creer que uno tiene la voluntad y también los medios para alcanzar sus objetivos, sean estos cuales fueran.

Las personas que muestran niveles elevados de fe y esperanza son capaces de motivarse ellos mismos, sentirse lo suficientemente hábiles para alcanzar sus metas, y pensar cuando se encuentran en un aprieto que las cosas van a mejorar. Tener fe y abrigar esperanzas ayuda a no ser abrumado por la ansiedad y a no tener una actitud derrotista, cuando se enfrente a desafíos o contratiempos. En efecto, las personas que abrigan fe y esperanza tienen menos dificultades emocionales. Tener fe y esperanza es ser optimista.

## Actitud Hacia el Dinero

Sería sumamente difícil, por no decir casi imposible percibir el mundo de hoy sin el dinero. Pues éste, pueda que no sea todo en la vida, pero si casi todo. Lo necesitamos para todo, hasta el punto de que no hay aspecto de nuestras vidas en donde no sea necesario, por lo que lo tenemos que tener. Pero, para tenerlo debemos desarrollar la actitud correcta hacia él. Esta actitud no es más que creer en el dinero, quererlo tener y usarlo para hacer el bien.

En la vida solo atraeremos las cosas con las que nos identificamos y hacia las cuales tenemos una tendencia positiva. El dinero es unas de esas cosas que nadie podrá tener a menos que sienta amor por él, para tomarlo y multiplicarlo para que así la gente logre ser productiva. Tal como está escrito en la parábola de las minas de las sagradas escrituras.

El Evangelio de Lucas habla en el capítulo 19, versículos 11-27; de la parábola de las diez minas y dice que esta parábola fue enseñada por Jesús en el camino a Jerusalén, un poco antes de su entrada triunfal a esa ciudad. "La parábola cuenta que un hombre noble se fue a un país lejano, para recibir un reino y volver. Y llamando a diez siervos suyos, les dio diez minas. Una a cada uno de ellos. Y les dijo: Negociad entre tanto que venga. Hagan el mejor uso de ese dinero. Vuelto él, después de recibir el reino, mandó llamar ante él a aquellos siervos a los cuales había dado el dinero, para saber lo que había producido cada uno. Vino el primero, diciendo: Señor, tu mina ha ganado diez minas. Él le dijo: Está bien, buen siervo; por cuanto en lo poco has sido fiel, tendrás autoridad sobre diez ciudades. La fidelidad de aquel siervo fue recompensada grandemente. Vino otro, diciendo: Señor, tu mina ha producido cinco minas, y también a éste dijo: Tú también toma autoridad sobre cinco ciudades. La diligencia en el servicio nunca es en vano. Otro simplemente dijo: Señor, aquí está tu mina, la cual he tenido guardada en un pañuelo porque tuve miedo. El Señor enojado se la quitó por haber sido negligente a sus obligaciones y se la dio al que había ganado 10 minas, por haber reconocido sus obligaciones y cumplido con su voluntad. Una objeción se presentó entre los presentes, la cual fue contestada por el Señor. Ellos dijeron: Señor, él ya tiene diez minas. Notemos lo que dijo el Señor a lo que ellos le dijeron: Pues yo os digo que a todo el que tiene, se le dará; más al que no tiene, aun lo que tiene se le quitará".

La parábola no puede ser más clara, al igual que su interpretación: dinero llama dinero, pues el que más tiene más tendrá. No hay duda de que Dios nos quiere prósperos. Esa es la esencia de la parábola de las diez minas. Muchas personas creen que ser pobre es bien visto ante los ojos de Dios, pues ya vemos que no es así. La pobreza es solo una condición mental. Dios quiere que seamos productivos y para ello debemos hacer un uso muy eficiente del dinero. Para obtenerlo, es necesario tener una actitud positiva hacia el dinero para que siempre esté con nosotros para el bien nuestro, de nuestros familiares y amigos. El dinero que conquistemos en la vida debe ser usado siempre para hacer el bien.

# El Buen Humor

El humor es un estado de ánimo o disposición emocional que tiene una persona en un momento determinado ante los acontecimientos de la vida y que se manifiesta exteriormente en una determinada actitud, ya sea con alegría o con tristeza. El estado de ánimo que surge como resultado de una emoción o sentimiento, determina el humor de las personas, su forma de pensar y de ver el mundo. Si están de buen humor o alegres van a generar pensamientos más positivos, haciendo que resulte más fácil encontrar soluciones a los problemas. Un buen humor nos ayuda a manejar y controlar las emociones.

Una persona con buen humor se ríe, cosa que le trae gran beneficio. La risa ayuda a las personas a pensar con mayor amplitud y claridad. Las personas que están de buen humor son más perceptivas, comunicativas y positivas. Por la misma razón, estar de mal humor conlleva a tomar decisiones negativas, haciendo que resulte más probable que adoptemos una decisión temerosa y excesivamente cautelosa.

El sentido del humor es la capacidad de ver y estimular el lado gracioso y divertido de las cosas, de la demás gente, así como de nosotros mismos. Este nos ayuda a responder con una actitud positiva ante los retos o situaciones difíciles que nos encontramos en la vida cotidiana, así como también nos facilita la comunicación con la demás gente. El sentido del humor nos permite ver la vida desde otra perspectiva. Nos hace más relajados y favorables para la toma de decisiones en la solución de los conflictos y nos ayuda a superar el estrés. También, el sentido del humor es un buen antídoto contra el miedo, pues cuando nos reímos de las cosas que nos asustan, éstas se vuelven menos amenazantes.

El buen humor nos permite liberar tensiones, disipar las preocupaciones, relajarnos y reírnos. La risa puede ser una herramienta curativa, pues una buena carcajada fortalece el sistema inmunológico del cuerpo y reduce las hormonas que pueden causar estrés. La risa provoca una enorme liberación de endorfinas conocidas como las hormonas de la felicidad. Además, con la risa liberamos serotonina y dopamina, las cuales producen sensaciones de bienestar. La explosión de carcajadas aporta vitalidad, energía e incrementa la actividad cerebral. Cuando nos invade la risa, muchos músculos de nuestro cuerpo que permanecían inactivos se ponen en funcionamiento. Es un estímulo eficaz contra el estrés, la depresión y evidentemente, la tristeza.

## Libre de Vicios

Para lograr desarrollar la actitud correcta ante la vida, las personas deben estar libres de malos hábitos o vicios. Un hábito es cualquier cosa que hagamos de forma automática e inconscientemente, el cual puede ser bueno o malo. Los buenos hábitos pueden ser deseados, pero los malos no y se les llaman vicios, los cuales casi siempre resultan difíciles de cambiar o eliminar. Entre las causas que conducen a las personas a adquirir algún vicio están: su poca o ninguna voluntad propia, debilidad de carácter, ignorancia y falta de preparación intelectual. Un vicio es cualquier apego excesivo a algo que debemos combatir, especialmente si es perjudicial para la persona, la familia y la sociedad. Entre los vicios más comunes en el mundo de hoy tenemos las drogas y otros vicios como los juegos de azar.

## Las Drogas

El uso de las drogas es tan antiguo como la humanidad. Además, de sus usos medicinales, con el tiempo, el mundo antiguo, más que todo los asiáticos, descubrieron los efectos estimulantes y placenteros de las drogas y comenzaron a utilizarlo con ese fin. Hoy, se define la droga como toda sustancia que introducida en el organismo altera el estado de ánimo, la percepción, el estado de conciencia, las funciones mentales y la conducta. Las drogas que causan adición se les conocen como estupefacientes o narcóticos, los cuales hacen entrar el individuo en un estado de adormecimiento, falta de sensibilidad, mareo, pérdida de conciencia y sueño. La adicción es la necesidad imperiosa de consumir drogas constantemente sin poder ejercer ningún control sobre su consumo, ni mucho menos poder suprimirlo. En nuestra sociedad hoy existen algunas drogas legales y otras ilegales.

## Las Drogas Legales

Entre las drogas legales más importantes en nuestra sociedad están el alcohol y el tabaco. Con el daño que éstas producen para que quisiéramos ir en búsqueda de otras más.

Tampoco se entiende que, hasta los gobiernos, que supuestamente están para proteger a la gente, estén promocionando la idea de legalizar las drogas que hasta ahora están en la lista negra.

**El Alcohol.** Desde tiempos muy remotos el hombre aprendió a fermentar granos y jugos para obtener una sustancia que le provocaba un estado mental especial. El uso de cervezas, vinos y otras bebidas alcohólicas datan de 3.000 años antes de Cristo, aunque el proceso de destilación de las bebidas fermentadas se remonta alrededor del año 800 después de Cristo. Este proceso ha permitido la preparación de licores bastante fuertes, cuyo consumo ha traído muchos problemas a las personas, la familia y la sociedad en general. Sin embargo, si se ingiere con moderación y en las pautas permitidas, el alcohol reduce la tensión, desinhibe y provoca sensaciones de bienestar.

El consumo inmoderado de alcohol produce graves daños. El alcohol es una de las drogas que se ha convertido en un verdadero problema social en casi todo el mundo y en gente de cualquier sexo y edad a partir de la adolescencia. Los estragos del alcohol pueden ser graves y muchos de ellos irreversibles. Cuando se ingiere alcohol en exceso y casi todos los días, la persona se vuelve alcohólica. El alcoholismo se caracteriza por una dependencia fuerte de esta droga, lo cual produce un daño progresivo en el cerebro.

Los efectos del alcohol duran hasta que toda la sustancia haya sido procesada, lo cual normalmente tarda aproximadamente en una persona de 75 kg., una hora y media por cada lata de 12 onzas de cerveza, o copa de vino de 5 onzas. La absorción del alcohol por el organismo está básicamente determinada por la concentración de la bebida y la presencia de comida en el estómago. Por supuesto la contextura y el sexo de la persona también influyen. Mientras más peso tenga la persona, menor será su absorción de alcohol. Ahora, por lo general, los hombres son menos sensibles que las mujeres. Otro factor importante en la absorción del alcohol es que tan alcoholizado esté la persona: estados avanzados de alcoholismo reducen la tolerancia al alcohol.

Cuando la concentración de alcohol excede ciertos niveles en la sangre, interfiere con los procesos mentales de manera que la percepción visual es distorsionada; la coordinación motora, el balance, el lenguaje y la visión sufren también fuertes deterioros. Pero también es cierto que fuertes cantidades de alcohol reducen el dolor y molestias corporales e inducen al sueño. Lo malo es que su uso continuo irrita las paredes estomacales llegando incluso a desarrollarse úlceras. Adicionalmente tiende a acumularse grasa en el hígado, lo cual interfiere con su funcionamiento.

En nuestra vida actual se puede tomar hasta 3 tragos para socializar, divertirse un poco y pasarla bien. Siempre con toda la moderación posible y nunca para emborracharse. Como regla la persona nunca debe tomar con el estómago vacío y debe "comer algo" mientras toma. Otro aspecto importante para evitar emborracharse es tomar despacio. Intente completar su trago en unos 45 minutos para darle tiempo a su organismo que lo procese. Si toma bebida con hielo como el whisky, siempre trate de terminar su trago al mismo ritmo del hielo. Si se ha tomado el whisky y aún le queda hielo en el vaso entonces está tomando muy rápido.

**El Tabaco.** La planta del tabaco es originaria de América, cuyas hojas secas los indígenas ponían en una pipa y a medida que se quemaban inhalaban el humo por la boquilla de la pipa. Cuando llegaron los primeros europeos al continente americano observaron este hábito totalmente nuevo para ellos, se interesaron en la práctica de fumar, la introdujeron en Europa a mediados del siglo XVI y luego progresivamente se fue extendiendo por el resto del mundo. El tabaco se fuma en pipa o en puro, pero la forma más común de fumarlo es en la forma de cigarrillo. Por lo general, la gente se inicia en el vicio de fumar en la adolescencia, ya sea como una actitud de rebeldía o para no sentirse desplazado del grupo, si su entorno está compuesto mayoritariamente por fumadores. Otra posibilidad es que el adolescente fume para sentirse adulto.

El fumar conduce a una intoxicación crónica llamada tabaquismo. Cuando se inhala el humo, la nicotina penetra profundamente en los pulmones, de donde pasa rápidamente al torrente sanguíneo, y es transportada a todo el cuerpo. La nicotina es una droga de alto poder adictivo que se encuentra de forma natural en el tabaco y afecta a muchas partes del cuerpo, incluyendo el corazón y los vasos sanguíneos, las hormonas, el metabolismo y el cerebro. La nicotina ataca la vitamina C, la cual es la responsable de la producción del colágeno para mantener nuestros tejidos unidos. Por cada cigarrillo que la gente se fuma, estará destruyendo 25 mg de vitamina C, el equivalente a una naranja. Para compensar por esta pérdida, los fumadores deben consumir más alimentos ricos en vitamina C o tomar suplementos en formas de pastillas.

Para liberar sus cuerpos de la adicción de la nicotina, las personas tienen que dejar de fumar. Cosa que no es nada fácil, debido a los enormes efectos de abstinencia que se producen en el organismo al tratar de disminuir la cantidad de nicotina. Los síntomas de abstinencia pueden durar desde unos días hasta varias semanas, y se irán aliviando cada día que la persona esté sin fumar. Entre estos síntomas se pueden incluir: mareos, depresión, frustración, impaciencia, ansiedad, irritabilidad, trastornos del sueño, dificultades para concentrarse, dolores de cabeza, cansancio, aumento del apetito, aumento de peso, etc. Estos síntomas pueden causar que la persona empiece a fumar de nuevo para recuperar los niveles de nicotina en la sangre.

Una de las formas más fácil de dejar este vicio, es tratar de encontrar algún placer en el acto de fumar. Para ello es necesario fumar y estar consciente de que se está fumando. La mayoría de los fumadores fuman sin darse cuenta de que lo hacen, por eso terminan de fumar un cigarrillo y encienden el otro. Incluso a veces enciende el próximo, sin haber terminado el que se están fumando. Para estar consciente que fuma, la persona debe concentrarse solo en su fumar. Una vez concentrado, trate de encontrar algún placer en el acto de fumar. Verá que no lo conseguirá, porque sencillamente no lo hay.

Al ingerir licor, por ejemplo, la gente se alegra y hasta cierto punto puede sentirse bien, pero con el cigarrillo no ocurre lo mismo. No existe ni un solo beneficio proveniente del cigarrillo. Lo único que se consigue con este vicio, aparte de arruinarse la salud, es el mal aliento. Además, a nadie le gustaría besar a una persona que fume, pues sería como besar a un cenicero. Al no sentir placer alguno por el fumar, la persona empieza a pensar en lo ridículo que es este vicio tonto. Pues de eso trata este método. Es una estrategia en contra del vicio, en la cual se trata de ridiculizar mentalmente el acto de fumar. Cuando se haya logrado este propósito, entonces el resto de la tarea que queda será más fácil.

Ahora ya puede empezar a reducir la cantidad de cigarrillos que se fuma al día. Por supuesto primero tratará de eliminar aquellos cigarrillos que se fuma entre los cigarrillos que se consideran críticos, como el de la mañana después del café, el de después de las comidas y el de antes de dormir. Después trate de ir eliminando los cigarrillos menos críticos hasta terminar con todos. Se recomienda no tomar café o ingerir licor, mientras se esté tratando de dejar de fumar, pues estos otros dos vicios hacen más difícil el proceso. Sobre todo, con el alcohol cuando la persona se emborracha, ya no podrá controlar ni siquiera su voluntad.

Los peores días en el proceso de dejar de fumar son los tres primeros días. Durante este tiempo, las personas deben usar toda su fuerza de voluntad para controlar los impulsos de continuar con el vicio. Ya a partir del quinto día el ansia por fumar es menos intensa y más fácil de superar. Es recomendable tomar agua y respirar más profundo para tranquilizar los nervios. También es bueno ayudarse con el complejo vitamínico B.

## Las Drogas Ilegales

La droga ilegal más consumida a nivel mundial es la marihuana, según un informe de la Naciones Unidas. Otras drogas ilegales también de gran importancia por el daño que causan son el opio y sus derivados, y la cocaína,

**La Marihuana.** Es una droga que proviene de una planta llamada cannabis, la cual es originaria de Asia y que se expandió por todo el mundo. Es mayormente conocida como cáñamo o cáñamo indio. La planta fue introducida en América vía México por los españoles, en donde el cannabis adquiere el nombre de marihuana. Luego después pasó a Estados Unidos y al resto del continente.

La marihuana es el estupefaciente o narcótico más popular en el mundo, que se elabora de las flores secas de la planta y que comúnmente se fuma como un cigarrillo o utilizando una pipa. Los efectos de la droga hacen que la persona sienta una ebriedad moderada, que su poder de concentración se entorpezca, que pierda la apreciación del transcurso del tiempo y las distancias, que los colores se vean más vivos y las voces se oigan más fuertes.

El consumo extremo de esta droga causa letargo y embotamiento de las facultades mentales y se produce confusión y se pierde la voluntad de hacer cosas. Las consecuencias del uso de la marihuana incluyen problemas con la memoria y el aprendizaje, una visión distorsionada, dificultad para pensar y resolver problemas, pérdida de la coordinación y un aumento en el ritmo cardíaco, ansiedad y ataques de pánico.

**El Opio y Sus Derivados.** El opio es una droga que se obtiene de una planta llamada adormidera, cuyo uso se ha extendido por todo el mundo. El nombre genérico de la adormidera es papaver. Sin embargo, cuando la planta fue introducida a México por los españoles, se le dio el nombre de amapola. Del fruto de la amapola, se obtiene el opio y sus derivados. Su principal componente es la morfina, que es la que posee todas las acciones farmacológicas, de la cual se derivan muchos otros compuestos como la heroína.

Los opiáceos o derivados del opio producen adicción y dependencia. Sus efectos psicológicos son similares a los de otros estimulantes: euforia, energía, placer, vigor sexual. Pero en cuanto decae el efecto de la droga, aparece la angustia, la depresión, el abatimiento y la pesadumbre. El consumo prolongado de esta droga puede producir decaimiento de la función respiratoria, pérdida de reflejos, hipotensión, desaceleración cardíaca, convulsiones, y riesgo de muerte.

La morfina es una droga como un opio concentrado que toma su nombre en honor a Morfeo, el Dios griego del sueño. La droga es una sustancia en forma de polvo blanco, cristalino, inodoro y soluble en agua y es usada como analgésico para aliviar el dolor. Su efecto secundario es la depresión del sistema respiratorio, circulatorio y digestivo. La morfina se asimila por vía intramuscular, aspiración nasal y supositorios.

La heroína es un narcótico de la familia de los opiáceos que se obtiene como derivado de la morfina y se vende en forma de polvo blanco o marrón, así como también en forma de sustancia negra pegajosa. Esta droga se puede aspirar, inyectar o fumar para sentir euforia y placer. Su uso inyectable hace correr a las personas el riesgo de contraer SIDA o hepatitis. Una sobredosis de esta droga puede provocar la muerte.

El fentanilo es un tipo de droga que se obtiene de los opioides, los cuales a su vez son drogas que se encuentran en forma natural en la planta amapola o adormidera. Algunos opioides se elaboran directamente de la planta, mientras que otros como el fentanilo se producen en laboratorios, donde los científicos utilizan la misma estructura química para fabricar opioides sintéticos o semisintéticos.

El fentanilo es un fuerte opioide sintético similar a la morfina, pero entre 50 y 100 veces más potente. Es un fármaco recetado que a veces también se usa en forma ilegal. Al igual que la morfina, por lo general se receta a pacientes con dolores intensos, especialmente después de una operación quirúrgica.

A veces también se usa para tratar a pacientes que sufren de dolor crónico y presentan tolerancia física a otros opioides. La tolerancia ocurre cuando se necesita consumir cada vez mayor cantidad de una droga o consumirla con mayor frecuencia para lograr el efecto deseado.

Como fármaco recetado por un médico, el fentanilo se puede administrar en forma inyectable, en forma de un parche que se coloca sobre la piel o en forma de pastillas que el paciente disuelve en la boca como si fueran pastillas para la tos. Sin embargo, cuando se consume ilegalmente, la droga llega a usarse con más frecuencia y causar sobredosis.

Este fentanilo sintético se vende ilegalmente en forma de polvo, vertido en gotas sobre papel secante, en envases de gotas para los ojos o rociadores nasales o en pastillas parecidas a las de otros opioides recetados. Para abaratar el precio de la droga, algunos vendedores de drogas mezclan el fentanilo con otras drogas como heroína, cocaína, metanfetamina y la droga llamada MDMA (*metilendioximetanfetamina*). El objetivo de este mezcla es producir una droga fuerte a un costo bajo.

Pero el consumo de esta mezcla puede ser riesgosa especialmente cuando las personas que consumen drogas no saben que la sustancia que están consumiendo puede contener fentanilo como un agregado de poco costo, pero peligroso. Tal vez los opioides a los que su organismo está acostumbrado a consumir podrían tener menor probabilidad de sufrir una sobredosis.

Las personas adictas al fentanilo que dejan de consumirlo pueden experimentar varios síntomas de abstinencia que a veces comienzan apenas unas pocas horas después de haber consumido la droga por última vez. Estos síntomas incluyen: dolores en músculos y huesos, problemas para dormir, diarrea y vómitos, escalofríos, movimientos incontrolables de las piernas y deseos intensos de seguir consumiendo la droga.

Estos síntomas pueden ser sumamente desagradables, por lo cual a muchas personas se les hace muy difícil dejar de consumir fentanilo. Actualmente se están creando medicamentos para ayudar en el proceso de abstinencia del fentanilo y otros opioides. La FDA, por sus siglas en inglés, (Food & Drug Administaraction) aprobó la lofexidina, un medicamento no opiáceo formulado para reducir los síntomas de la abstinencia de opioides.

Además, el NSS-2 Bridge, el cual es un pequeño estimulador eléctrico de los nervios que se coloca detrás de la oreja y se puede usar para tratar de aliviar los síntomas por hasta cinco días durante la fase aguda de la abstinencia. La FDA también aprobó una aplicación para dispositivos móviles, llamada reSET®, para ayudar a tratar los trastornos por consumo de opioides. Esta aplicación es una terapia cognitiva conductual que se obtiene con receta médica y debe usarse como parte de un tratamiento que incluya buprenorfina y control de contingencias.

Los efectos que estas drogas tienen en el organismo son devastadores. Al igual que la heroína, la morfina y otras drogas opioides, el fentanilo actúa uniéndose a los receptores opioides que se encuentran en áreas del cerebro que controlan el dolor y las emociones.

Después de consumir opioides muchas veces, el cerebro se adapta a la droga y su sensibilidad disminuye, lo que hace que resulte difícil sentir placer con otra cosa que no sea la droga. Cuando una persona se vuelve adicta, la búsqueda y el consumo de la droga se apoderan de su vida.

Los efectos del fentanilo incluyen: felicidad extrema, aletargamiento, náuseas, confusión, estreñimiento, sedación, problemas para respirar y hasta la pérdida del conocimiento. Una sobredosis de fentanilo, al igual que ocurre con cualquier otra droga, causa efectos secundarios graves y síntomas que ponen en peligro la vida.

Cuando se produce una sobredosis de fentanilo, la respiración se puede hacer muy lenta o detenerse por completo. Esto puede reducir la cantidad de oxígeno que llega al cerebro, lo que se conoce como hipoxia, la cual puede llevar a un estado de coma y causar daños permanentes en el cerebro, también puede causar la muerte.

En la actualidad los opioides sintéticos, incluyendo el fentanilo, son las drogas más comúnmente asociadas con las muertes por sobredosis en Estados Unidos. En 2017, el fentanilo fue parte del 59.8 % de las muertes relacionadas con opioides, comparado con el 14.3 % en 2010

El fentanilo es hasta 50 veces más fuerte que la heroína y 100 veces más fuerte que la morfina. Esta droga está a punto de crear una crisis en Estados Unidos, pues podía destruir lo poco bueno que aún le queda al país: su gente. Actualmente, mueren más de 250 mil estadounidense al año, como producto del consumo del fentanilo. Sin embargo, los informes oficiales de los Centros de Control de Enfermedades o (CDC) por sus siglas en inglés, predicen que la taza seguirá aumentando.

Los CDC informaron que las muertes por fentanilo aumentaron un 23% con respecto al año anterior. El fentanilo se ha convertido al día de hoy en la principal causa de muerte en Estados Unidos de personas en edades de entre 18 y 45 años. Las muertes por el fentanilo están por encima de las muertes por suicidios, accidentes automovilísticos, y hasta por el covid-19, según el informe de finales de 2021.

**La Cocaína.** Es una droga que se obtiene de las hojas de la planta de coca, la cual es nativa de las altas cadenas montañosas de Suramérica en Bolivia, Perú y Ecuador. Los nativos de esa región usaban las hojas de coca como un estimulante para aumentar la respiración, lo que a su vez aumenta la entrada de oxígeno y así compensar la falta de éste en esas grandes alturas. Desde Suramérica los españoles llevaron la coca a Europa para usarla como anestésico y tónico nervioso.

A partir de la cocaína y mediante procesos químicos se inventaron nuevos métodos para maximizar los efectos eufóricos de la droga, de los que resultó la forma más potente y adictiva de la droga conocida como el crack, una forma de cocaína que ha sido procesada para hacer una roca de cristal que al calentarse genera vapores que se fuman. El término "crack" se refiere al crujido que produce la roca cuando está caliente.

La cocaína es un estimulante sumamente adictivo que afecta directamente al sistema nervioso central. La droga se puede usar vía oral, nasal e intravenosa. Generalmente su efecto hace que el usuario se sienta eufórico y lleno de energía, pero también aumenta la temperatura corporal, la presión arterial y la frecuencia cardiaca. Las personas que consumen cocaína se arriesgan a tener un ataque al corazón o al cerebro, insuficiencia respiratoria, convulsiones, dolor abdominal y náuseas.

**Otras Drogas.** Entre otras drogas tenemos las anfetaminas, el éxtasis y el LSD. Todas con efectos letales para las personas que las consumen, así como también para la sociedad. Las anfetaminas son drogas sintéticas que estimulan el sistema nervioso central. Se presentan en forma de pastillas o cápsulas de diferentes formas y colores. Esta droga produce sensaciones de alerta, confianza y seguridad, aumenta los niveles de energía y autoestima. Además, hace desaparecer la sensación de hambre y de sueño. El uso de esta droga se ha extendido a casi todos los deportes para disminuir la sensación de fatiga. Otra de sus aplicaciones, quizás la más usual es en la reducción de peso.

Las anfetaminas pueden ser legales si son consumidas bajo un estricto control médico, sin embargo, el abuso de estas se produce cuando son adquiridas y consumidas de manera ilegal. Debido al aumento del consumo y del negocio de estas sustancias, se empezaron a fabricar en laboratorios ilegales para así evitar su control, lo que conlleva a un gran riesgo, ya que los productos químicos utilizados en su fabricación son altamente tóxicos. El uso a largo plazo de anfetaminas produce una conducta muy agresiva con complicaciones físicas como daños al corazón, accidente cerebrovascular y fiebres intensas que pueden amenazar la vida.

El éxtasis es otra droga sintética que posee propiedades estimulantes y alucinógenas. Esta droga suele circular en forma de tabletas, píldoras, cápsulas o en polvo. La mayoría de ellas contienen una mezcla de anfetaminas, alucinógenos y otros sustitutos. Por lo general se consume por vía oral, aunque también puede inyectarse o inhalarse. El éxtasis puede aumentar los niveles de compenetración, al producir una sensación de intimidad afectiva con los que están alrededor.

Entre los riesgos asociados con su consumo están: taquicardias, temblores, alucinación, convulsiones y nauseas. La más severa reacción es la hipertermia o temperatura alta. El consumo habitual puede producir depresión, desorientación, insomnio, ataques de pánico y ansiedad. También puede producir daños de los órganos internos como el hígado y los riñones, así como también puede dañar determinadas zonas del cerebro, lo que puede provocar graves depresiones y pérdida de memoria.

El LSD es una de las drogas más potentes para cambiar el estado de ánimo. Esta sustancia química se fabrica a partir del ácido lisérgico, que se encuentra en el cornezuelo, un hongo que crece en el centeno y otros granos. En laboratorios ilegales se produce en forma de cristales, los cuales se convierten, para distribuirlo, en líquido inodoro, incoloro y con un ligero sabor amargo. El LSD se vende en la calle en pequeñas tabletas, cápsulas o cuadros de gelatina y hasta en forma líquida. Los efectos que se experimentan cuando se toma LSD son descritos como un 'viaje' porque se experimenta una sensación de traslación a otro lugar-espacio-tiempo.

El LSD es tan fuerte que quien lo consume se desconecta totalmente de la realidad. El uso de LSD puede producir graves alteraciones mentales como estados de paranoia, alucinosis, esquizofrenia, ansiedad extrema o ataques de pánico. El uso frecuente de LSD produce cambios drásticos en la personalidad del individuo que influyen negativamente en su desarrollo.

## Las Drogas Como Problema Social

Las drogas constituyen un importante problema social debido al impacto negativo que generan tanto en las personas como en la sociedad. En las personas quienes las consumen, las drogas producen una gran dependencia y adición, creando la necesidad de consumirlas constantemente para evitar los efectos convulsivos que aparecen al dejar de tomarlas, lo que implica una pérdida del control sobre la persona misma. De esta manera, estas personas se deshumanizan y se convierten en esclavos de la droga, las cuales terminan apoderándose de todo su ser.

Por otra parte, los efectos de las drogas sobre la salud de las personas que las consumen son devastadores. Además, esas personas llegan a perder su humanidad y cuando eso sucede básicamente ya no les importa nada y pueden terminar convirtiéndose en delincuentes, asesinos, etc., lo que representa un enorme problema para la sociedad. Y pensar que todo este daño es causado por otros grupos de personas, los cuales obtienen beneficios gigantescos. Las drogas es uno de los negocios que mayor volumen de dinero mueve a escala mundial. Produce dinero suficiente para comprar lo que se quiera o a quien se quiera comprar. Llegan hasta poner sus propios presidentes en los países que les interesen. Tienen poder suficiente para evitar que alguien piense en resolver este inmenso problema para la humanidad.

Es sumamente preocupante ver que el consumo de drogas se haya incrementado de forma abismal entre la juventud. Esto es muy peligroso, ya que las drogas destruyen la calidad humana de la sociedad convirtiéndola en una sociedad llena de perturbados, incapaces y enfermos. Por supuesto, una sociedad descompuesta va camino de su propia desaparición, pues si lo que se destruye es la juventud, ¿cuál será su regeneración de relevo? El problema de las drogas es evidente. Ahora, ¿cómo es que, siendo este problema tan importante para la sobrevivencia de la sociedad, nadie quiera buscar una solución?

Hasta ahora hemos visto que no hay ninguna voluntad política para hacerlo, lo que nos hace pensar que por las razones que fuesen, nuestros gobernantes actuales les han dado la espalda a sus pueblos una vez más. Tal parece ser, que a los gobiernos solo les interesa evitar que el consumo de drogas no genere más malestar social importante que les haga perder los votos de la gente, en vez de combatir las raíces mismas del problema para buscar su solución definitiva.

Hemos hasta oído de líderes muy importantes en el mundo, hablar de legalizar las drogas ilegales como la única solución posible al problema y lo peor del caso es que esos mismos políticos dicen querer mucho al pueblo. ¿Cómo puede eso ser cierto? Pues tal parece que esos políticos no les importa todo el inmenso daño que las drogas producen en la gente. Llegan hasta el alegato que la legalización produciría más impuestos para el gobierno. Evidentemente, al gobierno solo piensa en el beneficio que les puede dejar las drogas.

Las drogas se cobran la vida de más de 200 mil personas cada año, siembran devastación en las familias y causan sufrimiento a miles de personas. Las drogas ilícitas socavan el desarrollo económico y social y fomentan la delincuencia, la inestabilidad, la inseguridad y la propagación de enfermedades mortales.

El consumo de drogas también representa una inmensa carga financiera para la sociedad de más de 250.000 millones de dólares, lo que significa más de un 0,3% del producto interno bruto (PIB) mundial para sufragar todos los costos de tratamiento relacionados con las drogas en todo el mundo. Además, el consumo de drogas disminuye la productividad de la sociedad en aproximadamente 0,5% del PIB mundial.

En el problema de las drogas, al igual que en muchos otros, la gente se ha quedado sola. Solo nosotros, la gente, podemos ayudarnos en este problema que está destruyendo nuestra sociedad. Adquiere todo el conocimiento posible sobre las drogas para que te ayudes a evitar su consumo y así podrás ayudar a tus hijos y a los demás. Debemos informar a los demás, especialmente a la juventud de los peligros y riesgos a los que se exponen con el consumo de drogas, para que todos digamos no a las drogas y así preservar nuestras generaciones de relevo, para que nuestra civilización junto con la raza humana pueda perdurar por mucho más tiempo.

## Otros Vicios: Juegos de Azar

El ser humano a través de su historia ha practicado el juego como actividad recreativa en busca de entretenimiento y diversión. En todas las sociedades, los hombres han encontrado en el juego una fuente de placer durante su tiempo libre, lo cual también le sirve para socializar con los demás. Ya por el año 2.500 antes de Cristo, en el Medio Oriente, China, India y Egipto se practicaban juegos como el dominó, el ludo y el backgammon, los cuales seguimos jugando hoy. Se cree que fueron los chinos los primeros en introducir el juego formal y en formular sus reglas. Quizás para agregarle más interés a los juegos aparecieron las apuestas, pero después debido a que estas solían generar disputas entre los jugadores, por el pago de las deudas contraídas, las apuestas empezaron a ser controladas y hasta prohibidas, cosa que nunca ha sido fácil.

Los juegos de azar se caracterizan esencialmente por la apuesta. Además, en estos juegos las posibilidades de ganar o perder, no dependen mucho de la habilidad del jugador, sino más bien del azar o de la casualidad. Entre los juegos de azar más populares se encuentran: el dominó, los dados, las cartas, lotería, tragamonedas, ruleta, etc. Sin embargo, ahora los juegos online, en su mayoría ilegales, han adquirido una nueva dimensión incrementando de manera exponencial todos los problemas derivados de estos. Estos juegos producen tanto dinero que los propietarios de esas páginas web están contemplando usar parte de sus ganancias para cambiar las leyes de los países donde tienen sus grandes mercados y operar ahora legalmente.

La mayoría de las personas que practican el juego de azar no tiene ningún problema, pues solo lo hacen para disfrutarlos y ya, pero algunas otras se vuelven adictas y pierden el control hasta que el juego se convierte en un problema. La adicción a los juegos de azar puede dominar la vida de la persona viciosa hasta llevarlas a la pérdida de sus valores y compromisos sociales, laborales, materiales y familiares. Los signos sobre un problema de adicción incluyen: pensar continuamente en el juego, mentir acerca del juego, utilizar tiempo familiar o laboral para juego, sentirse mal después de jugar, pero no dejar de hacerlo y jugar con el dinero que se necesita para otras cosas. Como las adicciones a las drogas, el juego compulsivo provoca una sensación de euforia cuando se está jugando y malestar, inquietud o irritabilidad cuando se intenta interrumpir el juego.

# 5

# COMO LOGRAR UNA VIDA PLENA

En el capítulo anterior abordamos los temas necesarios sobre el desarrollo de la actitud correcta ante la vida para que nos permita hacer nuestra vida fácil y próspera en la difícil tarea de vivir. En este capítulo recorremos los aspectos requeridos para lograr la felicidad con el apoyo del poder de la mente subconsciente para que finalmente podamos vivir la vida plena. La felicidad personal, el nivel de satisfacción de las necesidades y aspiraciones en nuestras vidas, está íntimamente ligada a nuestra forma de pensar, sentir y ver el mundo. Para ser feliz hay que querer serlo, luego después de satisfacer nuestras necesidades básicas, empezamos a soñar sobre nuestras aspiraciones para movernos hacia el camino de la prosperidad y el éxito. También es necesario superar nuestros miedos y finalmente elegir una buena pareja con quien compartir toda esa felicidad.

Para lograr la felicidad, tener una buena personalidad y la actitud correcta ante la vida, definitivamente nos ayudan y para todo lo demás podemos usar el poder de la mente subconsciente. Usando este enorme poder que llevamos dentro, podemos lograr resolver nuestros problemas, así como todo lo que sea necesario para lograr vivir una vida plena. Lo único que tenemos que hacer es aprender a programar nuestro subconsciente y para ello solo tenemos que relajarnos, conectar el consciente con el subconsciente y pedir lo que deseamos.

Ahora, ¿qué pasaría si después de lograr toda la felicidad del mundo, no tuviéramos una sociedad en donde pudiéramos vivir una vida plena? Tendríamos entonces también que volcar nuestra atención hacia nuestra sociedad para hacerla más humana en la que todos podamos vivir a plenitud y sin problemas. Mientras más gente feliz tengamos a nuestro alrededor, más posibilidad habrá de sanar la generación que nos servirá de relevo para conservar un mundo más lindo.

# 5.1 La Felicidad Personal

La felicidad es un estado de ánimo que se produce en la persona al alcanzar una meta deseada. Esta felicidad genera alegría y paz interior: una perspectiva positiva de la vida, que al mismo tiempo estimula a conquistar nuevas metas. La felicidad personal puede ser definida como el nivel de satisfacción de las necesidades y aspiraciones en la vida de cada persona. Y está íntimamente ligada a nuestra forma de pensar, sentir y ver el mundo. De hecho, el solo pensar positivamente ya nos hace automáticamente sentirnos felices.

Para ser feliz debemos primero querer serlo y luego llenar nuestras necesidades básicas de alimentación, vestimenta, casa y transporte. Para lograr satisfacer estas necesidades hay que trabajar en ello y hay que llenarlas completamente, nunca a medias. Después de lograr estas dos cosas fundamentales en la felicidad personal (querer ser feliz y llenar las necesidades básicas), empezamos a soñar sobre nuestras aspiraciones, las que nos llevarán a la prosperidad y al éxito. Luego debemos superar nuestros miedos y para completar el cuadro de la felicidad, debemos elegir una buena pareja, con quien compartir todo ese bienestar.

## Tener Aspiraciones: Fábrica de Sueños

En una encuesta que hice entre mujeres y hombres, jóvenes y adultos para ver cuáles eran las aspiraciones de la gente, me encontré con la sorpresa que la mayoría de ellos no daban una respuesta definida al preguntarle qué era lo que más que querían en la vida. Pude palpar que la mayoría de la gente no tiene aspiraciones, por lo que andan como veletas siguiendo el rumbo que el viento les indiqué. La vida sin aspiraciones es como un proyecto sin un plan. Y sin aspiraciones no hay sueños.

Cuando soñamos sobre las cosas que queremos, esa información llega a nuestra mente subconsciente, la cual se encarga de crear las condiciones necesarias para que los sueños se hagan realidad. Recuerdo que tenía mis 7 años cumplidos cuando fabriqué mi primer sueño. Había caminado junto a mi mamá Carmen unos 5 kilómetros para ir a otro pueblo por el que pasaba una carretera importante para ese entonces, en la cual y al frente de este pueblo había una estación de servicio de gasolina en donde paraban muchos carros para abastecerse de este combustible.

A este lugar llegábamos para tratar de vender unas pocas frutas y así comprar comida para nuestra familia. Después que lográbamos vender todo, emprendíamos el regreso a casa por el mismo camino. Mientras caminaba junto a mi mamá Carmen de regreso a nuestro pueblo, pensaba en que esa actividad era dura y que debía haber otra forma mejor de buscar el sustento diario. Soñaba en que iba a la escuela y me graduaba de ingeniero para ayudar a mi querida mamá Carmen y hacerle su vida más fácil y próspera.

Treinta y siete años más tarde, ya convertido en un hombre próspero y con cuatro niveles de educación de los cinco existentes, fui a mi pueblo natal a participar en un evento para ayudarlo en la formación de una escuela de educación superior. Un grupo de paisanos, todos profesionales, fuimos recibidos por el alcalde del pueblo, quien era contemporáneo con nosotros. Éste inicia su discurso agradeciéndonos la iniciativa de ayudar al pueblo. También dijo con cierta tristeza que a él le hubiera gustado ser un profesional como nosotros, en vez de político. Dijo también que la razón por la que no pudo estudiar fue porque no tenía dinero. Pero…. sin embargo, dijo: hay alguien entre Uds. quien era más pobre que yo y realmente no sé cómo lo logró. El alcalde se refería a mí. Ahora, la diferencia entre el alcalde y yo fueron nuestros sueños. Nuestros sueños nos conducen por la senda de la realización de nuestras aspiraciones, llegando hasta el conocimiento de las herramientas necesarias para producir los recursos que estaríamos necesitando para ser personas prósperas y continuar nuestra carrera hacia la felicidad total.

## Ser Próspero

La prosperidad consiste en tener aquello que queremos y necesitamos para llevar una vida sin angustias económicas. Sin embargo, a veces vemos que aun cuando una persona genere bastante dinero, no llega a sentirse próspero, lo que nos hace pensar que la prosperidad va mucho más allá del dinero. Ésta, puede ser vista, más bien, como un estado mental y como tal necesita ser alimentado con pensamientos positivos para poder manifestarse.

Una persona próspera logra hacer más cosas con menos recursos. Es decir, siempre le alcanzan sus ingresos para cubrir todos sus gastos, logrando así, una situación económica adecuada y saludable. Otro aspecto importante de la prosperidad es la abundancia, la cual pasa a ser su prima hermana. El secreto para vivir siempre en abundancia es compartirla. Cuando damos algo, nuestro subconsciente lo toma como que estamos bien, pues si damos es porque tenemos algo que dar y esto nos hace sentir una sensación de bienestar, por lo que nuestro subconsciente tratará de darnos más para compartir, pues esa es su función: hacernos sentir bien.

Es importante conservar la cadena de dar y recibir. Sin embargo, hay personas que no les gusta dar, otras que no les gusta recibir y algunas otras no les gustan ni dar ni recibir. Ni los egoístas, ni los vanidosos pueden ser prósperos. En prosperidad todo fluye y siempre hay en abundancia para todos y el dinero comienza a trabajar a nuestro servicio, en lugar de nosotros trabajar para obtenerlo. También para ser próspero hay que desarrollar un sentido de gratitud, lo cual nos abre la puerta a la prosperidad y la abundancia de la vida.

Otra cosa importantísima para obtener prosperidad es tener una actitud positiva hacia el dinero, como hemos visto en el subcapítulo 4.5. Si esta actitud es positiva, la persona puede llegar a ser próspera, aun cuando en sus comienzos haya tenido dificultades económicas. De hecho, el 85% de las personas prósperas en la vida han tenido una infancia difícil, o al menos con ciertos sacrificios. Los hábitos adquiridos desde pequeños forjan al ser humano, lo templan, le dan y despiertan su fuerza y energía interior.

Esto, los forma para administrar la abundancia con criterio de escasez. Las personas prósperas comparten su abundancia con los demás, sin llegar a malbaratarla. Por lo general estas personas viven con sencillez y sabiduría. En síntesis, para lograr ser próspero es necesario estar mentalmente preparado para ello, tener una actitud positiva hacia el dinero y compartir la abundancia.

# Tener Éxito

Tener éxito es lograr lo que se desea. Esta situación de triunfo o logro hace que la persona se sienta satisfecha y experimente la felicidad. El éxito puede ser planificado o puede suceder espontáneamente. Como quiera que sea el caso, es producto de nuestros pensamientos. Nuestros pensamientos moldean nuestras vidas, por lo que alcanzar el éxito depende de nuestra forma de pensar. Una vez que se logre el éxito, podemos hacer realidad nuestros sueños, lo cual nos permite a su vez lograr nuestras aspiraciones y así ser prósperos. Así que el éxito depende exclusivamente de nosotros mismos.

Los aspectos en los que se quiere tener éxito varían con respecto las aspiraciones de cada persona. Para algunas tener éxito puede ser lograr bienestar económico, mientras que para otras puede ser tener sabiduría, o encontrar el amor de su vida y formar una linda familia. Lo más importante en tener éxito es simplemente que la persona se sienta feliz con todo lo que logre. Ahora, para ser exitosa la persona requiere poseer de ciertas cualidades como tener buena autoestima, ser persistente, estar dispuesto a correr cierto riesgo en la actividad que desee emprender, tener la capacidad de trabajar con la gente, tener cierto talento, y sentir pasión por lo que se quiere hacer.

Sentirse bien con uno mismo o tener una autoestima positiva es esencial no solamente en el logro del éxito, sino también en emprender cualquier actividad que implique algún riesgo. Como se sabe, el éxito siempre está asociado con el riesgo. En cuanto a la persistencia, esto es algo que requiere también de inteligencia para determinar hasta donde persistir para lograr lo que se desea. Otro de los elementos que se requiere para tener éxito, es saber trabajar con la gente para lograr con ella y a través de ella el objetivo. En este sentido, la gente llega a ser tan importante como el dinero mismo. Conocer el oficio de la actividad a la que se quiere incursionar y tener el talento respectivo es también parte necesaria para el logro de lo que se persigue. Por supuesto, cuando se siente pasión por lo que se quiere hacer, el éxito tiene mejor sabor.

El éxito está estrechamente vinculado a aprovechar las oportunidades que se nos presentan en la vida. Ahora para que eso suceda tenemos que estar siempre pensando en positivo y es esto lo que precisamente marca la diferencia entre lograr el éxito o no. Además, para tener éxito debemos tener la voluntad de lograrlo, tener una actitud positiva ante la vida, fabricar los sueños y trabajar para lograr nuestras aspiraciones.

## Superar Los Miedos

Como hemos visto en la sección sobre el miedo del subcapítulo 3.2 de las emociones, el miedo real o racional nos ayuda a actuar a tiempo ante la anticipación de una amenaza. En este caso, este tipo de miedo es positivo. Sin embargo, existe otro tipo de miedo que es muy negativo y solo nos causa problemas. Éste, es el llamado miedo irracional, el cual imaginamos en nuestra mente. Entre estos miedos tenemos el miedo al miedo, al fracaso, a no tener dinero, miedo a la vejez, a la muerte y el peor de todos: el miedo a hablar en público.

El miedo irracional casi siempre es desproporcionado con respecto a la amenaza y puede ser muy perturbador al momento de enfrentar la amenaza, pues éste hasta nos llega a bloquear y paralizar. Para evitar esta situación y lidiar con el miedo efectivamente en el momento en que se presente, es recomendable respirar profundo varias veces, inhalando el aire hasta llenar el abdomen y exhalándolo hasta contraerlo. Este proceso de respiración ayuda a oxigenar las células del cuerpo, lo que estimula la estabilización de la mente.

Para obtener la felicidad personal y lograr una vida plena debemos superar nuestros miedos irracionales. Para ello, primeramente, tenemos que admitir que sentimos miedo, luego lo identificamos para conocerlo mejor y finalmente enfrentarlo para superarlo. Aceptar e identificar el miedo es importante, pues nos permite observar si hay alguna manifestación asociada con él, como una tendencia a evadir situaciones, o como sentir palpitaciones, sensación de tener mariposas en el estómago, sudoración, o resequedad en la boca. Cualquiera de estas manifestaciones es aviso de la presencia del miedo. Una vez identificado el miedo, debemos tratar de conocerlo para comprenderlo.

Comprender el miedo es conocer mejor su causa o raíz para hacer los cambios necesarios para superarlo. Esta comprensión nos permite detectar si el miedo proviene de alguna de las experiencias, enseñanzas, etiquetas que nos hayan puesto, o de algún aspecto de nuestra personalidad. Enfrentar el miedo es hacer precisamente lo que nos da miedo hacer. Después de cierto tiempo el miedo pasa a ser parte de nuestra rutina y lo atemorizante desaparece. Si el miedo es el resultado de la incertidumbre del futuro o de lo que pasó en el pasado, solo tenemos que vivir el presente para superar este miedo.

Un aspecto de gran importancia para superar los miedos es generar pensamientos más positivos, ya que ese miedo irracional es justamente producido por los pensamientos negativos. El pensamiento positivo estabiliza la mente, lo que nos ayuda a ver la situación de una forma mejor. Para lograr este objetivo es necesario eliminar los pensamientos negativos y cultivar el pensamiento positivo, tal como se ha señalado antes. Ahora, para hacer este cambio de pensamientos necesitamos reprogramar nuestra mente de la manera expuesta en el subcapítulo 5.3.

Si con nuestras aspiraciones, hemos logrado ser prósperos y tener éxito. Y, además, hemos logrado superar nuestros miedos, entonces nos debemos sentir felices. Ahora, para lograr sentirnos mucho más felices, debemos elegir una buena pareja con quien compartir toda esa felicidad. Es importante saber que una buena relación debe siempre proporcionar más felicidad de la que la persona tenía antes de la relación.

# Elegir una Buena Pareja

En la mayoría de las sociedades desarrolladas la gente aún sigue teniendo la libertad de compartir su vida con alguien a quien quiera. La relación de pareja es basada en el amor, ese sentimiento universal que ha existido desde el inicio de la humanidad. Enamorarse es algo muy normal en el ser humano. Ese flechazo que sentimos la primera vez que vemos a alguien que realmente nos gusta, es un acontecimiento emocional único, al cual le debe seguir un reconocimiento recíproco entre las dos personas. En ese momento el cerebro libera ciertas hormonas, como la dopamina entre otras, lo cual prepara al cuerpo para manejar esa gran emoción.

Con el enamoramiento se inicia la construcción del amor verdadero. Al principio todo se basa en la amistad y luego con el cariño, la compasión y la ternura, el amor se va fortaleciendo. Llega un punto de la relación que la pareja se quiere tanto que decide vivir juntos y empiezan a formalizar la unión. Sin embargo, vivir bajo el mismo techo y arroparse con la misma cobija es compartir sus intimidades. Esto a veces pudiera no ser tan fácil, pero gracias a la magia del enamoramiento, la gente se adapta a su nueva posición. El estar enamorado transforma tanto la vida de las personas, que éstas actúan como si se hubieran tomado una fuerte dosis de felicidad concentrada. Ven el mundo más hermoso, hacen las cosas con más cariño, se quieren más a sí mismas y a los demás. La explicación a todos estos cambios es que la química que se genera en el cerebro mientras se está enamorado hace que la mente genere mucho más pensamiento positivo. Pues si es así, ¡entonces sigamos enamorados!

Para continuar enamorado de nuestra pareja es muy importante haber hecho una buena selección al escogerla. Para ello, es necesario saber qué tipo de persona es la que queremos para compartir nuestra vida. Por lo general, la persona a la que nos sentimos atraídos es porque tiene las cualidades que son deseadas por nosotros. La gente por lo general busca una pareja que sea amable, comprensiva, inteligente, honesta, emocionalmente estable, tolerante, atractiva y sana. Sin embargo, las culturas determinan la importancia que se le atribuya a cada una de estas cualidades. Los hombres mayormente le dan más importancia a la juventud y al atractivo físico de su pareja, cualidades estas importantes en cuanto a la fertilidad. Las mujeres por su parte y por lo general; prefieren los hombres que gocen de una posición social y económica decente, o que por lo menos tengan el potencial para adquirir esas posiciones; y también prefieren que los hombres sean unos años mayores que ellas.

Las cualidades que una persona desea de otra deben ser las que normalmente determinen la decisión de emparejarse para que la vida en común sea compatible. Al no seguir la norma de las cualidades deseadas, la ruptura de la unión es algo anunciada. El problema con esta norma es que la mayoría de la gente desconoce cuáles son esas cualidades que ellos pudieran estar deseando y solo usan su corazón como guía al seleccionar su pareja, como se había hecho por tanto tiempo en el pasado. Como regla general y sin darnos mucha cuenta, escogíamos a nuestra compañera basados en un patrón de lo bueno o malo que habíamos tomado de nuestros padres. Nuestro amor hacia ellos nos hizo verlos como el camino a seguir y nuestro patrón de comportamiento. Por lo que a la hora de escoger una pareja lo hacíamos basado en eso. Por lo general, los hombres escogíamos a nuestra pareja como la que más se pareciera a nuestra madre, mientras que las mujeres los escogían con relación a su padre.

Esto podía funcionar si el patrón que obtuviéramos de nuestra madre o padre fuera bueno. Pero qué tal que si no lo fuera. Suponga que su madre era sumisa y que vivió toda su vida con su padre soportando su mal trato y su deshonestidad, solo para continuar con una vida que ella creía no poder enfrentar sola. ¿Le gustaría repetir ese tipo de vida? Evidentemente que no. La importancia de la norma de las cualidades deseadas se hace notar. Sin embargo, la mayoría de la gente no aplica esta regla, quizás por su desconocimiento o por no darle la importancia debida.

Por lo general, solo las personas deseables pueden atraer a personas igualmente deseables. Nuestra pareja debe ser compatible con nosotros. Las personas inteligentes y cultas tienden a casarse con personas con las que puedan compartir sus ideas y sabiduría. Las personas atractivas y seductoras buscan pareja igualmente atractiva y seductora. Las personas con cualidades opuestas raramente se atraen. Escoger una buena pareja para preservar la unión y garantizar la generación de relevo es parte de la selección natural de nuestro proceso evolutivo.

Para que la unión entre parejas perdure es necesario que exista una buena comunicación entre ellos, de manera que puedan resolver las diferencias que surjan a lo largo de la relación. Cabe mencionar que los problemas del día se deben resolver lo más pronto posible durante ese mismo día. No dejarlos que se acumulen, pues eso solo desgasta la relación. Es importante hablar y oír al otro para tratar de entenderle. Cuando uno siente que su pareja le presta atención y le comprende, a uno le provoca contarle todo, bueno... casi todo. Una buena comunicación también incluye expresar sus sentimientos, inquietudes, proyectos, así como recibir la opinión que el otro pueda tener al respecto.

Ser honesto es fundamental para que la relación se mantenga. Recuerdo que uno de mis mejores discípulos me dijo que se quería divorciar porque se había enamorado de otra chica y que sería deshonesto si no lo hiciera. A lo que le dije: mi querido amigo, tu problema es ser débil. Es normal que a uno le gusten las muchachas bonitas que ve a diario. Pero, es una debilidad enamorarse de una de ellas para tratar de remplazar a la mujer que ya tenemos en la casa y así tirar por la ventana lo que hemos construido con amor por cierto tiempo: nuestra familia, con esposa e hijos. Vemos que además de ser honestos, respetuosos, también necesitamos ser firmes ante la tentación. Tal como hizo Jesús en su andar por el desierto cuarenta noches con sus días.

Entre la pareja debe haber también un buen trato. A todos nos gusta que nos traten con cariño, tolerancia, consideración y sobre todo con mucho respeto. Decirle espontáneamente a nuestra pareja que la queremos es una forma pequeña y al mismo tiempo inmensa de amor. Debemos complacer a nuestra pareja en todo lo que sea posible. De hecho, de eso se trata el amor: tratar de hacer feliz a alguien. En cuanto al respeto, éste es tan importante que ninguna relación puede sobrevivir sin él. Levantarle la voz a tu pareja es una falta de respeto. Levantarle la mano es razón suficiente para separarse. El respeto también nos lleva a ser tolerantes y considerados con nuestra pareja.

Otro aspecto clave en una relación de pareja es la confianza que exista entre ellos. Una relación sana debe perdurar hasta que la confianza se acabe. Los miembros de la pareja deben desenvolverse con toda libertad, sin que el otro le trate de poner algún control, siempre y cuando que lo que haga no vaya en detrimento de la relación. La desconfianza es producto de los malos pensamientos que causan la inseguridad y los celos, pero a estas alturas del libro, esos pensamientos ya no serán un problema, pues ya hemos visto cómo resolverlos.

Para que la relación se desarrolle y crezca, es importante que el líder siempre sea el que genere mejores pensamientos y el que sea más productivo, por supuesto. La pareja debe aprovechar de compartir mucho mientras las circunstancias lo permitan. Socializar con amigos y familiares es deseable. Divertirse juntos le agregará una pizca de emoción a la vida de la pareja. Ahora hacer de vez en cuando una de las travesuras que hacían al principio del enamoramiento, le agrega un toque de locura a la unión.

Una vez que las reglas de la unión conyugal se sigan, la relación esté estable y se haya disfrutado de unos 5 años de felicidad con la pareja, pues se puede entonces pensar en tener hasta un par de hijos. Si las personas se casan a los 27 años como debe ser, para cuando tengan su primer hijo tendrán cierta madurez para ayudarlo a crecer. Para evitar la sorpresa de algunos padres buenos, cuando ven con tristeza que sus hijos no salieron como ellos, deben criar, o por lo menos supervisar la crianza de sus hijos. Algunos padres se concentran tanto en proveer los recursos económicos necesarios para que a su familia no le falte nada, que se olvidan de este detalle.

Bien… Con el desarrollo de la actitud correcta ante la vida, se hace más fácil el transitar por ella en busca de un mejor vivir. Y con el logro de la felicidad personal podemos entonces vivir plenamente. Muchas de las cosas que necesitamos para llegar hasta este punto las hemos cubierto en el libro. Sin embargo, hay algunas cosas que, dependiendo de la actitud que ya había desarrollado la persona, cuestan un poco más de entender y mucho más aun cambiar. Por esta razón he incluido el tema de la mente subconsciente para que nos ayude a lograr aquellas cosas más difíciles de alcanzar.

# 5.2 El Poder de la Mente Subconsciente

Dentro de la mente subconsciente reside una inteligencia infinita, capaz de llevarnos a lograr todo lo que deseamos en la vida. Para que esto sea posible debemos tener conocimiento de la interacción de la mente consciente con el subconsciente, con lo cual podemos modificar nuestra forma de pensar. Además, debemos ser personas de mente abierta y receptiva para aceptar cualquier nuevo pensamiento e idea. Esto es fundamental para lograr cualquier otro elemento necesario para lograr vivir una vida plena.

La mente subconsciente es prácticamente la que nos dicta que hacer. Nuestro cuerpo solo obedece a su poder sin siquiera cuestionar nada. La razón por la que el uso del poder de la mente subconsciente, para lograr las cosas que queremos, no se había generalizado antes, ha sido el desconocimiento total sobre cómo funciona esta maravilla. ¡Ah! pero una vez que logremos descifrar su funcionamiento, entonces pondremos todo su poder bajo nuestro control y así podríamos cambiar nuestras vidas para ser más felices. Podemos hacer que el poder de nuestro subconsciente nos ayude en vez de ir en contra de nosotros, como suele ser el caso en algunas situaciones.

Mientras la mente consciente genera las instrucciones para la ejecución de nuestras tareas diarias, la mente subconsciente almacena información obtenida de los sentimientos, emociones y pensamientos del día. Nuestra mente subconsciente trabaja todo el tiempo. Es algo extraordinariamente maravillosa, aun cuando la mayoría de la gente no sabe que es, ni cómo funciona, pero por lo menos saben que existe. Hay maneras en que la gente usando su mente consciente, puede influir sobre el subconsciente, pero la mayor parte de la gente no sabe cómo hacerlo. Pues por lo general la mente consciente no está al tanto de lo que hace nuestra mente subconsciente. Estos dos niveles de la mente pueden trabajar juntos, pero no siempre estarán de acuerdo. Ahora, cuando entran en conflicto, el subconsciente siempre sale ganando.

El subconsciente funciona como una computadora, la cual retiene la información que programamos en ella y solo puede interpretar esa información literalmente. Algo similar ocurre con el subconsciente, pues éste no sabe la diferencia entre realidad e imaginación. Cuando pensamos o hablamos internamente con nosotros mismos, nuestro subconsciente almacena en su memoria esta información como un hecho real y hace que se produzcan las condiciones necesarias para que el evento relacionado con el pensamiento se ejecute de acuerdo como lo hemos programado.

Lo que haga la mente subconsciente dependerá de la programación que nosotros le pongamos, lo que significa que nosotros podemos controlarla para que nos ayude a lograr las cosas buenas. Por lo general, programamos nuestra mente subconsciente cada día mientras pensamos en lo que haremos. Si pensamos que nos irá bien, pues nos irá bien. ¡Así de sencillo! Somos lo que pensamos. Tendremos éxito en la vida si nuestros pensamientos son positivos. Con este tipo de pensamiento podemos hasta enfrentar las situaciones adversas por muy serias que ellas sean y lograr nuestras metas.

Con los pensamientos negativos solo se persigue el fracaso. Sin darnos cuenta, programamos nuestro subconsciente para dar paso a ese tipo de situaciones y cada vez que tengamos que enfrentarlas aparecerá ese pensamiento negativo para hacernos fracasar. Sin embargo, hoy cuando nos hemos adentrado en la mente subconsciente, hemos descubierto que, así como programamos esos pensamientos malos, también podemos desprogramarlos o cambiarlos por otros positivos. Para lograr esto es importante comprender que tanto los sentimientos y las emociones, así como el comportamiento ante la situación son resultado de nuestros pensamientos y que estos son simplemente ideas, no realidad. Con esto en mente podemos iniciarnos en el aprendizaje de programar nuestro subconsciente.

# 5.3 Programar la Mente Subconsciente

Para programar el subconsciente, nuestra mente debe estar bien relajada y funcionando a un ritmo mínimo, pero consciente, lo que se conoce como nivel Alfa. En este nivel se puede conectar el consciente con el subconsciente para enviar un mensaje sobre lo que se quiera lograr. Para alcanzar el nivel Alfa, es importante conocer los niveles de consciencia y seguir la pauta aquí recomendada para llegar al Alfa. *Programamos al subconsciente con afirmaciones y visualizaciones que pasamos desde el nivel de la mente consciente al subconsciente mientras estemos en el nivel Alfa.*

Como *el subconsciente no sabe distinguir entre pasado, presente o futuro, tampoco entre lo imaginario y lo real*, él creerá que lo que se le afirma y visualiza, es real. Entonces creará todas las rutas requeridas para lograr lo que nosotros hemos puesto en él. Cuando las afirmaciones y visualizaciones pasan del consciente al subconsciente, el mensaje queda enviado y listo para ser ejecutado.

## Los Preparativos para la Programación

La mente subconsciente graba lo que la mente consciente imprima en ella. O sea, que la mente subconsciente acepta lo que crea el consciente, sin razonar y sin entrar en controversia. Es como la tierra que acepta cualquier clase de semilla sea buena o mala. Si los pensamientos son positivos, pueden prosperar en forma de semillas buenas. Pero si son negativos pueden producir situaciones adversas.

Es más, la mente subconsciente ni siquiera se percata de que los pensamientos sean ciertos o falsos. Por ejemplo, si alguien cree firmemente que algo es cierto, aun siendo falso, su mente subconsciente lo aceptará como cierto y procederá a obtener resultados de acuerdo con esa aceptación. Por esta razón es muy importante saber lo que pensamos. Cualquier pensamiento, creencia o suposición que imaginamos, queda grabado en nuestra mente subconsciente y luego ese pensamiento, creencia o suposición trata de manifestarse en forma de circunstancias, condiciones y eventos ante nosotros. Para que estas manifestaciones mentales sean buenas, debemos alimentar el subconsciente con pensamientos positivos.

Para programar el subconsciente, nuestra mente debe estar bien relajada en el nivel Alfa. Es decir, funcionando a un ritmo mínimo, en donde los impulsos eléctricos del cerebro oscilan a una velocidad aproximadamente de 10 ciclos por segundo. Es muy importante saber que por el nivel Alfa pasamos todos los días justo antes de quedarnos dormidos en la noche y cuando nos empezamos a despertar en la mañana. Sin embargo, para alcanzar este nivel en cualquier otro momento del día podemos utilizar métodos de relajación y meditación. Ya en Alfa, empezamos a programar el subconsciente utilizando afirmaciones y visualizaciones mentales.

## Afirmaciones y Visualizaciones

Como ya hemos dicho, nuestro subconsciente no sabe distinguir entre pasado, presente o futuro, tampoco entre lo imaginario y lo real. Es muy importante tener esto en mente para entender por qué son útiles las afirmaciones y las visualizaciones en la programación de la mente subconsciente.

*Las afirmaciones* son declaraciones que se hacen de uno mismo en cualquier momento sobre cómo se está y como se quiere estar. Si nos afirmamos a nosotros mismos que estamos completamente tranquilos y contentos mientras estemos en el nivel alfa, nuestro subconsciente recibirá el mensaje y buscará las condiciones necesarias para llevarnos a ese estado de ánimo, aun cuando en realidad nos sintamos ansiosos y deprimidos. Nuestro subconsciente creerá en lo que le afirmemos.

*Las visualizaciones* son imágenes mentales que se crean de uno mismo logrando cualquier cosa que se quiere hacer o ser. Cuando visualizamos realmente soñamos despiertos, pues nos imaginamos paso a paso con todos los detalles sobre cómo suceden o se dan las cosas que queremos lograr. Como el subconsciente cree que lo que se visualiza es real, entonces creará todas las rutas requeridas para lograr lo que se quiere. Para ello, tanto las afirmaciones como las visualizaciones deben pasar ya sea en forma de mensaje o de otra forma a la mente subconsciente.

## Enviar Mensajes al Subconsciente

Podemos programar nuestra mente subconsciente mediante el envío de mensajes desde la mente consciente. Para enviar estos mensajes, debemos primero alcanzar el nivel Alfa, en donde estaremos totalmente relajados, pero también completamente conscientes. Es en este punto, cuando es posible conectar el consciente con el subconsciente y enviar mensajes desde el primero al segundo. Estos mensajes son reforzados mediante las afirmaciones y visualizaciones mentales. Con estos mensajes, podemos decirle al subconsciente lo que queremos ser y hacer los cambios que se desean para lograrlo.

Podemos usar estos mensajes, para pedirle a nuestro subconsciente que nos ayude a cambiar nuestros pensamientos, mejorar nuestra salud, superar nuestros miedos, tener éxito, o cualquier cosa que queramos lograr. Es un privilegio tener acceso al poder asombroso del subconsciente para lograr cosas que de otro modo parecieran imposibles. Sin embargo, ese poder no es nada nuevo, pues ha estado con nosotros por miles de años. Lo más difícil del proceso es alcanzar el nivel Alfa y para hacerlo más fácil, debemos entender los diferentes niveles de consciencia.

# Niveles de Conciencia

Nuestra actividad cerebral depende de lo que nuestro cuerpo este haciendo en un determinado momento del día o de la noche. De acuerdo con la actividad de nuestro cerebro, experimentamos varios niveles de consciencia cada día. Estos niveles son definidos por el ritmo en el cual las ondas cerebrales están vibrando. Existen cuatro niveles primarios de conciencia por los que todas las personas pasan todos los días. Estos niveles se conocen como: Beta, Alfa, Theta y Delta.

## Nivel Beta

Estamos en este nivel de conciencia cuando nuestro cerebro registra una actividad de 14 o más ciclos por segundo. En este nivel estamos la mayoría de nosotros por más del 70 por ciento de nuestro tiempo. Beta es el nivel de la mente consciente, donde pensamos racionalmente para realizar las actividades del día, por lo que siempre estamos despiertos, alertas, conscientes de todos nuestros cinco sentidos y de tomar decisiones. La parte izquierda del cerebro domina en el nivel Beta

## Nivel Alfa

En el nivel Alfa nuestro cerebro registra una actividad de 7 a 14 ciclos por segundo. Alfa es el nivel creativo. Estamos en Alfa cuándo soñamos despiertos, o cuando estamos relajados o soñolientos pero conscientes. Todos los días antes de quedarnos dormidos o de despertarnos completamente pasamos por el nivel Alfa. La parte derecha del cerebro domina en alfa, el cual es un nivel intuitivo en vez de racional. Del nivel Alfa se pueden recibir soluciones para resolver los problemas que se presentan en el nivel Beta. Alfa es el nivel de conciencia donde podemos acceder a nuestro subconsciente para que nos ayude a resolver todos nuestros problemas.

## Nivel Theta

En el nivel de conciencia Theta nuestro cerebro registra una actividad de 4 a 7 ciclos por segundos. En este nivel la mayoría de las personas duermen. Sin embargo, con práctica se puede aprender a quedarse pasivamente consciente en este nivel de conciencia para lograr poderes extraordinarios de control mental y obtener percepciones extrasensoriales. Si pudiéramos programar nuestro subconsciente mientras estamos en el nivel Theta, resolver nuestros problemas sería mucho más sencillo y más efectivo que en el nivel Alfa.

## Nivel Delta

En este nivel la actividad registrada por nuestro cerebro está por debajo de 4 ciclos por segundos. En Delta, todos estamos en un estado profundo de sueño y totalmente subconscientes.

# Cómo Alcanzar el Nivel Alfa

Existen muchas formas para alcanzar el nivel Alfa. Usted puede usar la que más fácil le resulte. A continuación, le presentamos paso a paso, uno de los métodos más sencillos:

1. *Lugar Apropiado*. Elija un lugar solo y muy silencioso, preferiblemente en su casa, libre de interrupciones o distracciones. En donde usted se sienta tan cómodo como sea posible. Puede sentarse vertical con los pies en el piso y las manos en las rodillas con las palmas hacia arriba. O puede acostarse en su espalda con sus brazos paralelos a su cuerpo. En cualquier posición que usted escoja, debe cerrar los ojos, evitar el cruce de las piernas, y asegurarse de que su espina dorsal esté derecha. Usted debe sentirse cómodamente equilibrado.

2. *Relajación*. Ponga tenso los músculos de la cabeza a los pies, tan apretados como pueda y luego permita que ellos se aflojen. La diferencia entre la tensión que se siente cuando pone tensos los músculos y la calma que se siente cuando se aflojan le dan un punto de referencia para la sensación de relajación. Ahora, para relajarse completamente se debe respirar apropiadamente.

3. *Respiración*. Respire profundo, aspirando el aire por la nariz y expulsándolo por la boca. Concentrándose en la entrada y salida del aire. Respire con su diafragma, de manera que el área del estómago se mueva hacia arriba y hacia abajo. En la respiración normal, el oxígeno que se inhala es equilibrado

perfectamente con el dióxido de carbono que se exhala, manteniendo así el pH de su sangre equilibrado. Respire apropiadamente, usando toda la capacidad de los pulmones, aguantando el aire un rato y después espirándolo todo por la boca hacia fuera. De esta manera los pulmones extraen más oxígeno del aire para ponerlo en la sangre.

4. *Cuenta Regresiva*. Una vez que se haya relajado completamente cuente regresivamente de 10 a 1 para alcanzar el nivel Alfa. Es posible que al principio tenga que empezar a contar desde 17 hasta que tome la practica necesaria.

5. *Visualización*. Ya en Alfa, visualice una imagen mental sobre un lugar donde usted se sienta muy relajado. Imagínese ese lugar muy vívidamente en su mente con todos sus detalles. Un lugar con árboles, flores, pájaros y agua clara con olor a bosque es siempre muy relajante. Mientras usted está en ese lugar de paz y tranquilidad sus sentidos estarán alerta, sabiendo todo lo que pasa alrededor y usted podrá concentrarse totalmente en los pensamientos que vienen espontáneamente a su mente. Visualícese a usted mismo muy calmado y sereno dentro de su lugar de paz y tranquilidad. Tome una imagen mental de la paz que usted siente en ese lugar para que la pueda volver a visualizar luego cuando se sienta tenso. Para salir del nivel Alfa solo deje de visualizar su lugar de paz y tranquilidad y abra los ojos.

# 5.4 Como Pedirle al Subconsciente

Podemos pedirle a nuestro subconsciente para que nos ayude con cualquier cosa que queramos para ser feliz, para resolver cualquier problema, hacer cualquier cambio en nuestra forma de pensar, lograr cosas para mejorar nuestra posición económica, en fin, podemos pedir cualquier cosa que queramos. Para lograr esto, podemos usar varias formas para pasar desde la mente consciente al subconsciente la información sobre lo que se desea. Una de esas formas, es enviar un mensaje a nuestro subconsciente estando en el nivel alfa, donde es posible conectar el consciente con el subconsciente.

También se le puede pedir al subconsciente a través de la oración, la cual debe conectar el consciente con el subconsciente para que sea efectiva. De la misma manera como la usaba Jesús. La oración es la interacción armoniosa de los dos niveles de la mente, el consciente y el subconsciente, dirigida hacia un propósito específico. Podemos meditar para alcanzar el nivel Alfa como lo hicimos en la sección anterior. Una vez en alfa hacemos la oración, dándole gracias a nuestro subconsciente o a Dios por todos los logros del día, luego le pedimos específicamente lo que queremos y como lo queremos. Finalmente visualizamos mentalmente todo el proceso del logro de lo pedido.

Por ejemplo, supongamos que Ud. quiere pedirle a su subconsciente que le ayude para tener un carro nuevo, pues el que tiene está muy viejo, con problemas de funcionamiento y Ud. no está ganando lo suficiente para pagar la mensualidad del nuevo auto. Su oración podía ser algo así: "Quiero dar gracias a mi subconsciente por todos los logros del día de hoy, como el haber visto mi hija, a quien tenía 7 días sin ver. También quiero dar gracias a mi subconsciente por la recuperación de mi tía después de su operación. Ahora, quiero pedirle a mi subconsciente que me ayude para comprarme un carro nuevo, ya que el que tengo no está funcionando bien y lo necesito para trabajar y movilizar a mi familia"

Ahora empiece a visualizar el logro de su pedimento. Imagine que va a su trabajo y visualice toda la ruta que normalmente toma para llegar a su trabajo. Imagine que después de estar en su trabajo, su jefe lo llama y le dice que la compañía ha decidido darle un aumento de sueldo por su buen desempeño. Visualice su caminata hasta llegar a su jefe, su oficina con todos los detalles posibles, las palabras y la cara alegre de su jefe dándole la buena noticia. Y por supuesto, visualice la cara más alegre aun de Ud. dándole las gracias a su jefe. Visualice luego, su regreso a casa y dando la buena nueva. Visualice la cara de alegría suya y la de su familia. Puede repetir la operación hasta tres veces si lo desea para estar más seguro de que la información ha pasado del consciente al subconsciente.

Si no dispone del tiempo o no quiere ir sobre el proceso de alcanzar el nivel Alfa, entonces puede hacerlo antes de dormir o antes de levantarse. Recuerde que todos los días antes de quedarnos dormidos o de despertarnos completamente pasamos por el nivel Alfa. Entonces, una vez que esté relajado y listo para dormir, inicie su oración con toda su visualización. Repítala hasta quedarse dormido. Esto será una señal que el mensaje ha pasado al subconsciente. Haga la oración todos los días que sean necesarios. Si en algún momento del día le viene a la mente su pedimento, refuércelo con pensamientos positivos.

Una vez que podamos lograr, con la ayuda de nuestra mente subconsciente, las otras cosas necesarias para vivir la vida plena, es importante también que la sociedad de la que formemos parte esté acondicionada para que el disfrute a plenitud de la vida sea posible. Por tal razón, debemos conocer a nuestra sociedad, de la cual somos parte, por lo que no debemos aislarnos de ella.

# 5.5 Una Mejor Sociedad

Nuestra sociedad actual se encuentra un tanto dividida. Al punto que cada quien anda por su lado pretendiendo tener sus propias reglas. Vivimos en una sociedad, la cual con el pasar del tiempo se ha ido llenando de muchos problemas sociales como las drogas, la delincuencia, la corrupción y el terrorismo entre tantos. Quizás lo más triste es saber que nuestros jóvenes también son protagonistas de algunos de estos problemas. Se cree que la raíz de la mayoría de estos problemas pudiera ser la desadaptación social, lo cual pone a esas personas al margen de la normalidad social convirtiéndose en marginales. Ante la magnitud de los problemas sociales es triste aceptar la apatía total que reina, no solamente en los gobiernos, sino en la sociedad misma para hacer algo al respecto.

Vemos que la educación en vez de ponerla al servicio de la gente, la están usando con fines de ideologizar políticamente a la gente y eso no es justo. La educación debe usarse para impartir conocimientos al individuo para que éste pueda resolver sus problemas mediante la enseñanza de una mejor forma de pensar, así como también impartirle conocimientos sobre la cultura; los valores como la honestidad, el respeto y la responsabilidad y las pautas de comportamiento para que el individuo logre insertarse en la sociedad, disminuyendo así la posibilidad de la desadaptación social para mantenerlo alejado de los problemas sociales. De esta manera, la educación será parte de la solución. La otra parte de la solución consistiría en hacer los cambios nosotros mismos para luego ayudar a los demás.

## La Sociedad Actual

Una gran parte de nuestra sociedad se desliza por un camino equivocado. Los miembros de esa parte de la sociedad, cada vez se aíslan más y pretenden vivir alejados del mundo. Este aislamiento ha ido fragmentando la sociedad en conjunto hasta producir un colectivo compuesto por individuos solamente. Cada uno anda por su lado, pretendiendo tener sus propias reglas. Los valores comunes, así como las sanas costumbres, ya no son compartidos. Se está perdiendo el afecto, el respeto y la empatía por los demás y peor aún, se está perdiendo lo que hace a una persona, humana. Es triste ver desvanecer en una gran parte de nuestros compatriotas los elementos críticos en el desarrollo de una buena actitud ante la vida. Más triste aun es ver que ese malestar social se está proliferando por todo el mundo ahora.

Esta tendencia peligrosa no es nada buena para nuestra sociedad, ya que eso, está haciendo que la gente sienta mucha confusión, lo que genera situaciones de caos. Esta gente llega a vivir hoy como si se fuera a morir mañana. Esto está haciendo a la gente, menos capaces de pensar con claridad, prestar atención y concentrarse para resolver sus problemas del día a día. Se vuelven entonces muy dependientes de alguien más y esperan que otros les resuelvan sus problemas. Surge así, la cultura mesiánica, es decir, creer que otros le resolverán los problemas. Algunos expertos creen que la razón principal de esta situación se debe a la inestabilidad política y económica de los países del mundo.

Además de este problema de aislamiento, vemos que en la sociedad en que vivimos, con el pasar del tiempo, los problemas sociales como las drogas, la delincuencia, la corrupción y el terrorismo entre tantos, se han ido incrementando. La razón se debe sencillamente a que el desempleo en gran parte del mundo ha ido en ascenso, lo que empuja constantemente hacia arriba el nivel de pobreza. Sin embargo, resulta curioso escuchar ahora más que nunca a los políticos prometerle a la gente, para ganar unas elecciones, que ellos acabaran con la pobreza. Por los resultados que se ven, cuando oigas a alguien hablar así, más vale que te alejes de él, pues de seguro te hará mucho más

312 La Vida Bajo Una Nueva Perspectiva

pobre para que tengas que depender de su gobierno y así continúes votando por él. Jugar con la pobreza para obtener beneficio político es una aberración.

Ante este panorama desolador mucha de esta gente piensa que es mejor no involucrarse en nada, pues es más tranquilo así, y se dedica a no hacer nada, solo ver la TV. Pues, peor el remedio que la enfermedad. A través de la TV le tratan de enlodar el cerebro a la gente e imponerle unas ideas raras que no son compatibles con la mayoría de la sociedad actual. Ahora hasta la familia, base de nuestra sociedad, la quieren destruir con prácticas aberradas sobre lo que debe ser la constitución de la familia según los malintencionados. Algo muy diferente, a como siempre ha sido: una madre, un padre y unos hijos.

Por otro lado, vemos con mucha preocupación tanta agresión en la juventud. Los jóvenes agresivos usualmente vienen de padres que además de no prestarles atención, los castigan fuertemente, creándoles fuertes traumas, que llegan a disminuir su capacidad empática y llenarles de odio hacia la demás gente. De seguro, estos jóvenes problemáticos serán los protagonistas de la violencia y la criminalidad en nuestra sociedad. Su escasa capacidad de controlarse contribuye a que sean malos estudiantes e incapaces de hacer amigos con facilidad. Al sentirse sin amigos, se unen a otros excluidos sociales para formar grupos y desafiar la ley. Además, se vuelven consumidores de alcohol y drogas. A esos grupos se les unen otras clases de marginales, que son atraídos por su estilo desafiante.

Los marginales son jóvenes que carecen por completo de supervisión en sus hogares y han comenzado a vagar por las calles en total libertinaje, durante los años de la escuela primaria. Más tarde, durante la educación secundaria, este grupo de marginales suele abandonar la escuela deslizándose hacia la delincuencia. Así se convierten en antisociales. Por supuesto, este no es el único camino hacia lo antisocial. Hay muchos otros factores como, por ejemplo: nacer en un vecindario con alta criminalidad, o provenir de una familia con elevados niveles de estrés y de pobreza.

## Problemas Sociales

Quizás la raíz de casi todos los demás problemas sociales sea la desadaptación social. Ya que este problema por lo general lleva después a las drogas, la corrupción, la delincuencia y al terrorismo. Esto por supuesto conlleva a las otras situaciones problemáticas que actualmente confronta la sociedad, como el abandono del hogar por parte de los adolescentes y la prostitución sobre todo en niñas muy jóvenes. También pudiera estar contribuyendo a los problemas sociales la apatía misma de la sociedad.

Los problemas antes mencionados, si se quiere son comunes, pues hemos oído acerca de ellos desde hace mucho tiempo. Sin embargo, lo insólito es oír que algunos políticos han reclutado delincuentes comunes para corromperlos y así corromper a otros para lograr algún beneficio político. Y si por alguna razón, la corrupción les llegara a fallar, pues apelan al terrorismo con delincuentes de menos escrúpulos. Parece ser que a esa gente no hay nada que los detenga y se llevan por delante a lo que sea para lograr su fechoría. Todo este cuadro de nuevas calamidades contribuye aún más a incrementar los problemas sociales, sin que nadie se pronuncie al respecto. Echemos un vistazo de más cerca para ver los detalles de estos problemas y ver los estragos que pueden estar causando en nuestra sociedad.

## La Desadaptación Social

La desadaptación social es la incapacidad de una persona de adaptarse a las condiciones y conductas de la sociedad en donde vive y se desarrolla. Las personas que se encuentren en una situación de desadaptación social se ponen al margen de la normalidad social, manifestando un comportamiento que discrepa totalmente de la normativa social imperante. Esas personas se convierten entonces en marginales.

Entre las causas de la desadaptación social pueden estar los problemas del seno familiar como los maltratos y el abandono de los hijos por parte de los padres. También puede ser causada por creencias de la persona no compatibles con la sociedad de la que se es parte. Otra causa que lleva a la desadaptación es el tener un entorno de malas compañías, lo cual es también muy común entre los adolescentes. La desadaptación es un problema social, quizás la raíz de la mayor parte de los demás problemas sociales, que se ha experimentado en todas las sociedades del mundo.

## Las Drogas

En la mayoría de los casos de alcohólicos o de consumidores de drogas, el comienzo de la adicción puede ser en sus años de adolescencia, aunque no todos los que prueban drogas terminan como alcohólicos o drogadictos. La adicción requiere, aparte de probar la droga por primera vez, de otros factores más como el lugar y entorno donde se vive y el aspecto emocional del individuo. Si el joven vive en un vecindario con un gran consumo de drogas, éste corre mayor riesgo de ser drogadicto. Además, por lo general son más vulnerables a la adicción los hijos de drogadictos.

En cuanto el aspecto emocional, los jóvenes más propensos a volverse adictos son aquellos que tienen mayor índice de disturbios emocionales. Las personas más inestables emocionalmente parecen encontrar en las drogas una forma de calmar las emociones que los perturban. Mientras que a otras personas lo que las lleva tomar drogas es su estado de depresión. Sin embargo, los efectos del alcohol a menudo empeoran la depresión después de una breve euforia. Las personas con problemas de drogas y alcohol deben acudir lo antes posible en busca de ayuda a instituciones como los Alcohólicos Anónimos y otras con programas de recuperación.

## La Corrupción

A los desadaptados sociales no les importa nada, hacen cualquier cosa para infringir la ley y causarle algún daño a la sociedad. En este sentido, llegan a sobornar, extorsionar, usar el fraude y el tráfico de alguna influencia que puedan tener en algo para corromper a alguien y así obtener algún beneficio económico o de cualquier otro tipo. Esta acción y efecto de corromper es lo que llamamos corrupción, la cual se ha convertido en un enorme problema social, ya que destruye las bases de la sociedad.

Se cree que los desadaptados sociales llevaron la corrupción al sector político, cuando éstos llegaron de alguna manera a ocupar cargos públicos. Luego desde allí la extendieron al sector privado hasta contaminar todos los estratos de la vida cotidiana. Y la razón de esta enorme proliferación de la corrupción fue la indiferencia en resolver el problema por los mismos gobiernos con el silencio cómplice de la gente. Cada día que pasa la solución de la corrupción se torna más lejos, ya que este cáncer social infesta más y más a la sociedad, lo que definitivamente hará más difícil erradicarlo.

Hoy día la corrupción afecta no solo lo social, sino todos los aspectos de la vida de la sociedad en cualquier parte del mundo. En lo político perjudica las instituciones democráticas al distorsionar los procesos electorales. Hoy se ha sabido de políticos que han sobornado a ciudadanos sin importar clase ni posición para ganar una elección, incluyendo el fraude electoral. En el aspecto económico la corrupción tiene un efecto negativo en el desarrollo económico de cualquier país al desacelerar la economía, pues este problema aleja las inversiones y sin ellas no se pueden crear fuentes de trabajo. El flagelo de la corrupción llega a desestabilizar países y regiones completas.

## La Delincuencia

La delincuencia es la conducta resultante del fracaso de una persona en adaptarse a las demandas de la sociedad en que vive. La delincuencia juvenil es uno de los problemas sociales más importantes del mundo actual y si no se atiende hoy, ésta llegará a convertirse en la delincuencia adulta del mañana.

El delincuente juvenil es una persona desadaptada, impulsiva y agresiva, quizás con afán de protagonismo y que arrastra en su corta vida una cadena de fracasos. Además, consume drogas, tiene baja autoestima y viene de familia de clase baja con muchos problemas. Para ayudar a estos jóvenes existen programas orientados a la prevención de la delincuencia juvenil. Los gobiernos y la sociedad misma deben tratar de ayudar a la juventud para así preservar la integridad de la familia, ya que esta es la base de la sociedad. Si la delincuencia común no se atiende a tiempo, ésta termina formando parte del crimen organizado, lo cual puede llegar al terrorismo.

## El Terrorismo

Las personas desadaptadas, impulsivas y agresivas, y además de creencias muy profundas hacia una causa o religión llegan a desarrollar un fanatismo exagerado sobre una determinada doctrina o dogma. Estas personas por lo general llegan a practicar actos criminales en bandas organizadas para infundir terror, de modo indiscriminado, en la sociedad con fines políticos o religiosos, lo que se conoce como terrorismo.

Los terroristas no entienden que sus creencias son algo muy personal y no universal como para pretender imponérselas al resto del mundo por la fuerza. Este ha sido, quizás el gran error de ellos por mucho tiempo. Los terroristas son personas dogmáticas con un punto de vista muy negativo hacia la sociedad y que además perciben el mundo como algo malo que hay que eliminar, por eso ven a las otras personas de diferente ideología como sus enemigos a los cuales hay que exterminar de alguna manera.

Al producir terror y miedo en la gente, el terrorismo crea caos e inseguridad en la sociedad, llegando a desestabilizarla, así como a los gobiernos. El terrorismo es un complejo problema social que está afectando muchos aspectos de la vida por estar estrechamente ligado a las drogas y a la ideologización, que normalmente va en contra de las buenas y sanas prácticas de la sociedad. Hoy vemos el terrorismo convertido en el brazo armado del narcotráfico y de los políticos para lograr su travesura criminal.

## La Apatía Total

A veces cuesta entender cómo es que la gente puede hacerse de oídos sordos y de mirada tan esquiva ante los problemas de los demás, especialmente ante los problemas de nuestros jóvenes. Todos asumimos la posición cómoda de no hacer nada. Tal parece que lo que ayer llamábamos insólito hoy es lo cotidiano. Todos en conjunto somos la sociedad y lo que le afecte, también nos afecta a nosotros.

Vemos con tristeza que los niños de la calle casi siempre terminan consumiendo drogas para luego convertirse en delincuentes, sin que nadie haga algo al respecto. Este problema en su etapa inicial se pudiera resolver, pero una vez ya avanzado, cuando el delincuente se haya convertido en una amenaza social, la rehabilitación es más difícil. El pequeño problema ya se ha complicado y ha pasado desde el vandalismo callejero al crimen organizado. Los niños incluso han pasado a ser vendidos como parte del comercio de seres humanos. Y sin que nadie quiera hacer nada. Vemos entonces que la apatía es total.

Para colmo de males ahora los gobiernos, en vez de enfrentar su responsabilidad, más bien la tratan de eludir y hacen como el agua, al escoger el camino que le requiere menos esfuerzo para fluir. Pues, ahora los gobiernos ante el problema de las drogas las están legalizando y para ello, alegan que de esa forma el negocio pagaría impuestos. Si te atracan en la calle, te dirán que es tu culpa por haber estado allí y si te refieres a tu verdugo como un ilegal, terrorista, etc., pues te acusan de estar políticamente incorrecto. ¿Qué tal? La apatía de la gente por la gente, la de la sociedad por la gente, y la del gobierno por la sociedad, suman todos, la apatía total.

## La Educación

Vemos con mucha tristeza y preocupación que la educación en vez de ser puesta al servicio de la gente, la estén usando con fines de ideologizar políticamente al pueblo, mediante la imposición de formas de comportamiento contrario a las buenas y sanas costumbres, así como también la imposición de modelos económicos que han probado ser un fracaso en el pasado, lo cual sumergió a muchos pueblos en la pobreza total. Eso, no es justo.

La educación se debe definir como el proceso de impartir conocimientos al individuo para que desarrolle sus capacidades mentales y físicas con la finalidad de que éste pueda resolver los problemas que se les vayan presentando en el transcurso de su vida. De esta manera y mediante los conocimientos impartidos sobre la cultura; los valores como la honestidad, el respeto y la responsabilidad; así como también las pautas de comportamiento apegadas a las sanas costumbres; el individuo estaría en una mejor posición para resolver sus problemas, adaptarse e integrarse plenamente a la sociedad en la que vive y se desarrolla.

Para lograr este propósito, la educación debe incluir enseñanzas sobre cómo funciona el cuerpo humano para entender nuestras capacidades físicas y sus limitaciones, así como también para mantenerlo sano. También debe enseñarse cómo funciona la mente humana para entender los procesos mentales que en ésta se producen. Especialmente todo lo relacionado con las emociones y el pensamiento. Con el conocimiento de las emociones podemos manejarlas y controlarlas para llegar a ser más emocionalmente inteligentes. Con el conocimiento del pensamiento, aprenderemos no solamente a pensar, sino a pensar bien, es decir en forma lógica, positiva y creativa. Todos los problemas de la humanidad hoy han sido causados por no tener un pensamiento adecuado. Es entonces lógico pensar que, para resolver nuestros problemas, tengamos que cambiar nuestro pensamiento por otro más profundo.

El objetivo de toda educación debe consistir en lograr ayudar que las personas vean una misma realidad real, no inventada a conveniencia de ciertos grupos. La enseñanza, como parte de la educación, requiere de un buen proceso comunicativo para lograr impartir los conocimientos que se requieren para dotar a la persona con habilidades, actitudes y los valores necesarios que le permitan desenvolverse y solucionar los problemas que se le presenten en su vida cotidiana.

El proceso educativo debe producir los cambios necesarios para que el individuo puede enfrentar con éxito su próximo reto. A medida que el individuo vaya resolviendo sus propios problemas, el colectivo, llámese pueblo, estado, o nación, irá en la misma forma y tiempo resolviendo los suyos. En los niños, la educación primaria debe fomentar la interacción y convivencia con otros niños y sus maestros. En los adolescentes la educación secundaria debe tocar los aspectos del pensamiento que les permita pensar lógica, positiva y creativamente. En el adulto, la educación superior debe estar dándole al individuo las herramientas necesarias para lograr el éxito y la prosperidad para llevar una vida feliz. La educación debe ser definitivamente parte de la solución.

## La Solución

Como todos saben la cabina y el espacio interno del avión se presuriza mediante el bombeo de aire comprimido, para que los pasajeros respiren normalmente con su nivel adecuado de oxígeno y así mantener un ambiente y una presión atmosférica similar a cuando se está en tierra. Si la cabina no estuviera presurizada, los pasajeros sufrirían dolores de cabeza y oídos, problemas circulatorios, desmayos y en casos extremos hasta la muerte, debido a que esos aparatos ascienden muy rápidamente y la presión atmosférica varía mucho de acuerdo a la altura.

Imaginemos que vamos en un avión y que surge una despresurización de la cabina. En la demostración que normalmente hacen antes de iniciar el vuelo nos han dado las instrucciones sobre qué hacer: "En caso de una despresurización de la cabina, se abrirán los compartimentos situados encima de sus asientos, que contienen las máscaras de oxígeno. Si esto ocurriera, tiren fuertemente de la máscara, colóquensela sobre la nariz y la boca y respiren normalmente. Los pasajeros que viajen con niños deben colocarse la máscara a ellos mismos primero y después colocársela a los niños "

Creo que la analogía es apropiada sobre lo que está pasando hoy, con respecto al problema de nuestra sociedad que cada día se despresuriza más y más y pareciera que la falta de oxígeno nos hace cometer todo tipo de estupideces. La otra parte interesante de la analogía es la solución propuesta al problema. Usando un pensamiento muy lógico instruyen a los pasajeros a ponerse la máscara de oxígeno a ellos primero. Eso es exactamente lo que nosotros debemos hacer para buscar la solución a los problemas de nuestra sociedad. Tenemos que empezar por hacer los cambios necesarios nosotros los adultos primero para luego poder ayudar a los niños.

Solo cuando logremos desarrollar un pensamiento más profundo, aprender a ser emocionalmente inteligentes y asumir la actitud correcta ante la vida, es decir cuando empecemos a ver la vida bajo una nueva perspectiva, solo entonces, estaremos en capacidad de ayudar a los demás para juntos resolver los problemas. En este punto es apropiado recordarles que todos los problemas que tenemos hoy como individuos o como sociedad, los ha creado nuestra forma de pensar. Por lo que es lógico asumir que la solución a nuestros problemas tiene que empezar por desarrollar un pensamiento más profundo. Tal como una vez lo pensó y expresó Albert Einstein cuando dijo: "Los problemas que tenemos hoy solo los podemos resolver con un pensamiento más profundo".

Es tiempo de empezar a ver nuestro mundo con una visión superior. Tenemos que desligarnos de esa enorme pereza mental que nos envuelve para que podamos ser más creativos y productivos y honrar a aquel grupo de seres humanos que nos precedió hace muchos años y que gracias a su pensamiento nos trajeron hasta donde estamos hoy. Es tiempo de despertar, no importa que nos pase lo que le pasó a Leonardo Da Vinci, quien al hacerlo se dio cuenta que él había despertado para ver que el resto del mundo dormía.

Debemos despertar para apreciar, reflexionar y defender el gran legado de Thomas Jefferson, uno de los padres fundadores de los Estados Unidos y un gran pensador al servicio de la humanidad. En su declaración de independencia, la cual sirvió de inspiración a muchos otros pueblos, Thomas Jefferson sostuvo que todos hemos sido creados por igual, sin ninguna distinción y que todos tenemos el derecho de vivir, ser libres y ser felices. Esto es producto de un pensamiento muy avanzado, el cual debemos preservar para el bien de toda la humanidad para tener gobiernos de la gente, por la gente y para la gente tal como dijo otro gran pensador Abraham Lincoln.

La esperanza del mundo hoy está puesta en la gente que va despertando. Súmate a este grupo de personas para orgullo de la nueva generación que nos relevará. Para hacerlo, simplemente tienes que cambiar tu forma de pensar por un pensamiento lógico, positivo y creativo para que te ayude a crecer, ser feliz y ayudar a los demás. Ese pensamiento debe estar libre de cualquier atadura y que siempre esté al servicio del bien personal y el bien común. Es decir, un pensamiento más avanzado con el que seas capaz de reconocer al buen líder cuando éste aparezca y seguirlo.

Qué bien sería, si alguna vez uno de los que han despertado llegara a ser líder influyente en la dirección del mundo. Hasta el día de hoy, casi todos los gobernantes han tenido la misma forma de pensar con la que sus antecesores nos fueron metiendo en tantos problemas. ¡Ah! y algunos de ellos aún nos hablan de cambio, pero solo consiguen empeorar la situación. La razón es que ellos no tienen ese pensamiento avanzado, pues aún no han despertado. El cambio del que hablan es hacia lo peor. Los políticos con esos pensamientos convencionales jamás guiarán al mundo por el camino correcto.

Sin embargo, recientemente vimos un cambio con la llegada de un presidente que no era político, pero que si había despertado. No obstante, dado que este presidente quería gobernar con la gente, por la gente y para la gente, los políticos usaron toda su maquinaria para sacarlo del camino. Dios quiera y logremos aprender de esta situación y que entendamos la importancia del pensamiento avanzado para tener mejores gobernantes para que nos ayuden a tener un sociedad mejor.

Las nuevas generaciones cada día tienen menos posibilidad de tener una vida estable y próspera, a menos que las cosas cambien, pero... ¿quién las va a cambiar? Todas las autoridades que los pueblos habían elegido para que les protegieran les han fallados. Todas han fracasado desde alcaldías, congresos, jefaturas de estado, y hasta las organizaciones mundiales, supuestamente al servicio de la humanidad. Ahora, ¿aún crees que esas autoridades podían funcionar algún día?

Recuerda que esas autoridades son elegidas con el voto de la gente, en lugares donde aún se puede votar. Pero si cada vez la generación de relevo tiene menos capacidad de saber que es bueno o que es malo, ¿cómo puede estar eligiendo autoridades brillantes? Sencillamente, ellos continuarán votando por quienes otros les indiquen o por el que les ofrezca una hamburguesa gratis. La única forma de producir algún cambio en esa tendencia perversa de la política en la sociedad es cambiando nosotros mismos, nosotros la gente.

Pareciera ser que estamos solos. Solo somos nosotros la gente y solo nosotros solos, los que podemos hacer los cambios que necesitamos para rescatar nuestra sociedad y el mundo lindo que se nos está yendo de las manos. ¡Sí podemos hacerlo nosotros mismos! A medida que cada uno de nosotros vaya resolviendo sus problemas personales para vivir mejor, en esa misma medida, la sociedad de la que formamos parte irá también resolviendo sus problemas para que todos podamos vivir plenamente. La verdadera revolución viene de abajo hacia arriba.

Y ya como nota final para completar el libro, quiero hacer énfasis en la necesidad de orientar tus pensamientos hacia lo que quieras lograr en tu vida para hacerla más fácil y próspera en la difícil tarea de vivir. Orientar tus pensamientos puede implicar cambiar tu forma de pensar, lo cual es algo sumamente trascendental por estar íntimamente ligado a tus creencias. En consecuencia, te recomiendo ir una vez más sobre ellas en el subcapítulo 4.3 especialmente sobre las creencias irracionales para entenderlas mejor y facilitarte cualquier cambio que tengas que hacer en tus pensamientos. Mientras más entiendas tus creencias, estarás en mejor condición de separar una idea errónea de la realidad para que puedas tomar una mejor decisión sobre cuestiones que afecten directamente tu vida, cuando esas cuestiones estén muy ligadas a tus creencias.

# ACERCA DEL AUTOR

Ivanni Delgado es un ingeniero graduado en la Universidad de Tulsa, Oklahoma, con una maestría en negocios de la Universidad NSU de Talehquah, Oklahoma. También es miembro de la Asociación de Autores de Texas. Es una persona muy dedicada al comportamiento del ser humano, por lo que ha estado constantemente observando y analizando la actitud de la gente con quien ha trabajado o se ha relacionado. Piensa que para que el mundo sea productivo, su gente tiene que también serlo, lo cual requiere tener una actitud adecuada sobre lo que hace y eso definitivamente, dependerá de su manera de pensar. Ivanni tiene la particularidad de tornar cualquier relación, incluyendo las de trabajo y negocios, en amistad. Como todo un buen amigo, es muy dado a ayudar a los demás, y por eso decidió escribir este libro con la idea de ayudar a la gente en la difícil tarea de vivir.

# BIBLIOGRAFIA

1.  Calle, R. Guía Práctica De La Salud Emocional, Spain: Edaf, 1998

2.  Eades, M., M.D. The Doctor's Complete Guide to Vitamins and Minerals. New York: Dell. 2000

3.  Goleman, D. Emotional Intelligence. New York: Bantam Books. 1997

4.  Handly, R. Anxiety & Panic Attacks. Fawcett Crest: New York. 1985

5.  Harrison, A. and Bramson, R., Ph.D. The Art of Thinking. New York: Berkley Books. 2002

6.  Leahy, R., Ph.D. The Worry Cure. New York: Harmony Books. 2005

7.  Murphy, J. The Power of Your Subconscious Mind. New York: Bantam Books. 2001

www.ingramcontent.com/pod-product-compliance
Lightning Source LLC
Chambersburg PA
CBHW071406090426
42737CB00011B/1374